WILSON DONIZETI LIBERATI

PROCESSO PENAL JUVENIL

*A garantia da legalidade
na execução de medida socioeducativa*

PROCESSO PENAL JUVENIL
A garantia da legalidade
na execução de medida socioeducativa
© WILSON DONIZETI LIBERATI

ISBN: 85-7420-701-2

Direitos reservados desta edição por
MALHEIROS EDITORES LTDA.
Rua Paes de Araújo, 29, conjunto 171
CEP 04531-940 — São Paulo — SP
Tel.: (0xx11) 3078-7205
Fax: (0xx11) 3168-5495
URL: www.malheiroseditores.com.br
e-mail: malheiroseditores@terra.com.br

Composição
Acqua Estúdio Gráfico Ltda.

Capa
Criação: Vânia Lúcia Amato
Arte: PC Editorial Ltda.

Impresso no Brasil
Printed in Brazil
01.2006

*Dedico este trabalho a minha esposa, Maria José,
que sempre me incentivou e nunca mediu esforços
para me ajudar, estando sempre presente
em todos os momentos desta pesquisa.*

*Aos meus filhos Maria Carolina e Gabriel,
pelo tempo que lhes roubei na elaboração deste trabalho.*

A todos, meu carinho e amor.

AGRADECIMENTOS

À minha família, que, em todos os momentos de realização desta pesquisa, esteve presente. Agradeço, em especial, ao meu orientador, Professor Doutor SÉRGIO SEIJI SHIMURA, que pela rigidez de seus ensinamentos, fez aprimorar meus conhecimentos, revelando-se profundo conhecedor do tema, e, principalmente, amigo compreensivo e solidário nas dificuldades.

AGRADECIMENTOS

SUMÁRIO

Prefácio... 13

1. Introdução.. 17

2. Os direitos da criança e do adolescente
    2.1 A doutrina da completude de direitos da pessoa em desenvolvimento.. 25
    2.2 O atendimento prioritário de todos os direitos infanto-juvenis.. 31

3. O protagonismo juvenil: do social ao jurídico
    3.1 A identificação jurídica do infrator menor de 18 anos.. 37
    3.2 A dicotomia entre a consideração vitimológica e de protagonismo do adolescente em conflito com a lei ... 50
    3.3 A doutrina da proteção integral aplicada aos adolescentes em conflito com a lei – Opção constitucional por um direito penal especial
        3.3.1 O ato infracional................................... 60
        3.3.2 Inimputabilidade e impunidade.............. 63
        3.3.3 Direito penal especial............................ 70

4. Intercalação das garantias processuais penais na Constituição Federal e no Estatuto da Criança e do Adolescente
    4.1 O princípio publicístico dos atos processuais penais de apuração de ato infracional............................. 89

PROCESSO PENAL JUVENIL

4.2 *O devido processo legal e o devido processo penal ...* 92

4.3 *Pleno e formal conhecimento da atribuição de ato infracional, mediante citação ou meio equivalente ....* 100

4.4 *Igualdade na relação processual e tratamento igualitário dos sujeitos do processo penal ....* 103

4.5 *Defesa técnica por advogado – A plenitude de defesa ....* 108

4.6 *Assistência judiciária gratuita e integral aos necessitados, na forma da lei ....* 114

4.7 *Direito de ser ouvido pessoalmente pela autoridade competente – A regra do juiz natural em matéria penal ....* 117

4.8 *Direito de solicitar a presença de seus pais ou responsável em qualquer fase do procedimento ....* 122

4.9 *A sentença impositiva de medida socioeducativa – A motivação qualificada dos atos decisórios de natureza penal ....* 123

4.10 *A individualização da medida socioeducativa ....* 131

4.11 *Fixação de prazo razoável de duração do processo de apuração do ato infracional ....* 136

5. Limites constitucionais da execução de medida socioeducativa

5.1 *A natureza jurídica da medida socioeducativa ....* 141

5.2 *O acesso à justiça (penal) como garantia de efetividade do processo de execução da medida socioeducativa – Jurisdicionalização da execução ....* 145

5.3 *Correlação da regra da legalidade na execução da medida socioeducativa e da execução penal ....* 151

5.4 *O controle da legalidade na execução da medida socioeducativa ....* 158

6. A tutela jurisdicional diferenciada na execução da medida socioeducativa

6.1 *A condição peculiar de pessoa em desenvolvimento do adolescente autor de ato infracional na execução da medida socioeducativa ....* 165

SUMÁRIO 11

6.2 *O processo de execução de medida socioeducativa* ... 169

6.3 *Operadores do sistema de execução das medidas socioeducativas e suas atribuições*............................ 174

6.4 *Plano individual de atendimento*............................. 182

6.5 *Incidentes da execução de medida socioeducativa*..... 186

7. Considerações finais... 213

Referências bibliográficas... 217

PREFÁCIO

Extremamente honrado com o convite formulado pelo autor WILSON DONIZETI LIBERATI para prefaciar o presente trabalho, devo de início registrar a alegria de estar acompanhando a sua trajetória acadêmica, além do privilégio de ter sido o seu orientador no Curso de Mestrado da Pontifícia Universidade Católica de São Paulo (PUC-SP).

Conquanto já o conhecesse por seus livros e artigos, tive a satisfação de participar da defesa pública do trabalho de pós-graduação, realizada em 2002 na Universidade do Oeste Paulista (UNOESTE), em banca composta pelos ilustres Professores SÉRGIO SALOMÃO SHECAIRA, como Presidente, e EDUARDO REALE FERRARI.

Depois disso, o convívio tornou-se mais estreito, tendo WILSON DONIZETI LIBERATI passado a freqüentar as nossas aulas no Programa de Mestrado da PUC-SP, na disciplina Direito da Criança e Adolescente.

O tempo passou e agora vem nos brindar com mais este trabalho, resultante de sua Dissertação de Mestrado, em defesa brilhante e segura perante Banca composta por mim e pelos insignes Professores ANTONIO CARLOS DA PONTE e OLAVO DE OLIVEIRA NETO.

Como o leitor poderá depreender, o Autor é uma das grandes autoridades na temática do Direito da Criança e Adolescente, aliando a sua larga experiência haurida como Promotor de Justiça, com as reflexões científicas em derredor da chamada Justiça Infanto-Juvenil.

Evidências disso são as inúmeras obras publicadas e consagradas na comunidade jurídica, valendo citar *Comentários ao Estatuto da*

Criança e Adolescente, Conselhos e fundos no Estatuto da Criança e Adolescente, Adoção – Adoção internacional, Adolescente e ato infracional: medida socioeducativa é pena? e *Direito à educação: uma questão de justiça.*

No presente trabalho o Autor investiga a execução de medida socioeducativa inserida no bojo do direito penal juvenil, como garantia do devido processo legal e pleno contraditório, além de servir de instrumento para se atingir a eficaz resposta ao ato infracional cometido.

Salienta que no campo desse direito penal, de natureza especial, é indispensável que, ao lado do procedimento jurisdicional, haja ações preventivas decorrentes de políticas voltadas à dignidade e à cidadania infanto-juvenil.

Nessa linha, WILSON DONIZETI LIBERATI analisa com acuidade a doutrina da *proteção integral*, como linha mestra a reger todo o sistema de direitos e garantias da criança e adolescente – como autênticos sujeitos de direitos –, distanciando-se do regime anterior, que se lastreava em visão meramente paternalista, fruto de uma leitura marcadamente assistencialista.

Também deixa claro que, no concernente ao adolescente infrator, é preciso afastar o preconceito de que *inimputabilidade* implica *impunidade*, uma vez que o Estatuto da Criança e do Adolescente prevê ampla gama de responsabilização dentro dos parâmetros da condição peculiar de pessoa em desenvolvimento.

Não se furta de tomar posição acerca da discutida redução da menoridade penal, lembrando que o sistema carcerário, tal como hoje é concebido, produz e reproduz mais delinqüência e mais violência. Aborda com habilidade as diversas garantias processuais penais previstas tanto na Constituição Federal como no Estatuto da Criança e do Adolescente, tais como o pleno conhecimento da atribuição do ato infracional que se imputa ao adolescente, a igualdade de tratamento na relação processual, a defesa técnica, a assistência judiciária, o direito de ser ouvido pessoalmente pela autoridade competente, a observância do princípio do juiz natural em matéria penal, o direito de ter a presença do responsável em qualquer fase do procedimento, a devida motivação da sentença impositiva de medida socioeducativa, com a respectiva individualização.

PREFÁCIO

O Autor, outrossim, destaca com coragem a natureza jurídica das medidas socioeducativas, considerando-as sanções de natureza penal, impostas como retribuição a um ato tido por censurável, mas observa que, na respectiva execução, é preciso ter como pano de fundo a finalidade de se resgatar a sua dignidade, com vistas ao retorno à convivência social.

Lembra que é na jurisdição penal que as normas, seja de cunho material, seja de natureza formal, podem e devem ser aplicadas corretamente, com plena garantia da proteção dos direitos fundamentais do adolescente.

Conclui que a garantia do acesso à jurisdição traz consigo a obrigação do Estado em propiciar os meios materiais e jurídicos adequados para o exato cumprimento do provimento jurisdicional, com realce a um plano individualizado de atendimento, traçado por profissionais das mais diversas áreas, sempre tendo em conta a peculiar condição do adolescente.

Como se vê, a obra dá importantes passos para a concretização dos direitos da criança e adolescente, remarcando com juridicidade a difícil questão da *resposta* à prática do ato infracional.

Felicito, portanto, o Autor por mais esta publicação, que, com certeza, representará grande contribuição àqueles que se preocupam com um futuro melhor de toda a sociedade.

SÉRGIO SHIMURA
Membro do Ministério Público de São Paulo.
Professor Livre-Docente pela
Pontifícia Universidade Católica de São Paulo.

Capítulo 1
INTRODUÇÃO

O presente trabalho originou-se do relatório de conclusão de mestrado em direito, apresentado à Pontifícia Universidade Católica de São Paulo com o título *A garantia da legalidade na execução de medida socioeducativa*. Pretendeu-se demonstrar que é direito individual do adolescente cumprir a medida socioeducativa imposta, num processo de execução realizado sob a égide do devido processo legal e penal. Com esta assertiva o estudo busca fundamentos para a inserção, no formalismo jurídico, de um processo regular de execução que cumpra a finalidade da medida de dar uma resposta ao ato infracional praticado, de inibir a reincidência, além de orientar o jovem para o convívio social, por meio de técnicas e processos pedagógicos.

O processo de execução delineado com as regras de um procedimento-tipo permite reunir e organizar atos processuais executórios de tal forma que a restrição escolhida na sentença condenatória possa ser realizada, não autorizando que o infrator sofra prejuízo nos demais direitos que não foram por ela atingidos.

Para justificar a necessidade de um processo de execução especial de medidas socioeducativas, parte-se do estudo sobre a nova ordem da proteção integral, consagrada na Constituição Federal, no Estatuto da Criança e do Adolescente e na Convenção sobre os Direitos da Criança. A *doutrina da completude de direitos da pessoa em desenvolvimento* resgata a angústia de crianças e adolescentes por práticas assistencialistas que os tornavam cidadãos de segunda categoria.

A partir do momento em que os direitos de crianças e adolescentes são assegurados, em sua plenitude, pela ordem constitucional, há verdadeira revolução no cenário jurídico, obrigando todo o sistema judicial a considerar crianças e adolescentes como protagonistas de direitos e não mais como objetos de políticas supletivas ou compensatórias.

Agora, crianças e adolescentes são sujeitos e titulares de direitos, protagonistas de sua própria história. Para isso ser possível, houve a necessidade de mudanças na legislação e na aplicação prática das políticas de atendimento, além, é claro, de intensa capacitação dos operadores do direito. Isto se fez por meio da participação da sociedade, que fez inserir emenda constitucional de iniciativa popular, originando o art. 227 e, posteriormente, sua regulamentação, pelo Estatuto da Criança e do Adolescente (doravante Estatuto).

A doutrina da completude de direitos de crianças e adolescentes não teria suporte fático se não fosse sustentada pelo atendimento prioritário daqueles direitos enunciados no citado artigo. Inseriu-se, assim, na Constituição Federal, a regra básica e efetiva da absoluta prioridade no atendimento dos direitos infanto-juvenis.

Ao regulamentar esta regra, o Estatuto inseriu no parágrafo único do art. 4º, a garantia de prioridade, que compreende a primazia de receber proteção e socorro em quaisquer circunstâncias, de precedência do atendimento nos serviços públicos ou de relevância pública, de preferência na formulação e na execução das políticas sociais públicas e de destinação privilegiada de recursos públicos nas áreas relacionadas com a proteção à infância e à juventude.

Sem estes parâmetros de exigência, a doutrina da proteção integral dos direitos da criança e do adolescente não teria eficácia.

A história considerou crianças e adolescentes de diversas maneiras: como escravos, como objetos, como instrumentos assistenciais das políticas públicas, como portadores de patologia social passíveis de tratamento. Analisa-se a evolução da situação de crianças e adolescentes, do foco social ao jurídico, ou seja, da consideração tutelar, assistencialista, quase patética, ao reconhecimento da titularidade de direitos e responsabilidade penal pela prática de atos ilícitos. Nesta abordagem, procura-se demonstrar a dicotomia entre a consideração vitimológica e a de protagonismo, principalmente do adolescente em conflito com a lei.

Estuda-se a identificação jurídica do menor de 18 anos na história, procurando desvendar quem foi e quem é o credor das políticas

INTRODUÇÃO 19

sociais públicas, e, ao mesmo tempo, responsável por seus atos, principalmente os ilícitos. A partir destas considerações, o estudo pretende responder a pergunta: quem é o personagem, menor de idade, que conflita com a lei (penal)? Daí, a necessidade de identificar, juridicamente, a idade cronológica escolhida para o início de imposição de sanção de natureza penal ou o momento legal em que ele é chamado a responder criminalmente por seus atos.

O ato ilícito praticado por menores de 18 anos é aquele tipificado nas leis penais, e, em especial no Código Penal. Não se pode permitir eufemismos na ação delituosa de um adolescente que pratica, por exemplo, um fato tipificado no art. 121 do CP. O fato típico é descrito como homicídio, seja ele praticado por maior ou menor de 18 anos. A essência do crime é a mesma. O tratamento jurídico, entretanto, deve ser adequado à especial condição de cada agente.

Sob este foco, faz-se a análise da necessidade de se considerar oportuna e legítima a inserção de um Direito Penal Especial, como permitido pela Constituição e pela Convenção sobre os Direitos da Criança (arts. 37 e 40), de modo a integrar a completude dos direitos dos adolescentes que praticam ato infracional. Esta análise verifica a possibilidade de convivência entre o Direito Penal Comum com o Direito Penal Juvenil.[1]

Faz-se, por necessário, uma breve distinção entre *impunidade* e *inimputabilidade penal*. Esta, considerada causa legal de exclusão da culpabilidade, ou seja, de exclusão da responsabilidade penal, representa absoluta irresponsabilidade pessoal ou social diante da infração penal (ato infracional) praticado, tendo como base apenas a idade cronológica.

A impunidade, por sua vez, é a situação daquele que escapou à punição ou que não é punido ou castigado. Em outras palavras, o adolescente não ficará impune em virtude da menoridade, mas será responsabilizado, com sanções de natureza penal, pelas regras especiais previstas no Estatuto. Assim, *inimputabilidade* não implica em *impunidade*, vez que o citado Estatuto estabelece medidas de responsabilização compatíveis com a condição peculiar de pessoa em desenvolvimento do autor de ato infracional.

---

1. O Direito Penal (material) restará inalterado, permanecendo tanto para imputáveis quanto para inimputáveis pela menoridade.

Assunto atual e de envergada dificuldade deve responder à indagação: a inimputabilidade aos 18 anos é direito (ou garantia) individual do infrator e, por isso, não pode ser alterado, em face do disposto no art. 60, § 4º, IV, da CF? Ou seja, a inimputabilidade penal é ou não é considerada cláusula pétrea?

A rigidez do dispositivo constitucional funda-se, sobretudo, no direito-garantia *inimputabilidade penal*, que reflete o bem-valor liberdade, mas se liga, também, ao próprio direito de formação da personalidade do adolescente, ou seja, a inimputabilidade penal de menores de 18 anos não é apenas uma *medida* da liberdade do ser humano, que limita o poder do Estado, mas tem contornos tão específicos que integra o cerne da *proteção especial* de todos os direitos fundamentais de crianças e adolescentes.

A redução da imputabilidade penal para os 16, 14 ou 12 anos seria ineficaz para a prevenção e repressão da criminalidade. Exemplo disso é o constante aumento dos índices de criminalidade, tornando insuportável a gerência do sistema penitenciário, que não consegue administrar o cumprimento das penas. Ao contrário, o sistema carcerário produz e reproduz mais delinqüência e mais violência.

A abordagem populista do "rebaixamento" da imputabilidade penal reside na ausência de um processo de execução das medidas socioeducativas, que respeite as garantias processuais penais previstas na Constituição Federal, na Convenção sobre os Direitos da Criança e aquelas específicas dos arts. 111 e ss. do ECA.

Além da lacuna legal, o problema persiste pela quase absoluta ausência de ações preventivas e de retaguarda das decisões judiciais, de políticas públicas inibidoras da subcidadania infanto-juvenil e pela carência de estabelecimentos adequados para o desenvolvimento de ações voltadas para a execução de medidas socioeducativas.

O tema da responsabilidade penal juvenil atrai nova discussão, agora, sobre a intercalação das garantias processuais penais, previstas na Constituição Federal e no Estatuto.

De forma sistemática, a busca pelas respostas inicia-se, como introdução essencial, o *princípio publicístico* dos atos processuais penais na apuração de atos infracionais. O processo penal é instrumento público, técnico, formal e, acima de tudo, político e social. Na área penal, ele é o meio legal que permite restringir a liberdade das pes-

INTRODUÇÃO 21

soas. Por ele se impede qualquer abuso do poder estatal em relação ao *ius libertatis*. Pelo princípio finalístico do processo penal, objetiva-se assegurar a liberdade jurídica do indivíduo e a garantia da sociedade contra as infrações penais.

A partir da premissa maior, acima mencionada, busca-se, nas características do devido processo legal e penal, as bases de sustentação para o processo de execução das medidas socioeducativas. Após, faz-se o cotejo entre as diversas garantias processuais penais inscritas na Constituição Federal e Estatuto, destacando-se o pleno e formal conhecimento da atribuição de ato infracional, mediante citação ou meio equivalente; a igualdade na relação processual e tratamento igualitário dos sujeitos do processo penal; a defesa técnica por advogado; a assistência judiciária gratuita e integral aos necessitados, na forma da lei; o direito de ser ouvido pessoalmente pela autoridade competente – a regra do juiz natural em matéria penal; o direito de solicitar a presença dos pais ou responsável em qualquer fase do procedimento; a sentença impositiva de medida socioeducativa, com as considerações sobre a motivação qualificada dos atos decisórios de natureza penal; a individualização da medida socioeducativa e a fixação de prazo razoável de duração do processo de apuração do ato infracional.

Partindo daí, procura-se demonstrar os limites constitucionais da execução da medida socioeducativa. A primeira abordagem refere-se à natureza jurídica das medidas socioeducativas. São elas consideradas sanções de natureza penal, impostas como punição ou como reparação por uma ação julgada repreensível. Sua execução, no entanto, deve fundar-se em atividades, de caráter pedagógico, com o intuito de ajustar a conduta do infrator à convivência social pacífica, sob o prisma da prevenção especial, voltada para o futuro.

A efetividade do processo de execução de medida socioeducativa exige abordagem sobre o acesso à justiça penal. É por meio da jurisdição penal que as normas jurídicas penais materiais e formais serão aplicadas, garantindo a concretização e a proteção dos direitos fundamentais, por meio de uma ordem jurídica justa.

O acesso à jurisdição penal vai representar a certeza de um processo de execução, cercado das garantias constitucionais, marcado pela presença dos sujeitos principais, dotados de poderes, direitos e obrigações. A garantia do direito à jurisdição pressupõe, sobretudo, a obrigação do Estado em fornecer os meios materiais e jurídicos adequados e necessários, para o exato cumprimento de uma sentença, proferida por um juiz regularmente investido, numa jurisdição especializada. A jurisdicionalização, portanto, materializa-se no direito da pessoa, de acesso aos tribunais; a eles recorre para resgatar seu direito que foi violado.

Como regra fundamental e imprescindível, a legalidade (e seu controle) na execução de medida socioeducativa faz cotejo com a execução penal. A regra da legalidade suporta a necessidade de título executivo, consubstanciado na sentença condenatória.

A regra da legalidade na execução objetiva, primordialmente, impedir que os excessos ou desvios de sua finalidade afetem a dignidade e a humanidade do infrator. Isto significa que ao adolescente devem ser assegurados todos os direitos não atingidos pela sentença ou pela lei, impedindo o executor de dilatar seu conteúdo e permitir procedimentos administrativos que não estejam, previamente, previstos na lei, como ocorre na execução da pena ou medida de segurança.

A legalidade condensa a segurança jurídica do sistema executório de medida socioeducativa, sendo peremptória a observância dos requisitos previamente estipulados pela lei, que assegurem a limitação dos direitos fundamentais do adolescente.

O controle efetivo da legalidade na execução das medidas socioeducativas, exercido pelo juiz da execução, assenta-se num rol de regras fundamentais, que implicam na manutenção da legalidade, como, por exemplo, as regras da humanidade, da tipicidade, da proporcionalidade e do devido processo legal.

A execução de medida socioeducativa deve ser realizada dentro de um sistema especial, que foi denominado *tutela jurisdicional diferenciada*, em face do respeito à condição peculiar de pessoa em desenvolvimento do adolescente autor de ato infracional.

Como há lacuna legislativa, em relação à fixação de um procedimento-tipo de execução de medida socioeducativa, propõe-se algumas soluções práticas, relacionadas aos atos processuais da execução, interagindo com o sistema de execução de penas, vigente em nossa legislação.

Como soluções para um processo de execução, certificado pela legalidade e outras regras constitucionais, apresentam-se os persona-

INTRODUÇÃO 23

gens do sistema de execução e suas atribuições, destacando-se o juiz, o promotor de justiça, o defensor e as entidades de execução de medida em meio aberto (restritiva de direitos) e fechado (privativa de liberdade).

A execução de medida socioeducativa deve ser orientada por um Plano Individual de Atendimento, elaborado pela equipe interprofissional da entidade de atendimento, permanentemente atualizado, constituído por *estudo de caso*, com avaliação psicológica, social, pedagógica, jurídica e de saúde, visando a construir, com o adolescente e sua família, as ações socioeducativas, que o auxiliarão no seu desenvolvimento pessoal e social, enquanto cumpre a medida imposta.

O desenvolvimento do processo de execução de medidas socioeducativas não está isento de interferências, como os *incidentes de execução*. Um rol de incidentes – a começar pela *conversão* ou *substituição* – autoriza o juiz a converter uma medida socioeducativa privativa de liberdade em uma das restritivas de direitos, ou substituir uma medida restritiva de direitos por outra da mesma natureza, independente da superveniência de outra medida imposta em processo distinto – ou, num sentido mais usual, a *progressão* e *regressão*. O *excesso* ou *desvio* também constitui incidentes de execução, na medida em que certas ocorrências ultrapassam os limites sancionatórios impostos na sentença. A *superveniência de nova medida socioeducativa* caracteriza um incidente de execução, que autoriza o juiz a cumular medidas socioeducativas. De igual modo, a *extinção* das medidas é incidente, que altera a execução da medida, em virtude de seu efetivo cumprimento ou pelo decurso de tempo, comumente chamado de *prescrição*.

Portanto, a formação de um procedimento-tipo de execução de medida socioeducativa representa a afirmação da regra da legalidade e do respeito à condição peculiar do agente infrator – adolescente.

Capítulo 2

OS DIREITOS DA CRIANÇA E DO ADOLESCENTE

2.1 A doutrina da completude de direitos da pessoa em desenvolvimento. 2.2 O atendimento prioritário de todos os direitos infantojuvenis.

2.1 A doutrina da completude de direitos da pessoa em desenvolvimento

Com a expressão *Doutrina da Proteção Integral dos Direitos da Criança e do Adolescente*, tem-se referência a um conjunto de instrumentos jurídicos de caráter nacional e internacional, que representa um salto qualitativo e fundamental na consideração social da infância.

Essa doutrina surgiu no cenário jurídico, inspirada nos movimentos internacionais de proteção à infância, materializados em tratados e convenções, especialmente: a) Convenção sobre os Direitos da Criança; b) Regras Mínimas das Nações Unidas para a Administração da Justiça Juvenil (Regras de Beijing); c) Regras Mínimas das Nações Unidas para a Proteção dos Jovens Privados de Liberdade; e d) Diretrizes das Nações Unidas para a Prevenção da Delinqüência Juvenil (Diretrizes de Riad).

No entanto, a semente inicial da *proteção especial* direcionada à criança foi consagrada na Declaração de Genebra, de 26 de março de 1924, que determinava "a necessidade de proporcionar à criança uma proteção especial", sendo, também, acolhida pela Declaração Universal dos Direitos Humanos proclamada pela Assembléia Geral das Nações Unidas, em 1948. Essa Declaração chamava a atenção para que a criança tivesse "direitos a cuidados e assistências especiais".

26 PROCESSO PENAL JUVENIL

Ainda no nível internacional, contribuíram para o fortalecimento da doutrina da completude de direitos de crianças e adolescentes a Declaração dos Direitos da Criança, de 1959,[1] a Convenção Americana sobre os Direitos Humanos, conhecida como Pacto de São José da Costa Rica, em 1969,[2] as Regras de Beijing,[3] em 1985, a Convenção sobre os Direitos da Criança, em 1989, que reuniu e consolidou toda a normativa internacional anterior, constituindo um instrumento fundamental de transformação e de implantação de uma nova percepção da condição da infância.

Como conseqüência da implementação de regras de proteção de direitos, a doutrina da proteção integral tornou-se um novo símbolo, um novo paradigma,[4] um novo parâmetro, que, como acentuam Emilio García Méndez e Mary Beloff, "cumpre uma função hermenêutica dentro dos limites do próprio direito da infanto-adolescência, ao mesmo tempo em que permite interpretar, sistematicamente, suas disposições, reconhecendo o caráter integral dos direitos da infância (...) Ele obriga diversas autoridades, inclusive instituições privadas, a avaliar os interesses superiores da criança como uma consideração primordial para o exercício de suas atribuições".[5]

Como fundamento jurídico dos tratados internacionais, já citados, a doutrina da proteção integral preconiza que o direito da criança não deve e não pode ser exclusivo de uma *categoria* de menor, classificado como *carente*, *abandonado* ou *infrator*, mas deve dirigir-se a todas crianças e a todos os adolescentes, sem distinção. As medidas de proteção devem abranger todos os direitos proclamados pelos tratados internacionais e pelas leis internas dos Estados.

---

1. O Preâmbulo dessa Declaração afirmava que, "em razão de sua falta de maturidade física e intelectual, tem necessidade de proteção especial e cuidados especiais, notadamente de uma proteção jurídica apropriada antes e depois do nascimento".

2. Dizia, no art. 19, que "toda criança tem direito às medidas de proteção, que, na sua condição de menor, requer, da parte da família, da sociedade e do Estado".

3. Declararam que "os Estados-Membros devem procurar, de acordo com seus interesses, promover o bem-estar do menor e da família e (...) devem esforçar-se em desenvolver condições que assegurem ao menor uma vida útil à comunidade e fomentar o processo de desenvolvimento pessoal e de educação (...)".

4. Sobre *paradigmas*, cf. Thomas S. Kuhn, *A estrutura das revoluções científicas*, pp. 219-236.

5. Emilio García Méndez e Mary Beloff, *Infancia, ley y democracia*, p. 78.

OS DIREITOS DA CRIANÇA E DO ADOLESCENTE 27

A doutrina da proteção integral, entre nós, foi consagrada no art. 227 da CF, rompendo, definitivamente, com a doutrina da *situação irregular*, que se encontrava em vigor, por força da Lei n. 6.697/1979 – Código de Menores.

O dispositivo constitucional acima citado estabelece que "é dever da família, da sociedade e do Estado assegurar à criança e ao adolescente, com absoluta prioridade, o direito à vida, à saúde, à alimentação, à educação, ao lazer, à profissionalização, à cultura, à dignidade, ao respeito, à liberdade e à convivência familiar e comunitária, além de colocá-los a salvo de toda forma de negligência, discriminação, exploração, violência, crueldade e opressão".

Ao regulamentar aquele dispositivo constitucional, o Estatuto da Criança e do Adolescente – Lei n. 8.069/1990, reproduziu o conceito da proteção integral em seus arts. 1º ao 6º.

Pela primeira vez na história das Constituições brasileiras, o problema da criança é tratado como uma questão pública e abordado de forma profunda, atingindo, radicalmente, o sistema jurídico. Essa mudança é significativa, pois considera, a partir de agora, que crianças e adolescentes são pessoas em desenvolvimento e sujeitos de direitos, independente de sua condição social. E a lei deverá respeitar essa condição peculiar, característica singular desses sujeitos, que, até então, tinham direitos, mas que não podiam exercê-los, em face de sua pouca inserção social e pela submissão incondicional ao poder familiar. Nesta perspectiva, criança e adolescente são os protagonistas de seus próprios direitos.

A Doutrina da Proteção Integral, como lembra Antonio Carlos Gomes da Costa, "afirma o valor intrínseco da criança como ser humano; a necessidade de especial respeito à sua condição de pessoa em desenvolvimento; o valor prospectivo da infância e da juventude, como portadora da continuidade do seu povo e da espécie e o reconhecimento da sua vulnerabilidade, o que torna as crianças e adolescentes merecedores de proteção integral por parte da família, da sociedade e do Estado, o qual deverá atuar através de políticas específicas para promoção e defesa de seus direitos".[6]

6. *Estatuto da Criança e do Adolescente comentado: comentários jurídicos e sociais.*

PROCESSO PENAL JUVENIL

A modificação estrutural do direito da criança e do adolescente fica mais evidente quando se busca, no sistema anterior, sustentado pelo Código de Menores, a doutrina da *situação irregular*,[7] cujo princípio era destacado por Martins (1988, p. 68), decorria do fato de que "o menor estava numa situação de desenvolvimento natural, por sua deficiência etária, mental e jurídica, e não tinha capacitação para se autodefender de fato ou de direito".

Numa comparação entre as doutrinas percebe-se que a doutrina anterior estava eivada de conteúdo manifestamente discriminatório,[8] onde, por exemplo, a *criança* era o filho *bem nascido*, e o *menor*, o infrator.[9] Em outras palavras, denunciando o sentido ideológico e segregacionista desta definição, o *menor* seria o antônimo da criança bem cuidada, filha de família dotada dos suficientes recursos para lhe garantir o acesso a uma boa escola, boas roupas, médicos etc.

Emilio García Méndez salienta que todas as legislações que adotam a doutrina da situação irregular apresentam as seguintes características centrais: "a) Essas leis pressupõem a existência de profunda divisão no interior da categoria infância: crianças-adolescentes e menores (entendendo-se pelos últimos o universo dos excluídos da escola, da família, da saúde etc.). Como conseqüência, essas leis, que são exclusivamente para menores, tendem objetivamente a consolidar as divisões aludidas dentro do universo da infância; b) Centralização do poder de decisão na figura do juiz de menores com competência onímoda (ilimitada) e discricional; c) Judicialização dos problemas vinculados à infância em situação de risco, com clara tendência de patologizar situações de origem estrutural; d) Impunidade (com base na arbitrariedade normativamente reconhecida) para tratamento dos

---

7. Segundo De Plácido e Silva, *Vocabulário Jurídico*, p. 321, "irregular" significa "contrário a regular, que sai da regra jurídica ou contravém à lei ou ao regulamento. Equivalente a ilegal".

8. Cf. Irma Rizzini, *A assistência à infância no Brasil: uma análise de sua construção*, p. 96. Para a autora, nos escritos jurídicos do período compreendido entre 1923 e 1941, o "menor" era entendido como aquele que, além de "(...) uma infinidade de características negativas [*da família*], tem a sua conduta marcada pela amoralidade e pela falta de decoro, sua linguagem é de baixo calão, sua aparência é descuidada, tem muitas doenças e pouca instrução, trabalha nas ruas para sobreviver e anda em bandos com companhias suspeitas".

9. Exemplos citados por João Batista da Costa Saraiva, *Garantias processuais e medidas socioeducativas*, p. 19.

OS DIREITOS DA CRIANÇA E DO ADOLESCENTE 29

conflitos de natureza penal. Essa impunidade se traduz na possibilidade de se declarar juridicamente irrelevante os delitos graves cometidos por adolescentes pertencentes às classes sociais média e alta; e) Criminalização da pobreza, dispondo de internações que constituem verdadeiras privações de liberdade, por motivos vinculados à mera falta ou carência de recursos materiais; f) Consideração da infância, na melhor das hipóteses, como objeto de proteção; g) Negação explícita e sistemática dos princípios básicos e elementares do direito até mesmo dos contemplados na própria Constituição Nacional como direito de todos os habitantes; e h) Construção sistemática da semântica eufemística que condiciona o funcionamento do sistema à não-verificação empírica de suas conseqüências reais".[10]

Analisando a situação da criança na América Latina, o citado autor acrescenta que existem dois tipos de infância: "uma maioria com as necessidades básicas amplamente satisfeitas (crianças); e uma minoria com suas necessidades básicas total ou parcialmente insatisfeitas (os menores)".

A mudança de paradigma entre as duas doutrinas refletiu, mais intensamente, nos aspectos relacionados à organização e gestão dos serviços de atendimento, considerando, entretanto, que sua principal proposta de mudança outorgou o *status* de sujeito de direitos às crianças e adolescentes.

Por ordem constitucional, os direitos de todas as crianças e adolescentes devem ser universalmente reconhecidos, por serem especiais e específicos, considerando-se a peculiar condição da pessoa em desenvolvimento.

A peculiaridade dessa condição específica da criança é reconhecida pela lei como uma característica intrínseca daquele sujeito de direitos.

À primeira vista, a *condição peculiar de pessoa em desenvolvimento* sugere que a criança e o adolescente não conhecem inteiramente os seus direitos,[11] não têm condições de defendê-los e fazê-

---

10. Emilio García Méndez, *Infância e cidadania na América Latina*, p. 26.
11. O desconhecimento da lei, aqui, não é aquele previsto no art. 3º da Lei de Introdução ao Código Civil, que dispõe: "Ninguém se escusa de cumprir a lei, alegando que não a conhece", mas da impossibilidade (fática e jurídica) dos direitos serem exercitados por seus titulares.

PROCESSO PENAL JUVENIL

los valer de modo pleno, não sendo ainda capazes, principalmente as crianças, de suprir, por si mesmas, as suas necessidades.

Entretanto, Antonio Carlos Gomes da Costa esclarece que a característica pessoal da criança e do adolescente, como pessoas em condição peculiar de desenvolvimento, "não pode ser definida apenas a partir do que a criança não sabe, não tem condições e não é capaz. Cada fase do desenvolvimento deve ser reconhecida como revestida de singularidade e de completude relativa, ou seja, a criança e o adolescente não são seres inacabados, a caminho de uma plenitude a ser consumada na idade adulta, enquanto portadora de responsabilidades pessoais, cívicas e produtivas plenas. Cada etapa é, à sua maneira, um período de plenitude, que deve ser compreendida e acatada pelo mundo adulto, ou seja, pela família, pela sociedade e pelo Estado".[12]

Quando se fala em proteção integral dos direitos supõe-se que o sistema legal garanta a satisfação de todas as necessidades de todas as crianças e adolescentes de até 18 anos de idade, privilegiando, sobretudo, seu direito à vida, à saúde, à educação, à convivência familiar e comunitária, ao lazer, ao esporte, à profissionalização, à liberdade, enfim, todos os direitos da pessoa humana.

Segundo Munir Cury, Paulo Afonso Garrido de Paula e Jurandir Norberto Marçura, "a proteção integral tem, como fundamento, a concepção de que crianças e adolescentes são sujeitos de direitos, frente à família, à sociedade e ao Estado. Rompe com a idéia de que sejam simples objetos de intervenção do mundo adulto, colocando-os como titulares de direitos comuns a toda e qualquer pessoa, bem como de direitos especiais decorrentes da condição peculiar de pessoas em desenvolvimento".[13]

A recém-adotada doutrina da proteção integral – fundamento do Estatuto – está assentada no princípio de que todas as crianças e todos os adolescentes, sem distinção, desfrutam dos mesmos direitos e se sujeitam a obrigações compatíveis com a peculiar condição de pessoa em desenvolvimento.

Na visão de Antônio Fernando do Amaral e Silva, o novo Direito da Criança e do Adolescente traz "normas e institutos exclusivos,

---

12. In *Estatuto da Criança e do Adolescente comentado: comentários jurídicos e sociais*, p. 55.

13. *Estatuto da Criança e do Adolescente anotado*, p. 19.

OS DIREITOS DA CRIANÇA E DO ADOLESCENTE 31

não de alguns, mas de todas as crianças e adolescentes. Consagra, na ordem jurídica, a doutrina da proteção integral; reúne, sistematiza e normatiza a proteção preconizada pelas Nações Unidas".[14]

O Direito, que é caracterizado pela coercibilidade, passa a garantir às crianças e adolescentes "todos os direitos fundamentais inerentes à pessoa humana, assegurando-lhes todas as oportunidades e facilidades, a fim de lhes facultar o desenvolvimento físico, mental, moral, espiritual e social, em condições de liberdade e dignidade", conforme dispõe o art. 3º do ECA.

O novo Direito da Criança e do Adolescente, materializado na Lei n. 8.069/1990 (ECA), não é apenas uma carta de intenções, mas de normas objetivamente definidas, capazes de possibilitar a invocação subjetiva para cumprimento coercitivo. Por conseguinte, assegura às crianças e adolescentes medidas de proteção e ações de responsabilidade por ofensa aos seus direitos e aos de outros.

Por fim, a doutrina da proteção integral reconhece que todas as crianças e adolescentes são detentores de todos os direitos que têm os adultos e que sejam aplicáveis à sua idade, além dos direitos especiais que decorrem, precisamente, da especial condição de pessoas em desenvolvimento.

2.2 O atendimento prioritário de todos os direitos infanto-juvenis

As diretrizes internacionais, firmadas nas convenções e tratados, que versam sobre a proteção à infância, de um modo ou de outro, buscam a realização do direito da criança.

O atendimento prioritário dos interesses infanto-juvenis foi firmado no art. 3º da Convenção das Nações Unidas sobre os Direitos da Criança, ao estabelecer que "todas as ações relativas às crianças, levadas a efeito por instituições públicas ou privadas de bem-estar social, tribunais, autoridades administrativas ou órgãos legislativos, devem considerar, *primordialmente* [*com prevalência*], o interesse maior da criança".

---

14. "O Estatuto, o novo direito da criança e do adolescente e a justiça da infância e da juventude", in *Do avesso ao direito*, 1994, p. 4.

PROCESSO PENAL JUVENIL

Sob esta denominação, a Convenção definiu o objetivo de estender a proteção legal à criança, de forma completa, integral e com absoluta prevalência de atendimento.

A ordem de prioridade no atendimento daqueles direitos é uma garantia vinculada à ordem jurídica mais expressiva, na medida em que sua proposta foi recepcionada pela Constituição Federal, a fim de assegurar a efetividade aos direitos subjetivos. Trata-se de uma regra jurídico-garantista na formulação pragmática, por situar-se como um limite à discriminação das autoridades.

O texto da Convenção, constituindo um poderoso instrumento de incentivo à criação de condições políticas, jurídicas e culturais, propõe melhorar a condição de vida das crianças e adolescentes. Converter o tema da infância em prioridade absoluta constitui o pré-requisito político e cultural dessas transformações.

Com esse propósito, a Constituição Federal de 1988 inseriu, no art. 227, uma regra – até então inédita – que determinava o atendimento diferenciado e privilegiado de todos os direitos de crianças e adolescentes: a regra primordial da absoluta prioridade.[15]

---

15. Preferiu-se optar, neste trabalho, por não utilizar o termo "princípio", em face da adoção do posicionamento doutrinário proposto por Rogério Lauria Tucci, que deve-se conferir a denominação "de *princípio*, apenas, à *regra mais geral*, de que decorrem ou com a qual, estreitamente, se relacionam as *demais regras* integrantes de determinado *sistema*. (...) O *princípio* (...) é a *regra primeira do processo penal*. É a mais ampla e uma *regra jurídica não escrita*, por isso que de maior abrangência, à qual se devem sujeitar ou submeter todas as demais *regras*, constantes do *ius positum*" (Rogério Lauria Tucci, *Princípio e Regras Orientadoras do Novo Processo Penal Brasileiro*, pp. 31-32 e 34-39 – grifos do autor). O autor apresenta três significados de princípios: um lógico, um normativo e o outro metafísico e objetivo, preferindo concluir por um conceito que engloba todos os aspectos, proposto por Nicola Abbagnano (*Dicionário de Filosofia*, p. 760), que diz: "princípio é aquilo que é ponto de partida ou do ser ou do tornar-se ou do conhecer". Acrescenta, ainda, em consonância com Luís Washington Vita (*Introdução à Filosofia*, p. 67), que "os princípios são juízos – afirmações – sem os quais é impossível construir o sistema de relações em que cada ciência consiste". O Professor Rogério Lauria Tucci ainda distingue "princípio" de "regras" e "garantias". Para ele, em linhas gerais, *princípio* é aquilo de que qualquer coisa depende, como pressuposto necessário. É a maior de todas as regras, generalíssima, imprescindível, que dá significado ao sistema. Deve ter fundamento científico e dele advêm as regras gerais e específicas. O sistema é composto pelo *princípio orientador*, *regras gerais* e *específicas*. Por fim, *garantia* é o meio ou instrumento destinando a assegurar o respeito à dignidade humana e aos direitos individuais. Cf., também, Ronald Dworkin, *A Matter of Principle*, pp. 72-103.

OS DIREITOS DA CRIANÇA E DO ADOLESCENTE   33

O termo *prioridade*, classificado pelo *Dicionário Aurélio*, em seu sentido mais comum é: "1. Qualidade do que está em primeiro lugar ou do que aparece primeiro; primazia; 2. Preferência dada a alguém relativamente ao tempo de realização de seu direito, com preterição do de outros; primazia; 3. Qualidade duma coisa que é posta em primeiro lugar, numa série ou ordem".

Por sua vez, o vocábulo *absoluta,* consagrado pelo mesmo léxico, significa "ilimitada, irrestrita, plena, incondicional".

Em conjunto, os vocábulos firmam o significado da regra constitucional consagrada, determinando, *erga omnes*, a primazia do atendimento sobre quaisquer outros direitos. Na verdade, a Constituição Federal poderia firmar somente o atendimento prioritário, que, por si só, já obrigaria ao célere atendimento. Preferiu, no entanto, reforçar a ordem justapondo o termo "absoluta", para não haver dúvidas quanto à imperatividade da primazia do atendimento.

Analisado de forma superficial, essa regra poderia sugerir e implicar um desnível de tratamento e de garantia de direitos, proposto pela Constituição, ao assegurar a igualdade de todos perante a lei. E é justamente com fundamento neste dispositivo constitucional que o princípio da absoluta prioridade do atendimento dos direitos da criança e do adolescente se faz paritário com os direitos dos demais cidadãos: a criança e o adolescente, em sua peculiar condição de desenvolvimento, requerem um tratamento jurídico especial.

O respeito à diferença entre os sujeitos de direito – e especificamente a criança e o adolescente – não implica discriminação ou violação da regra da isonomia consagrada pela Constituição.

Quando o Estado de Direito foi implantado, buscou-se a igualdade de todos perante a lei, sem privilégios, ou seja, não poderia mais haver exceções que permitissem que indivíduos ou grupos tivessem tratamento diferenciado perante a lei. A respeito, salientou Manoel Gonçalves Ferreira Filho que "a uniformidade do direito não significa, todavia, que não haja distinções no tratamento jurídico. As distinções são, ao contrário, uma própria exigência da igualdade".[16]

É certo que a igualdade, preconizada pelo texto constitucional, consiste em tratar igualmente os iguais e desigualmente os desiguais,

---

16. *Direitos humanos fundamentais*, p. 111.

na medida em que se desigualam. Se houvesse a possibilidade jurídica de tratar igualmente os desiguais ou desigualmente os iguais, isso importaria em injustiça e em violação da igualdade pretendida.

A diferença de condição dos sujeitos de direitos – no caso, criança e adolescente – de certa forma, *compensa* a desigualdade; e é por isso que a Constituição propõe esse ajuste proporcional de situações desiguais, visando à igualdade, que é baseada na relação entre o critério de diferenciação e a finalidade pretendida pela Constituição: a isonomia.

Portanto, o tratamento jurídico diferenciado, proposto pela Constituição, determinando que sejam atendidos, com absoluta prioridade, os direitos da criança e do adolescente, não fere a regra da igualdade perante a lei, porque propõe uma nova condição especial (condição peculiar de desenvolvimento) daqueles sujeitos de direitos.

A regra constitucional da prevalência do atendimento, apoio e proteção à infância e juventude estabelece a necessidade de cuidar, de modo especial, daquelas pessoas, por sua natural fragilidade ou por estarem numa fase em que se completa sua formação com riscos maiores.

Traduzindo o preceito constitucional exarado no art. 227, o Estatuto definiu e materializou o conceito de *absoluta prioridade* no parágrafo único do art. 4º, que dispõe: "a) primazia de receber proteção e socorro em quaisquer circunstâncias; b) precedência de atendimento nos serviços públicos ou de relevância pública; c) preferência na formulação e na execução das políticas sociais públicas; e d) destinação privilegiada de recursos públicos nas áreas relacionadas com a proteção à infância e à juventude".

Por certo, a enumeração de prioridades contida neste parágrafo é apenas exemplificativa e representa o mínimo exigível de situações em que deverá ser assegurada a preferência do atendimento dos direitos de crianças e adolescentes.

Em outra oportunidade,[17] anotamos que, por absoluta prioridade, "se deve entender que a criança e o adolescente deverão estar, em primeiro lugar, na escala de preocupação dos governantes; deve-se en-

---

17. Cf. Wilson Donizeti Liberati, *Comentários ao Estatuto da Criança e do Adolescente*, p. 18.

OS DIREITOS DA CRIANÇA E DO ADOLESCENTE 35

tender que, primeiro, devem ser atendidas todas as necessidades das crianças e adolescentes (...) Por *absoluta prioridade,* entende-se que, a área administrativa, enquanto não existirem creches, escolas, postos de saúde, atendimento preventivo e emergencial às gestantes, dignas moradias e trabalho, não se deverão asfaltar ruas, construir praças, sambódromos, monumentos artísticos etc, porque a vida, a saúde, o lar, a prevenção de doenças são mais importantes que as obras de concreto, que ficam para demonstrar o poder do governante".

Quando a Constituição Federal determina o tratamento prioritário à criança e ao adolescente, quer assegurar que sua vontade seja respeitada.[18] Aquilo que é identificado como vontade da Constituição deve ser, honestamente, preservado, mesmo que, para isso, se tenha de renunciar a alguns benefícios ou até a algumas vantagens justas. A preservação de uma regra constitucional fortalece o respeito à Constituição e assegura um bem jurídico indispensável à essência do Estado Democrático. Ao contrário, a sucumbência daquela regra constitucional põe em risco todo o arcabouço de conquistas jurídicas até então asseguradas, com o risco de não mais serem recuperadas.

Ana Maria Moreira Marchesan adverte que "oprimir a eficácia do princípio da prioridade absoluta é condenar seus destinatários à marginalidade, à opressão, ao descaso. É fazer de um diploma que se pretende revolucionário, o Estatuto da Criança e do Adolescente, instrumento de acomodação".[19]

Por fim, ressalta-se que a aludida prioridade não é dever exclusivo do Estado; o texto constitucional convoca a família e a sociedade para que, em suas respectivas atribuições, imprimam preferencial cuidado em relação às crianças e adolescentes.

---

18. Nesse sentido, o TJDF, na ApCív 62, de 16.04.1993 – Ac 3.835, julgou que "Do estudo atento desses dispositivos legais e constitucionais, se dessume que não é facultado à Administração alegar falta de recursos orçamentários para a construção dos estabelecimentos aludidos, uma vez que a Lei Maior exige prioridade absoluta – art. 227 – e determina a inclusão de recursos no orçamento. Se, de fato, não os há, é porque houve desobediência, consciente ou não, pouco importa, aos dispositivos constitucionais precitados, encabeçados pelo § 7º do art. 227".
19. "O princípio da prioridade absoluta aos direitos da criança e do adolescente e a discricionariedade administrativa", *Revista Igualdade* 6(21)/25.

Capítulo 3

O PROTAGONISMO JUVENIL:
DO SOCIAL AO JURÍDICO

3.1 A identificação jurídica do infrator menor de 18 anos. 3.2 A dicotomia entre a consideração vitimológica e de protagonismo do adolescente em conflito com a lei. 3.3 A doutrina da proteção integral aplicada aos adolescentes em conflito com a lei – Opção constitucional por um direito penal especial: 3.3.1 O ato infracional; 3.3.2 Inimputabilidade e impunidade; 3.3.3 Direito penal especial.

3.1 A identificação jurídica do infrator menor de 18 anos

Este estudo importa-se, sobretudo, com o momento legal em que o jovem é chamado a responder criminalmente por seus atos. Daí, a necessidade de identificar, juridicamente, a idade cronológica escolhida para o início de imposição de sanção de natureza penal.

A idade da chamada *responsabilidade penal* ou *inimputabilidade* da criança e do adolescente, no decorrer da história, apresentou variações conforme os modelos de cultura e dos fatores demográficos,[1] sobretudo, porque o seu reconhecimento como pessoa humana é fruto do iluminismo.

Com efeito, o direito penal lança raízes no Brasil,[2] a partir de 1500, com as várias Ordenações do Reino: as *Afonsinas*, no período colonial da descoberta; as *Manoelinas*, até 1603; e as *Filipinas*, até 1830. No Livro V, Título CXXXV as Ordenações Filipinas fixavam a

---

1. Cf. Haim Crünspun, *Os direitos dos menores*, p. 35.
2. Cf. Carlos Eduardo Pachi, "A prática de infrações penais por menores de dezoito anos", in *Infância & Cidadania* 1/199.

38 PROCESSO PENAL JUVENIL

idade de 17 anos para a imputabilidade penal. A maioridade plena era estabelecida aos 20 anos. Dependendo do arbítrio do julgador, entre 17 e 20 anos se levava em conta as circunstâncias do delito, reveladoras ou não da malícia dos acusados. Esta, se confirmada, poderia levar à morte o infrator; se era considerada de pouca intensidade, o infrator podia ter a pena reduzida. Se houvesse dolo ou malícia confirmada era condenado como se fosse maior.[3]

Vigorava a *teoria do discernimento*.[4] A elaboração dos Códigos era premente. Fora o fato de se tratar da legislação de um país, ora estrangeiro e potencialmente opressor, as Ordenações Filipinas estavam em vigor desde 1603 e representavam, em plena era das revoluções liberais, a escura sobrevivência de uma visão quase medieval.[5]

Proclamada a Independência, em 1822, e promulgada a primeira Constituição Federal brasileira, em 1824, entra em vigor o Código

3. Livro V, Título CXXXV, das Ordenações Filipinas: "Quando os menores serão punidos por os delictos, que fizerem – Quando algum homem, ou mulher, que passar de vinte annos, commetter qualquer delicto, dar-se-lhe-ha a pena total, que lhe seria dada, se de vinte e cinco annos passasse. E se for de idade de dezassete annos até vinte, ficará em arbítrio dos Julgadores dar-lhe pena total, ou diminuir-lha. E em este caso olhará o Julgador o modo, com que o delicto foi committido, e as circunstâncias delle, e a pessôa do menor; e se o achar em tanta malicia, que lhe pareça que merece total pena, dar-lhe há, postoque seja de morte natural. E parecendo-lhe que a não merece, poder-lhe-ha diminuir, segundo a qualidade, ou simpleza, com que achar, que o delicto foi committido. E quando o delinqüente for menor de dezassete annos cumpridos, postoque o delicto mereça morte natural, em nenhum caso lhe será dada, mas ficará em arbítrio do Julgador dar-lhe outra pena menor (...)" (cf. José Henrique Pierangelli, *Códigos Penais do Brasil – Evolução histórica*, pp. 133-134).
4. Cf. Marcelo Gantus Jasmim, "Para uma história de legislação sobre o menor", *Revista de Psicologia* 4(2)/1981, para quem a "*teoria da ação com discernimento* imputava responsabilidade penal ao menor em função de uma pesquisa da sua consciência em relação à prática da ação criminosa".
5. Cf. Irene Rizzini, *A criança e a lei no Brasil – Revisitando a história (1822-2000)*, pp. 9 e ss. Antes da proclamação da Independência era comum abandonar crianças recém-nascidas nas Santas Casas de Misericórdia, que, por esse motivo, também eram conhecidas por Casas dos Expostos. As primeiras Casas dos Expostos foram fundadas em 1726, na Bahia e, em 1738, no Rio de Janeiro; mas, somente em 1775, pelo alvará emitido pelo Ministro Sebastião José de Carvalho e Mello veio a regulamentar o recolhimento de crianças enjeitadas. As Casas dos Expostos também eram conhecidas como "Roda dos Expostos", devido a uma espécie de roleta na qual a criança era depositada e entrava na instituição (geralmente, nas Santas Casas de Misericórdia), sem que se identificasse quem ali a colocara. Sobre o tema, cf., também: Emanuel Araújo, *O teatro dos vícios*.

O PROTAGONISMO JUVENIL: DO SOCIAL AO JURÍDICO

Criminal do Império, em 1830,[6] que reduziu o limite de idade para 14 anos. Dispõe o art. 10 do citado Código: "Art. 10º. Também não se julgarão criminosos: § 1º. os menores de quatorze anos". O referido Código, sancionado por D. Pedro I, manteve a teoria do discernimento, conforme dispôs o art. 13: "Se se provar que os menores de quatorze anos, que tiverem cometido crimes, obraram com discernimento, deverão ser recolhidos às casas de correção, pelo tempo que ao juiz parecer, contanto que o recolhimento não exceda a idade de dezessete anos".

Além do discernimento, o Código Penal do Império consagrou a inimputabilidade absoluta de todo jovem com menos de 14 anos; acima dessa idade, os infratores deveriam ser recolhidos à casa de correção pelo tempo que o juiz entendesse necessário. Entre 14 e 21 anos de idade, o infrator tinha pena atenuada,[7] ficando facultado ao juiz, desde que o autor fosse menor de 17 anos, impor-lhe penas mais brandas, em substituição àquelas que seriam ordinariamente aplicadas aos maiores.[8]

Em 1890, o Decreto n. 847, de 11 de outubro, institui o Código Penal da República, estabelecendo a *irresponsabilidade de pleno direito* aos menores de 9 anos. A teoria do discernimento ainda permaneceu em vigor: entre 9 e 14 anos, se os infratores praticassem o ato sem discernimento, não seriam considerados criminosos. Os maiores

---

6. Em 6 de maio de 1830, o Projeto da Comissão foi apresentado ao Plenário. Aprovado em 22 de outubro pela Câmara e em 25 de novembro pelo Senado, o Código Criminal do Império do Brasil foi promulgado em 16 de dezembro de 1830.

7. Código Criminal do Império, art. 18: "São circunstâncias atenuantes dos crimes: § 10: Ser o delinqüente menor de 21 anos. Quando o réu for menor de dezessete anos e maior de quatorze, poderá o juiz, parecendo-lhe justo, impor-lhe as penas de cumplicidade".

8. Código Criminal do Império, arts. 33 a 54: a pena de morte poderia ser substituída pelas seguintes penas: a) pena de prisão por 20 anos; b) *banimento* – privação dos direitos de cidadão, sendo expulso do território do Império, para sempre; c) *degredo* – obrigava o réu a residir em lugar destinado na sentença, sem dele poder sair, durante o tempo fixado na mesma; d) *desterro* – o réu era condenado e não poderia ficar no lugar onde cometeu o delito, nem no lugar da residência do réu ou da vítima, pelo tempo fixado na sentença e até mesmo para sempre (desterro perpétuo); e) *galés* – a pena de galés era proibida para os menores de 21 anos – consistia na prisão com trabalhos forçados, executados com "calceta no pé e correntes de ferro".

40 PROCESSO PENAL JUVENIL

de 14 anos que praticassem o ato criminoso com discernimento seriam recolhidos em estabelecimentos disciplinares.[9]

A questão da inimputabilidade permaneceu inalterada até a promulgação do Decreto n. 17.943-A, de 12 de outubro de 1927, também conhecido por "Código de Menores Mello Mattos", que consolidou toda a legislação de assistência e proteção a menores, até então emanada de Portugal, pelo Império e pela República.

Por sua importância na construção do direito da criança no Brasil, mister se faz uma pausa maior aqui para conhecer um pouco melhor essa legislação, que foi a primeira específica para os menores.

No art. 1º, dispunha sobre seu objeto e finalidade: "O menor, de um ou outro sexo, abandonado ou delinqüente, que tiver menos de 18 anos de idade, será submetido pela autoridade competente às medidas de assistência e proteção contidas neste Código".

Duas eram as categorias de menores:[10] os *abandonados* (incluindo os vadios, mendigos e libertinos, conforme os arts. 28, 29 e 30 do Código Mello Mattos) e os *delinqüentes*, independente da idade que tinham, desde que fosse inferior a 18 anos.

Não havia distinção entre menores abandonados e delinqüentes, para autorizar a aplicação das medidas. Se o menor praticasse um ato que fosse considerado infração penal, receberia as medidas mais gravosas, como a internação; se o menor fosse abandonado ou carente, também poderia ser internado em asilo ou orfanato, conforme a conveniência do juiz.

Os menores *abandonados*, citados no art. 26, são aqueles que: "I – não tenham habitação certa, nem meios de subsistência, por serem seus pais falecidos, desaparecidos ou desconhecidos ou por não terem

---

9. Cf. Wilson Donizeti Liberati, *Adolescente e ato infracional – Medida sócioeducativa é pena?*, p. 28.

10. O Código de Menores Mello Mattos objetivou assistir aos menores de 0 a 18 anos, mais especificamente: órfãos, abandonados, filhos de pais ausentes, que não possuíssem moradia certa, filhos de pais presos a mais de 2 anos, filhos de pais vagabundos, mendigos, de maus costumes, que exercessem trabalhos proibidos, que fossem prostitutos ou economicamente incapazes de suprir as necessidades de sua prole. Esse Código denominou estas crianças de *expostos* (menores de 7 anos), *abandonados* (as menores de 18 anos), *vadios* (os atuais meninos de rua), *mendigos* (os que pedem esmolas ou vendem coisas na rua) e *libertinos* (que freqüentam prostíbulos).

O PROTAGONISMO JUVENIL: DO SOCIAL AO JURÍDICO 41

tutor ou pessoa sob cuja guarda vivam; II – que se encontrem, eventualmente, sem habitação certa, nem meios de subsistência, devido a indigência, enfermidade, ausência ou prisão dos pais, tutor ou pessoa encarregada de sua guarda; III – que tenham pai, mãe ou tutor ou encarregado de sua guarda reconhecidamente impossibilitado ou incapaz de cumprir os seus deveres para com o filho ou pupilo ou protegido; IV – que vivam em companhia de pai, mãe, tutor ou pessoa que se entregue à prática de atos contrários à moral e aos bons costumes; V – que se encontrem em estado habitual de vadiagem, mendicidade ou libertinagem; VI – que freqüentem lugares de jogo ou de moralidade duvidosa, ou andem na companhia de gente viciosa ou de má vida; VII – que, devido à crueldade, abuso de autoridade, negligência ou exploração dos pais, tutor ou encarregado de sua guarda, sejam: a) vítimas de maus tratos físicos habituais ou castigos imoderados; b) privados habitualmente dos alimentos ou dos cuidados indispensáveis à saúde; c) excitados habitualmente para a gatunice, mendicidade ou libertinagem; VIII – que tenham pai, mãe ou tutor ou pessoa encarregada de sua guarda,[11] condenado por sentença irrecorrível: a) a mais de dois anos de prisão por qualquer crime; b) a qualquer pena como co-autor, cúmplice, encobridor ou receptador de crime cometido por filho, pupilo ou menor sob sua guarda, ou por crime contra estes".

Aos adolescentes, considerados *delinqüentes,* o Código de Menores de 1927 instituiu as medidas de natureza *estritamente punitivas,* distinguindo-os entre o infrator maior ou menor de 14 anos. Se menor, o autor ou cúmplice de fato qualificado como crime ou contravenção não podia ser submetido a processo penal. Neste caso, a autoridade competente tomaria somente as informações sobre o fato punível e seus agentes, o estado físico, mental e moral do menor e a situação social, moral e econômica dos pais ou tutor (art. 68).[12]

---

11. A pessoa encarregada da guarda do menor era aquela que tinha a responsabilidade de vigilância, direção ou educação do menor.

12. Situação semelhante aconteceu na vigência do Código de Menores de 1979 e no Estatuto da Criança e do Adolescente. O Código de Menores de 1979 seguiu o mesmo procedimento instaurado no Código de Menores de 1927, com as modificações na área de definição do tempo de cumprimento das medidas aplicadas aos abandonados e delinqüentes. O Estatuto, por sua vez, impede que a criança, com menos de 12 anos de idade, seja submetida a processo judicial de apuração do ato infracional praticado.

42 PROCESSO PENAL JUVENIL

Se, no entanto, o menor de 14 anos fosse portador de deficiência física, mental ou epiléptico e precisasse de cuidados especiais, a autoridade ordenaria que ele fosse submetido a tratamento apropriado (art. 68, § 1º).

Se o menor não fosse nem abandonado nem pervertido nem estivesse na iminência de o ser, nem precisasse de tratamento especial, a autoridade poderia recolhê-lo a uma Escola de Reforma,[13] pelo prazo de um a cinco anos (art. 68, § 2º).

Todavia, se o menor de 14 anos fosse abandonado, pervertido ou estivesse em perigo de o ser, a autoridade poderia interná-lo em uma Escola de Reforma, por todo o tempo necessário à sua educação, que poderia ser de três anos no mínimo, e de sete, no máximo (art. 68, § 3º).

Mesmo no caso de menor de 14 anos, considerado autor ou cúmplice de fato qualificado como crime ou contravenção, e, levando-se em conta as circunstâncias da infração e as condições especiais do agente ou de seus pais, tutor ou responsável pela guarda, que não tivessem condições de assisti-lo, o juiz poderia colocá-lo em asilo, casa de educação, escola de preservação ou o confiaria a uma pessoa idônea, até que completasse 18 anos de idade. A restituição do menor aos pais, tutor ou responsável poderia ser antecipada, por ordem do juiz, com prévia justificativa de seu bom comportamento (art. 79).

Por outro lado, o menor delinqüente, com mais de 14 anos e menos de 18, que fosse considerado autor ou cúmplice de fato qualificado como crime ou contravenção, seria submetido a processo especial onde a autoridade judiciária colheria as informações necessárias sobre o seu estado físico, mental e moral, bem como da situação dos pais ou responsável (art. 69). Se, porém, o infrator fosse portador de deficiência física ou mental, a autoridade o conduziria a tratamento adequado.

Entretanto, se o menor fosse abandonado, pervertido ou estivesse na iminência de o ser, a autoridade poderia interná-lo em uma escola de reforma por todo o tempo necessário à sua educação, que poderia ser de três anos, no mínimo, e de sete, no máximo (art. 69, § 2º).

---

13. O art. 204 do citado Código de 1927 definia que a *Escola de Reforma* é "destinada a receber, para regenerar pelo trabalho, educação e instrução, os menores do sexo masculino, constituída cada uma por número não superior a 20 menores, para uma lotação de 200 delinqüentes".

O PROTAGONISMO JUVENIL: DO SOCIAL AO JURÍDICO   43

Havia, no entanto, vedação expressa, no art. 86, de que nenhum menor de 18 anos, preso, por qualquer motivo, ou apreendido, seria recolhido à prisão comum. Isso significava que o menor apreendido deveria ser colocado em instituições especiais, pelo menos, até o seu julgamento. As exceções estavam no enunciado dos arts. 71 e 87, que previam, respectivamente, a transferência do menor entre 16 e 18 e entre 14 a 18 anos para a prisão de adultos, no caso de intensa gravidade do fato ou de impossibilidade de interná-los em estabelecimentos adequados.

O desligamento da escola de reforma do menor infrator entre 14 e 18 anos poderia ser ordenado pela autoridade judiciária, desde que verificadas a personalidade moral do menor, a natureza da infração e as circunstâncias do ato ilícito, bem como seu comportamento no reformatório (art. 80).

Mais grave, porém, era a situação do menor infrator que estivesse com idade entre 16 e 18 anos. Se o crime que ele praticara fosse considerado grave pelas circunstâncias do fato e condições pessoais do agente, além de ficar provado que se tratava de indivíduo perigoso pelo seu estado de perversão moral, o juiz lhe aplicaria o art. 65 do CP e o remeteria a um estabelecimento para condenados de menoridade; ou, em falta desse, a uma prisão comum, com separação dos condenados adultos, onde permaneceria até que se verificasse sua regeneração, sem que a duração da pena pudesse exceder o seu máximo legal (art. 71).

Se se tratasse apenas de contravenção, que não revelasse vício ou má índole, o juiz poderia advertir o menor e entregá-lo aos pais, tutor ou encarregado de sua guarda, sem proferir condenação (art. 72).

É interessante notar que, mesmo em caso de o menor ser absolvido, o juiz poderia: "a) entregar o menor aos pais ou tutor ou pessoa encarregada de sua guarda; b) entregar o menor sob condições, como a submissão ao patronato, a aprendizagem de um ofício ou uma arte, a abstenção de bebidas alcoólicas, a freqüência de uma escola, a garantia de um bom comportamento, sob pena de suspensão ou perda do pátrio poder ou destituição da tutela; c) entregar o menor à pessoa idônea ou instituto de educação; e d) sujeitar o menor à liberdade vigiada" (art. 73).

PROCESSO PENAL JUVENIL

A legislação de 1927, influenciada pelo Código Criminal do Império e pelo Código Penal da República, privilegiava a internação e/ou institucionalização de crianças e adolescentes com menos de 14 anos de idade, mesmo que não tivessem praticado qualquer infração penal. A segregação física e da liberdade era habitual, corriqueira e desprovida das garantias constitucionais, hoje asseguradas pelas disposições contidas no art. 5º, LXI.

À falta de um propósito garantista de direitos mais amplos e equivalentes ao dos adultos, o *direito do menor* contemplava certos absurdos jurídicos, tais como: na hipótese de absolvição do adolescente, ele poderia estar sujeito, ainda, ao cumprimento de medidas, como aquelas previstas no art. 73 do Código de 1927, acima mencionadas.

Em resumo, Antonio Tomás Bentivoglio lembra que o Código de 1927 fixava três limites de idade: 14, 16 e 18 anos; até os 14, o menor era considerado inimputável; entre 14 e 16, ele ainda era considerado irresponsável, mas instaurava-se um processo para apurar o fato, ao cabo do qual poder-se-ia aplicar uma medida de assistência, que, por vezes, acarretava o cerceamento à liberdade; entre 16 e 18, o menor podia ser considerado responsável, sofrendo, então penas previstas no Código Penal da República, com a redução de um terço na duração das privativas de liberdade cabíveis ao adulto.[14]

Vale dizer que, desde a consolidação da legislação sobre menores, que resultou na edição do Código de Menores de 1927, até a vigência da Lei n. 8.069/1990, as medidas aplicadas aos menores abandonados ou delinqüentes tinham na verdade, natureza tutelar, sendo seus agentes colocados em entidades *protetoras*, por períodos hoje considerados inconstitucionais.

Sem muita novidade, o Decreto n. 22.213, de 14 de dezembro de 1932, que aprovou e adotou a Consolidação das Leis Penais, corroborou, no art. 27, que "não são criminosos: § 1º. os menores de 14 anos", reproduzindo, na verdade o art. 68 do Código de Menores, aprovado pelo Decreto n. 17.943-A, de 1927. O art. 42, § 11, previa circunstâncias atenuantes para os infratores entre 18 e 21 anos.

---

14. Cf. Antonio Tomás Bentivoglio, "Imputabilidade", *Infância & Cidadania* 2/14.

O PROTAGONISMO JUVENIL: DO SOCIAL AO JURÍDICO 45

Em 1940, o Decreto-lei n. 2.848, de 7 de dezembro, instituiu o Código Penal, que, em seu Título III, firmou a inimputabilidade penal. O art. 27 tratou da inimputabilidade em razão da idade: "Os menores de 18 (dezoito) anos são penalmente inimputáveis, ficando sujeitos às normas estabelecidas na legislação especial".

Antonio Tomás Bentivoglio, acima citado, relata que, três anos depois, o Decreto-lei n. 6.026, de 24 de novembro de 1943, dividiu os infratores menores de 18 anos em duas categorias: "a) após os 14, quando no entender do juiz estivesse positivada a periculosidade do menor que praticasse o crime, seria obrigatório o seu internamento, cuja cessação se condicionaria ao desaparecimento da periculosidade. Se não cessasse até o advento da maioridade, o sujeito seria transferido para uma colônia agrícola ou instituto de abrigo, recebendo medida de segurança aplicável a adultos; b) se o infrator contasse com 14 anos e não fosse considerado perigoso, poderia ser entregue aos pais ou responsável, podendo, ainda, ser internado em instituto de reeducação, sem prefixação de tempo".

O Decreto-lei n. 6.026/1943 foi alterado pela Lei n. 5.258, de 10 de abril de 1967, que estabeleceu que a idade limite da inimputabilidade era de 14 anos. Bentivoglio (1998, pp. 14-15) lembra que se o menor tivesse completado essa idade e praticasse fato capitulado como crime, passível de pena de *reclusão*, seria, obrigatoriamente, internado. O juiz fixaria o prazo mínimo de internação entre os extremos quantitativos da pena cominada na legislação penal comum, reduzidos de dois terços. Para cessar a internação era preciso que transcorresse o prazo mínimo e se procedesse a exame pericial no menor para verificar a ausência de periculosidade. Cessada a periculosidade, o juiz poderia desinternar o menor após metade da duração mínima do prazo, sujeitando-o, entretanto, à vigilância. Sendo acentuada a periculosidade ou inexistindo estabelecimento adequado, a internação far-se-ia em seção especial de estabelecimento destinado a adulto.

Por outro lado, se o menor que completou 14 anos praticasse um fato tipificado como crime suscetível de pena de detenção, e se fosse abandonado, pervertido ou em perigo de o ser, o juiz poderia interná-lo em estabelecimento adequado, por seis meses no mínimo e, no máximo, até atingir 21 anos.

46 PROCESSO PENAL JUVENIL

Se a maioridade (21 anos) fosse completada e a periculosidade não fosse declarada extinta, o juiz determinaria sua transferência para colônia agrícola ou para instituto de trabalho, de reeducação ou de ensino profissional ou secção especial de outro estabelecimento, à disposição do juiz criminal.[15]

Por ser considerada extremamente rigorosa na fixação das penas, essa lei foi sucedida pela Lei n. 5.439/1968, que, na verdade, fez revigorar o sistema anterior do Decreto-lei n. 6.026/1943.

Com a promulgação do Código Penal e leis posteriores que o modificaram, necessitava-se uma reforma mais efetiva no Código de Menores de 1927, em razão da discrepância na fixação da inimputabilidade. Dessa forma, em 10 de outubro de 1979, a Lei n. 6.697 instituiu o Código de Menores, com a proposta basilar da *doutrina da situação irregular*, que representava mais um instrumento de controle social de crianças e adolescentes, vítimas de omissões da família, da sociedade e do Estado, em seus direitos básicos, do que em prevenção e proteção desses direitos.

A Lei n. 6.697/1979 adaptou-se ao Código Penal, seguiu sua orientação em relação à inimputabilidade e, praticamente, não inovou em relação à condição da criança e do adolescente: continuavam a ser tratados como objetos de ações assistenciais, longe de lhes assegurar a titularidade de seus direitos.

No âmbito internacional, as Regras de Beijing, aprovadas pela Assembléia Geral das Nações Unidas, por meio da Resolução n. 40/33, de 29.11.1985, não tratou, especificamente, da fixação da responsabilidade penal, mas, definiu no n. 2, letra *c*, que "o jovem infrator é aquele a quem se tenha imputado o cometimento de uma infração ou que seja considerado culpado do cometimento de uma infração".

Embora a Convenção sobre os Direitos da Criança fosse promulgada no Brasil em 1990,[16] a discussão de seu conteúdo chegou até nós

15. Art. 7º, § 2º, do Decreto-lei n. 3.914/1941 – Lei de Introdução ao Código Penal.
16. Aprovada, por unanimidade, em 20.11.1989, pela Resolução n. 44/25 – XLIV. da Assembléia Geral das Organizações das Nações Unidas. O Brasil adotou o texto em sua totalidade pelo Decreto n. 99.710, de 21.9.1990, após ter sido ratificado pelo Congresso Nacional, pelo Decreto Legislativo n. 28, de 14.9.1990. A Convenção assim define "criança" no artigo 1º: "Para efeitos da presente convenção considera-se criança todo ser humano com menos de dezoito anos de idade, a não ser que, em conformidade com a lei aplicável à criança, a maioridade seja alcançada antes".

O PROTAGONISMO JUVENIL: DO SOCIAL AO JURÍDICO 47

pelos movimentos sociais no período da instalação da Assembléia Nacional Constituinte de 1988.

Aproveitando as novas e internacionais lições sobre o direito da criança, a Constituição Federal de 1988 inseriu o art. 227, proclamando uma nova doutrina, conhecida por Doutrina da Proteção Integral,[17] conferindo à criança a completude de direitos.

Além de assegurar os direitos fundamentais, a Constituição Federal manteve, no art. 228, a inimputabilidade aos 18 anos, que foi seguida pelo Estatuto, no art. 104, dispondo que "são penalmente inimputáveis os menores de dezoito anos, sujeitos às medidas previstas nesta Lei".

Entretanto, para complementar a regulamentação do art. 227, o Estatuto definiu, no art. 2º, que os protagonistas destes novos direitos eram a *criança* e o *adolescente*.[18] Essa divisão não foi a mesma escolhida pela ONU, na citada Convenção, que preferiu estabelecer, no art. 1º, que "considera-se criança todo ser humano com menos de dezoito anos de idade, a não ser que, em conformidade com a lei aplicável à criança, a maioridade seja alcançada antes".[19]

A divisão etária efetivada pelo Estatuto possibilitou, sobretudo, a diversificação de tratamento penal: as crianças são absolutamente irresponsáveis penalmente, ficando sujeitas somente às medidas de

---

17. Vide o Capítulo 1º deste trabalho. A Doutrina da Proteção Integral, abraçada pela Convenção sobre os Direitos da Criança da ONU tem como conteúdo o dever de garantir a satisfação de todas as necessidades das pessoas até 18 anos, não incluindo apenas o aspecto penal do ato praticado *pela* ou *contra* a criança ou o adolescente, mas seu direito à vida, saúde, educação, convivência, lazer, profissionalização, liberdade e demais direitos inscritos na Constituição Federal e no Estatuto.

18. ECA, art. 2º: "Considera-se criança, para os efeitos desta Lei, a pessoa até doze anos de idade incompletos, e adolescente aquela entre doze e dezoito anos de idade. Parágrafo único. Nos casos expressos em lei, aplica-se excepcionalmente este Estatuto às pessoas entre dezoito e vinte e um anos de idade".

19. Essa orientação também foi defendida pela ONU no documento chamado "Regras Mínimas das Nações Unidas para proteção de Jovens Privados de Liberdade", instituídas na 68ª Sessão Plenária da Assembléia Geral das Nações Unidas, em 14 de dezembro de 1990, pela Resolução n. 45/113. Para aplicação das Regras, são consideradas as seguintes definições: "*criança* ou *adolescente*: é qualquer pessoa que tenha menos de 18 anos. A idade limite abaixo da qual não deve ser permitido privar uma criança de liberdade deve ser fixada em lei" (Regra n. 11). Essas Regras não foram ratificadas pelo Brasil, mas serviram de parâmetro para o Estatuto da Criança e do Adolescente.

48 PROCESSO PENAL JUVENIL

proteção, ao passo que os adolescentes, ao conflitarem com a lei, podem cumprir medidas socioeducativas.

Resumo cronológico das normas que contém dispositivos sobre a imputabilidade penal no Brasil

LEIS	IDADE
Ordenações do Reino – Código Filipino (1603-1830)	Fixava a imputabilidade em 17 anos. Maioridade plena estabelecida aos 20 anos (possibilidade de aplicação de pena de morte dos 17 aos 20 anos).
Código Criminal do Império (1830)	Fixou a imputabilidade em 14 anos, possibilitando o recolhimento de menores de 14 anos às casas de correção até os 17 anos (aplicação da teoria do discernimento). Entre 14 e 21 a pena era atenuada.
Código Penal da República (Decreto n. 847, de 1890)	Estabeleceu a irresponsabilidade absoluta aos menores de 9 anos. Entre 9 e 14 anos havia a possibilidade de aplicação da teoria do discernimento. Os maiores de 14 anos poderiam ser recolhidos a estabelecimentos disciplinares.
Código "Mello Mattos" (Decreto n. 17.943-A, de 1927)	Menores de 14 anos são inimputáveis e prevê-se a possibilidade de aplicação de tratamento apropriado ou encaminhamento a escola de reforma (observados os critérios abandono/perversão). Entre 14 e 16 anos, o menor é considerado irresponsável e instaura-se procedimento para apuração do fato com possibilidade de aplicação de medidas de assistência com cerceamento de liberdade. Entre 16 e 18 anos, é considerado responsável pelo crime, sofrendo as penas do Código Criminal do Império. As penas privativas de liberdade são reduzidas de um terço. Menores de 18 anos – abandonados ou delinqüentes – têm a possibilidade de aplicação de medidas de assistência e proteção de caráter punitivo ou não punitivo.
Consolidação das Leis Penais (Decreto n. 22.213/1932)	Menores de 14 anos: inimputáveis (art. 27, § 1º). Circunstâncias atenuantes para os infratores entre 18 e 21 anos.

(cont.)

O PROTAGONISMO JUVENIL: DO SOCIAL AO JURÍDICO

(cont.)

LEIS	IDADE
Código Penal (Decreto-lei n. 2.848/1940)	Fixou a imputabilidade em 18 anos (art. 27).
Decreto-lei n. 6.026/1943	Manteve a imputabilidade em 18 anos com a seguinte situação: maiores de 14 anos: 1º) possibilidade de internação (observado periculosidade); 2º) encaminhamento aos pais ou internação em instituto de reeducação (não constatada periculosidade).
Lei n. 5.258/1967	Redução da imputabilidade de 18 para 14 anos aplicando-se a internação (observados os critérios de periculosidade).
Lei n. 5.439/1968	Revigorou o sistema anterior do Decreto-lei n. 6.026 de 1943: 18 anos.
Código de Menores (Lei n. 6.697/1979)	Adoção da Doutrina da Situação Irregular. Seguiu orientação do Código Penal com relação à imputabilidade: 18 anos.
Estatuto da Criança e do Adolescente (Lei n. 8.069/1990)	Responsabilidade penal aos 12 anos – Imputabilidade penal aos 18 anos – Sobre a imputabilidade, o Estatuto segue a orientação da CF de 1988, que no art. 228 estabeleceu a imputabilidade aos 18 anos. Divide o atendimento entre crianças (de 0 a 12 anos incompletos) e adolescentes (12 a 18 incompletos), dispondo sobre medidas protetivas e socioeducativas. Estas, de natureza penal, admitem a privação parcial ou total da liberdade pelas medidas de semiliberdade e internação. O Estatuto instaura um sistema de responsabilidade penal "especial" para menores de 18 anos.

Feita a incursão histórica da fixação da idade cronológica, que enseja a imputabilidade penal, percebe-se que, no Brasil, nem sempre o limite etário foi o mesmo; ao sabor das convicções, práticas e políticas criminais esse limite variou de 9 a 18 anos, como demonstra o quadro acima.

3.2 A dicotomia entre a consideração vitimológica e de protagonismo do adolescente em conflito com a lei

Quem é o personagem, menor de idade, que conflita com a lei (penal)? Muitas denominações são usadas: menor infrator, adolescente infrator, adolescente em conflito com a lei, adolescente autor de ato infracional.[20] Essas duas últimas acepções configuram-se mais adequadamente à teleologia escolhida pelo Estatuto. A expressão *adolescente infrator* é comumente reduzida a *infrator*, tornando o adjetivo mais importante que o substantivo, imprimindo um estigma irremovível.[21]

Estas denominações, todavia, conduzem a pesquisa para o conceito de adolescente, como sujeito de direitos e de pessoa numa condição especial de desenvolvimento, cujas garantias devem ser asseguradas com absoluta prioridade. Por evidente, essa primeira concepção de *adolescente em conflito com a lei* –, mas protagonista de direitos, elide a idéia de vítima por práticas sociais criminalizadas.

A leitura da história da criança no Brasil – pelo menos até a promulgação da Constituição Federal de 1988 –, demonstrou que sua condição perante o direito estava mais para vítima do que sujeito de direitos.

De fato, as políticas públicas de atendimento não tinham clareza quanto à real situação jurídica de crianças e adolescentes: sendo desvalidos, carentes, pobres, abandonados, órfãos ou delinqüentes, o "tratamento" era o mesmo para todos. Essa intenção ficou claramente registrada no art. 1º do Decreto n. 17.943-A, que estabelecia: "O menor, de um ou outro sexo, *abandonado ou delinqüente*, que tiver menos de 18 anos de idade, será submetido pela autoridade competente às medidas de *assistência* e *proteção* contidas neste Código" (grifo nosso). Inicia-se a etapa *tutelar*, que durará até a CF de 1988.

A despeito de o art. 55 do Código de Menores de 1927 autorizar o juiz a aplicar medidas de caráter *não punitivo* aos menores *abando-*

---

20. Neste trabalho, optou-se por excluir a *criança*, como autora de ato infracional, tendo em vista que seu objetivo é estabelecer parâmetros de legalidade para o processo de execução de medida socioeducativa.

21. Cf. Mário Volpi, *Sem liberdade, sem direitos – A privação de liberdade na percepção do adolescente*, p. 21.

O PROTAGONISMO JUVENIL: DO SOCIAL AO JURÍDICO 51

nados[22] podiam eles ser internados em Escolas de Preservação[23] ou de Reforma.[24]

Pode-se dizer que as Escolas de Preservação objetivavam a *prevenção* e as de Reforma, a *punição*. Embora tivessem essa destinação diversa, na sua concepção teórica e finalística, ambas utilizavam-se da privação de liberdade, de maneira compulsória e impositiva pela autoridade judicial, para *proteger* o menor.

Com efeito, a *internação* ou *institucionalização* – embora considerada de natureza punitiva – receberia uma nova conotação, quando aplicada aos menores carentes ou abandonados, que eram colocados em asilos e orfanatos. O legislador do Código de Menores de 1927 empregou natureza protetiva a esse tipo de institucionalização, porque seus protagonistas necessitavam de tratamento psicológico em vista de graves desvios de comportamento que apresentavam (exceto a prática de infrações penais), ou como define o Estatuto da Criança e do Adolescente, em situação de risco pessoal e social.

A medida de internação era cumprida em asilos, orfanatos, patronatos, hospitais, educandários e instituições, sobretudo religiosas, que se dedicavam a dar tratamento educativo e curativo àqueles menores.

22. A saber: "a) entregá-lo a pessoa idônea, ou interná-lo em hospital, asilo, instituto de educação, oficina, escola de *preservação* ou de *reforma*; b) ordenar as medidas convenientes aos que necessitem de tratamento especial, por sofrerem de qualquer doença física ou mental; c) decretar a suspensão ou a perda do pátrio poder ou a destituição da tutela; d) regular, de maneira diferente das estabelecidas nos dispositivos deste artigo, a situação do menor, se houver para isso motivo grave e for do interesse do menor".

23. Segundo o art. 199 do Código de Menores de 1927, *Escola de Preservação*, para os menores do sexo feminino, "é destinada a dar educação física, moral, profissional e literária às menores, que a ela forem *recolhidas* por ordem do juiz competente" (grifo nosso). Nela, não poderiam ser colocadas menores com idade inferior a sete anos, nem excedente a 18 anos. Às menores eram ensinados os seguintes ofícios: costura e trabalhos de agulha, lavagem de roupa, engomagem, datilografia, manufatura de chapéus, cozinha, jardinagem, horticultura, pomicultura e criação de aves (art. 200-202).

24. O art. 204 do citado Código de 1927 definia a *Escola de Reforma*: é "destinada a receber, para regenerar pelo trabalho, educação e instrução, os menores do sexo masculino, constituída cada uma por número não superior a 20 menores, para uma lotação de 200 delinqüentes".

Além da internação para tratamento, se o menor abandonado, com idade inferior a 18 anos, fosse achado vadiando,[25] mendigando ou entregue à libertinagem, em situação habitual, seria apreendido e apresentado à autoridade judiciária, que poderia – além de repreendê-lo e entregá-lo à pessoa sob guarda –, interná-lo em Escola de Preservação, até que completasse a maioridade.

Vê-se que a motivação para a institucionalização, já naquela época, era mais rígida para com o infrator menor de 18 anos do que para com o adulto. Tal fato não acontece nos dias de hoje. O Estatuto privilegia a manutenção da criança em sua casa, próximo à sua família. É junto dos pais e da família que é feito o acompanhamento da criança e do adolescente, inclusive pelo Conselho Tutelar.

O Código de Menores de 1979 (Lei n. 6.697) herdou a mesma ideologia do Decreto n. 17.943-A, de 1927, dispondo no art. 1º: "Este Código dispõe sobre *assistência, proteção e vigilância* a menores".

No Título V do Livro I do citado Código estão disciplinadas as medidas de *assistência e proteção*, identificadas no art. 14: "São medidas aplicáveis ao menor pela autoridade judiciária: I – advertência; II – entrega aos pais ou responsável, ou a pessoa idônea, mediante termo de responsabilidade; III – colocação em lar substituto; IV – imposição de regime de liberdade assistida; V – colocação em casa de semiliberdade; VI – *internação* em estabelecimento educacional, ocupacional, psicopedagógico, hospitalar, psiquiátrico ou outro adequado" (grifo nosso).

A colocação em casa de semiliberdade e a internação – medidas essas que, basicamente, privavam parcial ou totalmente a liberdade de locomoção da criança ou do jovem – estavam entre as medidas de assistência e proteção.

Essas medidas diziam respeito a todos os menores em *situação irregular*, cabendo ao juiz adequá-las a cada caso. Dizia o art. 2º do citado Código, que em situação irregular estava o menor: "I – privado de condições essenciais à sua subsistência, saúde e instrução obrigatória, ainda que eventualmente, em razão de: a) falta, ação ou omissão dos pais; b) manifesta impossibilidade dos pais ou responsável,

---

25. Segundo o parágrafo único do art. 61 do Código de Menores de 1927, "entende-se que o menor é vadio ou mendigo habitual, quando apreendido em estado de vadiagem ou mendicância mais de duas vezes".

O PROTAGONISMO JUVENIL: DO SOCIAL AO JURÍDICO

para provê-las; II – vítima de maus-tratos ou castigos imoderados, impostos pelos pais ou responsável; III – em perigo moral, devido a: a) encontrar-se, de modo habitual, em ambiente contrário aos bons costumes; b) exploração em atividade contrária aos bons costumes; IV – privado de representação ou assistência legal, pela falta eventual dos pais ou responsável; V – com desvio de conduta, em virtude de grave inadaptação familiar ou comunitária; VI – *autor de infração penal*" (grifo nosso).

E mais. Para a execução de qualquer das medidas acima citadas, o juiz podia determinar a *apreensão* do menor, com ciência ao Ministério Público, conforme prescrevia o art. 16.

A ideologia da *compaixão-repressão*, expressada por Emilio García Méndez, cujas raízes assenta nos Estados Unidos (fim do séc. XIX) e Europa (início do séc. XX), difundiu-se pela América Latina chegando ao Brasil instalando-se sob o rótulo da doutrina da situação irregular.[26]

Essa característica obedece tanto ao fato de que a piedade sempre se manifesta como dogma quanto a que praticamente toda a produção teórica foi realizada pelos mesmos sujeitos encarregados de sua aplicação (os juízes de menores). Salienta o autor que esta situação explica o fato de que poucas doutrinas sejam mais difíceis de definir do que aquela da situação irregular.

Propugna-se por uma doutrina jurídica que tem pouco de doutrina e nada de jurídico, se por jurídico entendemos – no sentido iluminista – regras claras e preestabelecidas de cumprimento obrigatório para os destinatários e para aqueles responsáveis por sua aplicação. Esta doutrina constitui uma colcha de retalhos do sentido comum que o destino elevou à categoria jurídica. Sua missão consiste em legitimar a disponibilidade estatal absoluta de sujeitos vulneráveis, que, precisamente por esta situação, são definidos em situação irregular. Por esta visão, as hipóteses de entrada no sistema carecem em absoluto de taxatividade.

---

26. "Legislação de 'menores' na América Latina: uma doutrina em situação irregular", *Cadernos de Direito da Criança e do Adolescente* 2/10. A expressão *compaixão-repressão*, utilizada pelo autor, significa a existência de uma cultura que não quis, não pode ou não soube oferecer proteção aos setores mais vulneráveis da sociedade, a não ser declarando previamente algum tipo de incapacidade e os condenando a algum tipo de segregação estigmatizante.

Segundo Emilio García Méndez, acima citado, as crianças e adolescentes, que estavam em uma situação de abandono, fossem vítimas de abuso ou maus-tratos ou fossem supostos infratores da lei penal, quando pertencentes aos setores mais pobres da sociedade, constituíam os clientes potenciais dessa definição.

Dentro da ideologia vitimológica, o Código de Menores de 1979 definia nos arts. 48 a 58, as medidas de *vigilância* como preventivas, aplicáveis em benefício de todos os menores de 18 anos. Elas se destinavam ao controle do ingresso e à permanência de menores em estabelecimentos públicos, como os abrigos e instituições de atendimento, destinados à assistência e proteção (para cumprir as medidas previstas no art. 14); em estabelecimentos particulares, casas de espetáculos e diversão em geral, hotéis, e congêneres, tais como os teatros, cinemas, circos, rádio, televisão, casas de jogos e recreação e bailes públicos.

Essas medidas privavam criança e jovens de seu direito de ir e vir e se divertir, considerando-as inaptas ao convívio social, necessitando, portanto, de proteção.

A assistência (social ou jurídica) não distinguia entre a infância desvalida e a infância delinquente. Essa *confusão conceitual*, explica Martha de Toledo Machado, vai permitir profundas violações aos direitos fundamentais mais básicos de crianças/adolescentes carentes e autores de infração penal.[27]

Era de se esperar, que essa indefinição conceitual pudesse, ainda, fazer mais uma distinção: a infância carente e desvalida e os autores de ato infracional – *os menores* – diferem de *nossos filhos*, que sempre foram vistos como crianças e jovens.[28]

Continua a citada autora que o binômio *carente/delinquente*, aliado à distinção que se fez entre a infância ali inserida e as *boas crianças*, vai formatar todo o direito material da infância e da juventude. Conclui que esse direito apresenta-se triplamente iníquo: "a) primei-

---

27. *A proteção constitucional de crianças e adolescentes e os direitos humanos*, p. 33.

28. Aqui vale lembrar um exemplo, que não se sabe se é verdadeiro ou não, mas que é largamente difundido, especialmente em salas de aula, para chamar a atenção para esse fato. Uma notícia de jornal dá como manchete: "*menor* assalta *criança* na escadaria da igreja".

O PROTAGONISMO JUVENIL: DO SOCIAL AO JURÍDICO

ro porque instituiu a cisão entre as crianças e jovens em *situação regular* – com uma legislação própria dotada de garantias iluministas, aplicada numa instância judicial revestida das garantias processuais, e as crianças e jovens em *situação irregular*, que não eram merecedoras desse direito material e processual; b) em segundo lugar, porque se implantou a medida de privação de liberdade de jovens desassistidos socialmente – que nunca foram autores de infração penal –, cuja única *falta* teria sido o nascimento em famílias marginalizadas da fruição das riquezas coletivamente produzidas, tratando-se o problema social como caso de polícia; c) por último, porque foram derrubadas todas as garantias dos autores de crime, inimputáveis em razão da idade, aos quais se passou a negar os mais elementares direitos humanos, como a reserva legal, o contraditório e a ampla defesa, sob o falacioso argumento de que, quando o Estado, mediante a Justiça de Menores, privava-os de liberdade porque cometeram infração penal, estava sendo adotada uma medida de natureza protetiva e não repressiva" (grifos da autora).[29]

Em razão dessa proximidade ideológica e filosófica existente entre a infância desvalida e a infância delinqüente – nefasta, por sinal – possibilitou o que Emilio García Méndez chamou de sistema de *controle sociopenal* da infância marginalizada socialmente, na medida em que a situação permitia – e até incentivava – a aplicação de medidas de natureza penal a "comportamentos não-criminais de menores".[30]

É ilegal – e chega a ser imoral – a intuição de que criança ou jovem carente pode ser privado de sua liberdade só pelo fato de ele *vir a ser* um delinqüente. É vergonhoso, sob a égide do Estado de Direito, que um jovem, considerado autor de ato infracional fosse privado de sua liberdade e das garantias individuais (as mesmas deferidas aos adultos) sob o argumento de que ele está sendo *protegido* pelo Estado.

A partir do final do séc. XIX, o surgimento de crianças nas ruas, pedindo esmolas e/ou praticando pequenos furtos, desencadeou atitudes, sociais e jurídicas, que deitaram raízes na esfera social e socio-

---

29. *A proteção constitucional de crianças e adolescentes e os direitos humanos*, pp. 47-48.
30. *Infância e cidadania na América Latina*, p. 53.

penal. Não era correto tratar o menor com o mesmo rigor com que se tratavam os criminosos comuns. O jovem delinqüente não deveria ser tratado como criminoso, senão como pupilo, mas posto sob a proteção do Estado, que deveria suprir a educação omitida pelos pais.[31]

O entendimento de que o menor de 18 anos era um ser frágil, indefeso, *capitis diminutae* e, por isso, excluído do rol dos protagonistas do direito, principalmente diante do direito penal, permeou a história do direito da criança até a Constituição Federal de 1988. É importante salientar que essa incapacidade conferida à criança e ao adolescente não se refere àquela proposta pelo Código Civil, ao tratar da incapacidade relativa ou absoluta, embora essa abordagem demonstre, por si só, que a lei adota uma teoria negativista, redutora, embasada em um adultocentrismo patrimonialista.[32]

Todavia, com as recentes discussões sobre a completude de direitos iniciada pela Organização das Nações Unidas, que culminou com a Convenção sobre os Direitos da Criança e, entre nós, com o art. 227 da CF, a criança e o adolescente deixam de ser objetos de políticas assistencialistas, policialescas e judiciais para se tornarem protagonistas de seus (próprios) direitos.

Até então, lembra Haim Grünspum, as ciências biológicas e a psicologia "nada tinham a dizer sobre a criança, no tocante a ajudá-la a ser sujeito de relações jurídicas. A ciência em geral, mantinha o significado paternalista da proteção".[33]

A mentalidade de que a criança e o adolescente eram adultos *em miniatura*, e, portanto, um *adulto frágil*,[34] acentuou o conceito de *menoridade*, no sentido de inferioridade, de ausência absoluta de responsabilidade e de capacidade.

É verdade que, até a Constituição Federal de 1988, os filhos ou as crianças e adolescentes não tinham vida jurídica própria, uma vez que seu *status* jurídico encontrava-se atrelado à situação civil-fami-

---

31. Cf. Sérgio Matheus Garcez, *O novo direito da criança e do adolescente*, p. 33.

32. Cf. Josiane Rose Petry Veronese, *Os direitos da criança e do adolescente*, p. 69.

33. *Os direitos dos menores*, p. 5.

34. Expressão utilizada por Hain Grünspum, *Os direitos dos menores*, p. 6.

O PROTAGONISMO JUVENIL: DO SOCIAL AO JURÍDICO   57

liar dos pais.[35] Com a nova Carta Política, o centro da tutela constitucional deslocou-se do casamento para as relações familiares, que não mais se esgotam no casamento; a proteção da instituição familiar, como centro de produção e reprodução dos valores culturais, éticos, religiosos e econômicos, deu lugar à tutela jurídica da família como núcleo intermediário de desenvolvimento da personalidade dos filhos e de promoção da dignidade dos seus membros.[36]

É preciso considerar, todavia, que a adolescência é uma fase do desenvolvimento humano que tem como características: a) alterações físicas e psíquicas, que diferem conforme o gênero; b) ressignificação da identidade, da imagem corporal e da relação com a família e com a comunidade; c) conflitos internos e lutos; d) necessidade de convívio grupal; e) imediatismo e consumismo; f) rebeldia; e g) crítica às regras, crenças e atitudes adultas.

Essas características influem na formação do jovem e, sobretudo, podem influir na prática do ato infracional, que é, na vida do adolescente, um acontecimento circunstancial e abrange alguns fatores, tais como: a) a atuação de conflitos internos pela conduta transgressora; b) a busca de respostas às contradições produzidas pela sociedade – apelo ao consumo e produção de miséria; c) a associação ao uso de drogas, círculo de amigos, tipos de lazer, auto-estima, sofrimento de violência etc.; d) a estrutura social de referência sem consistência de parâmetros.[37]

Conforme já anotamos,[38] a partir da Constituição Federal e do Estatuto, "as crianças e jovens passam a ser *sujeitos* de direitos e deixam de ser *objetos* de medidas judiciais e procedimentos policiais, quando expostos aos efeitos da marginalização social decorrente da omissão da sociedade e do Poder Público, pela inexistência ou insuficiência das políticas sociais básicas".

---

35. Cf. Heloísa Helena Barboza, "O Estatuto da Criança e do Adolescente e a disciplina da filiação no Código Civil", in *O melhor interesse da criança: um debate interdisciplinar*, p. 110.
36. Cf. Gustavo Tepedino, "A disciplina civil-constitucional das relações familiares", in *Temas de direito civil*, p. 349-50.
37. Cf. *Programa de execução de medidas socioeducativas de internação e semiliberdade do Rio Grande do Sul – PEMSEIS*.
38. Wilson Donizeti Liberati, *Comentários ao Estatuto da Criança e do Adolescente*, p. 20.

Ser *protagonista* do direito foi uma das bandeiras da Revolução Francesa e a legislação pátria somente considerou o fato tardiamente.[39] Explica Antonio Carlos Gomes da Costa que o termo *protagonismo* vem do grego: *proto* quer dizer o primeiro, o principal; *agon* significa luta; *agonistes*, lutador; *protagonista*, literalmente, quer dizer o *lutador principal*. No teatro, o termo passou a designar os atores que conduzem a trama, os principais atores.[40]

Continua o citado autor que o termo "*protagonismo juvenil* enquanto modalidade de ação educativa é a criação de espaços e condições capazes de possibilitar aos jovens envolverem-se em atividades direcionadas à solução de problemas reais, atuando como fonte de iniciativa, liberdade e compromisso".

O jovem protagonista é aquele que atua como personagem principal quer de iniciativas sociais, de atividades ou projetos e, principalmente, de *tomar em suas mãos* o destino e o usufruto de seus direitos. Isso significa que a partir da novel lei, os direitos de todas as crianças e adolescentes devem ser reconhecidos de forma universal e em sua integralidade. Isso porque são direitos especiais e próprios de sujeitos também específicos, que têm uma característica singular de pessoas em *desenvolvimento*.

Lembra Felício de Araújo Pontes Junior que "crianças e adolescentes são sujeitos de direitos universalmente conhecidos, não apenas de direitos comuns aos adultos, mas, além desses, de direitos especiais, provenientes de sua condição peculiar de pessoas em desenvolvimento, que devem ser assegurados pela família, Estado e sociedade".[41]

Dessa forma as leis devem assegurar a satisfação de *todas* as necessidades de crianças e adolescentes e não só se manifestar quando ocorre a prática de infração penal. Essa seria uma das principais funções do direito positivo, que traduz um conjunto de regras, que pauta

---

39. Pode-se dizer que a primeira lei foi o Código Civil de 1916. Todavia, era uma lei que não privilegiava crianças e adolescentes titulares absolutos de seus direitos. Regia mais uma situação de "proteção" dos "bens" daquelas crianças, principalmente pelos institutos da tutela e da curatela, do que o atendimento de situações de carência e abandono.

40. *A presença da pedagogia – Teoria e prática da ação socioeducativa*, p. 179.

41. *Conselhos de Direitos da Criança e do Adolescente: uma modalidade de exercício do direito de participação política – Fatores determinantes e modo de atuação*, pp. 24-25.

O PROTAGONISMO JUVENIL: DO SOCIAL AO JURÍDICO   59

a vida social de determinado povo e em determinada época. Essas regras conduzem às decisões normativas e à invocação do precedente judiciário, à forma de argumentação pelo advogado e de fundamentação pelo juiz, que faz sobrelevar o papel valioso da jurisprudência.[42]

Pela nova Constituição Federal e disposições contidas no Estatuto, não se pode mais considerar, isoladamente, os menores delinqüentes como um "problema sociológico antes de ser jurídico", como afirmou Liborni Siqueira. Concorda-se com o autor que as "oscilações estruturais ocorridas, no tempo e no espaço, não permitem às normas estáticas do direito acompanhar, tecnicamente, o complexo da evolução social, mesmo porque as leis são projeções *a posteriori* dos fatos sociais, isto é, são disciplinadoras dos efeitos".[43]

Todavia, há que se considerar que os fatos sociais, mesmo mais céleres do que a lei, são geradores de direitos, competindo à atuação dos juízes e tribunais, a formação de precedentes jurisprudenciais, que atualizam a norma escrita. Essa nova concepção foi possível, também, com a adoção de mecanismos legais constitucionais, mais dinâmicos, que antecipam ou, pelo menos, propugnam a garantia, por largo espaço de tempo, de um rol extensivo de direitos.

O diferencial trazido pela Constituição Federal, Convenção sobre os Direitos da Criança e pelo Estatuto foi considerar a criança e o adolescente como sujeitos de direitos, em oposição aos Códigos de Menores anteriores, que consideravam o menor em *situação irregular*, como vítima de uma situação social de abandono, orfandade, carência, delinqüência.

A proteção integral dos direitos e a possibilidade jurídica de protagonizar os direitos transformam a criança e o adolescente em titulares absolutos de seus direitos, como parte de um direito especial para uma classe especial de pessoas. Em outras palavras, a criança e o adolescente deixam de ser vítimas sociais para serem protagonistas do direito. A nova legislação, segundo Mário Volpi desjudicializou as situações sociais superando a visão de vítima e preservando, no campo jurídico, somente as questões relativas ao conflito com a lei penal e conflitos de interesses.[44]

42. Cf. Henry Capitant, *Introduction à l'Étude du Droit Civil*, pp. 8 e 38.
43. *Sociologia do direito do menor*, p. 41.
44. *Sem liberdade, sem direitos – A privação de liberdade na percepção do adolescente*, p. 20.

60 PROCESSO PENAL JUVENIL

3.3 A doutrina da proteção integral
aplicada aos adolescentes em conflito com a lei
– Opção constitucional
por um direito penal especial

3.3.1 O ato infracional

Antes de abordar, especificamente, o tema principal deste capítulo, faz-se necessário uma pequena regressão sobre o conceito de *ato infracional* empregado pelo Estatuto.

Em estudo anterior,[45] abordamos que a Lei n. 8.069/1990 considera *ato infracional* toda conduta descrita (na lei) como *crime* ou *contravenção penal*, conforme dispõe o art. 103. Por esta definição, o legislador materializou a regra[46] constitucional da legalidade ou da anterioridade da lei, segundo a qual só haverá ato infracional, se houver uma figura típica penal anteriormente prevista na lei (*nullum crimen sine lege*).[47]

Essa adequação do fato típico à lei, pela previsão estatutária, implica, todavia, a consagração da regra da tipicidade, que, segundo Heleno Cláudio Fragoso, confere ao "tipo penal o modelo legal do comportamento proibido: a descrição pelo texto legal de um fato que a lei proíbe ou ordena, ou seja, o tipo constitui a matéria da proibição".[48]

Não obstante necessário – mas sem pretensão de conduzir a uma extensa análise sobre o crime e seus elementos, que fugiria do propósito do tema em estudo –, pressupõe-se que o conceito de crime deve ser tirado do direito penal positivo e considerado como toda conduta

---

45. Wilson Donizeti Liberati, *Adolescente e ato infracional – Medida sócioeducativa é pena?*, pp. 92 e ss.
46. Cf. Rogério Lauria Tucci, *Princípio e regras orientadoras do novo processo penal brasileiro*, pp. 31-32. Para o autor, como já foi dito no capítulo anterior, deve-se conferir "a denominação de *princípio*, apenas, à *regra mais geral*, de que decorrem ou com a qual, estreitamente, se relacionam as *demais regras* integrantes de determinado *sistema*. (...) O *princípio* (...) é a *regra primeira do processo penal*. É a mais ampla e uma *regra jurídica não escrita*, por isso que de maior abrangência, à qual se devem sujeitar ou submeter todas as demais *regras*, constantes do *ius positum*" (grifos do autor).
47. CF, art. 5º, XXXIX, e CP, art. 1º.
48. *Lições de direito penal: a nova parte geral*, p. 156.

O PROTAGONISMO JUVENIL: DO SOCIAL AO JURÍDICO 61

que o legislador sanciona com uma pena.[49] Outras vezes, a definição pode vir mais completa: o crime é considerado a conduta humana que lesa ou expõe a perigo um bem jurídico protegido pela lei penal.[50] Ou, como prefere Francisco de Assis Toledo, o crime não pode ser desconsiderado como fato isolado da vida de uma pessoa humana, não podendo ser reproduzido em laboratório ou decomposto em partes distintas nem se apresenta como puro conceito, de modo sempre idêntico e estereotipados.[51]

A contravenção penal, por sua vez, não recebeu uma definição ontológica em nosso sistema penal. Dela tem-se apenas o enunciado no art. 1º da Lei de Introdução ao Código Penal – Decreto-lei n. 3.914, de 9.12.1941, segundo o qual a contravenção é "a infração penal a que a lei comina, isoladamente, pena de prisão simples ou de multa".

Costumeiramente, a doutrina considera a contravenção penal como o ato ilícito menos importante que o crime, diferenciando-a, apenas, quanto ao tipo de pena.

Ao estabelecer a regra da legalidade, o Estatuto sinaliza sua integração com o ordenamento penal pátrio, ou seja, a conduta infracional praticada por crianças[52] e adolescentes deverá estar adequada àquela figura típica, descrita na lei, como crime ou contravenção penal.

Essa integração entre fato e norma recebe, pela nova regra, o mesmo tratamento identificador, quer para adultos, quer para menores

---

49. Francisco Muñoz Conde, *Teoria geral do delito*, p. 1.
50. Edgar Magalhães Noronha, *Direito penal*, v. 2, p. 105.
51. *Princípios básicos de direito penal*, pp. 314 e ss.
52. É compreensível, nos dias de hoje, que a criança possa, perfeitamente, praticar um ato infracional, inclusive utilizando-se de armas de fogo ou outros meios tecnológicos. Mesmo nessas circunstâncias, é vedado conduzi-la à delegacia de polícia. A função da autoridade policial, nesse caso, resume-se em apurar o fato criminoso e encaminhar os documentos ao Conselho Tutelar ou à autoridade judiciária. A arma utilizada e o produto do crime serão encaminhados à autoridade judiciária ou ao departamento de segurança pública, para depósito. Todavia, em hipótese alguma, a criança poderá ser conduzida à autoridade policial, permanecer no recinto da delegacia de polícia ou ser submetida a situações de enfrentamento com vítimas e testemunhas. Essa tarefa compete ao Conselho Tutelar, por força da disposição contida no art. 136, I, do Estatuto. Cf., também, Wilson Donizeti Liberati, *Comentários ao Estatuto da Criança e do Adolescente*, pp. 92-93.

de 18 anos, abolindo a figura dos *desvios de conduta*, prevista na Lei n. 6.697/1979, como se o menor de 18 anos não praticasse infrações penais, mas *atos anti-sociais*, reveladores de uma *situação irregular*.

Assim, se o ato praticado por crianças e adolescentes estiver adequado ao tipo penal, então terão praticado um ato descrito como crime ou contravenção penal ou, como preferiu o Estatuto, um *ato infracional*.

Não se pode permitir eufemismos na descrição e/ou identificação de ação delituosa de um adolescente que pratica, por exemplo, um fato tipificado no art. 121 do CP. O fato típico é descrito como homicídio, seja ele praticado por maior ou menor de 18 anos. A essência do crime é a mesma. O tratamento jurídico, entretanto, deve ser adequado à especial condição de cada agente, como dispõe o art. 228, *in fine*, da CF.

Essa posição, no entanto, é mitigada por Napoleão Xavier do Amarante, que entende que "o fato atribuído à criança ou ao adolescente, embora enquadrável como crime ou contravenção, só pela circunstância de sua idade, não constitui crime ou contravenção, mas, na linguagem do legislador, simples ato infracional".[53]

Justifica, todavia, o citado autor, que o desajuste existe; mas, na acepção técnico-jurídica, a conduta do seu agente não configura uma outra daquelas modalidades de infração, por se tratar simplesmente de uma realidade diversa. Não se cuida de uma ficção, mas de uma entidade jurídica a encerrar a idéia de que também o tratamento a ser deferido ao seu agente é próprio e específico. Assim, quando a ação ou a omissão vier a ter o perfil de um daqueles ilícitos, atribuível, entretanto, à criança ou ao adolescente, são esses autores de ato infracional com conseqüências para a sociedade, igual ao crime e à contravenção; mas, mesmo assim, com contornos diversos, diante do aspecto da inimputabilidade e das medidas a lhes serem aplicadas, por não se assemelharem essas com as várias espécies de reprimendas.

Tal posição pode, a princípio, implicar em repúdio à estrutura do Estado de Direito, onde predomina a vontade da lei, desejada pela sociedade, muitas vezes, conquistada por revoluções. De igual modo,

---

53. In *Estatuto da Criança e do Adolescente comentado: comentários jurídicos e sociais*, cit., p. 339.

O PROTAGONISMO JUVENIL: DO SOCIAL AO JURÍDICO 63

a história revela que foi grande a luta, para assegurar às crianças e adolescentes os direitos fundamentais e a concepção da titularidade de direitos exigindo deles, em contrapartida, obrigações.

De qualquer forma, o Estatuto englobou, em uma só expressão – *ato infracional* – a prática de crime e contravenção penal por criança e adolescente.

3.3.2 Inimputabilidade e impunidade

Após firmar o conceito de ato infracional é necessário advertir que o tema a ser tratado aqui não será esgotado, em vista de sua complexidade. A finalidade de sua discussão, inserida neste trabalho, poderá facilitar a compreensão e a construção de um direito penal e processual penal especiais, que garantam regras compatíveis com a Constituição Federal, especialmente no processo executório das medidas socioeducativas.

Tem-se um nítido quadro social no Brasil: as crianças e adolescentes são a parcela de cidadãos que mais sofre violações em seus direitos, por todos os segmentos da sociedade. Vê-se, na realidade, que eles são vítimas de maus-tratos, violência sexual, física, psíquica; são explorados no trabalho; são traficados, desaparecem; são adotados ilegalmente; morrem de fome, pela tortura, pelo extermínio; alojam-se em cadeias públicas e instituições de atendimento, que nada mais são do que sucessoras do SAM.[54] Tudo desconforme com as normas contidas na Constituição Federal e leis regulamentadoras.

54. O Serviço de Assistência a Menores – SAM foi instituído pelo Decreto-lei n. 3.799/1941, no âmbito do Ministério da Justiça e Negócios Interiores. O SAM tinha como missão amparar, socialmente, os menores carentes, abandonados e infratores, centralizando a execução de uma política de atendimento, de caráter corretivo-repressivo-assistencial em todo o território nacional. Na verdade, o SAM foi criado para cumprir as medidas aplicadas aos infratores pelo juiz, tornando-se mais uma administradora de instituições do que, de fato, uma política de atendimento ao infrator. O art. 2º do citado Decreto-lei consolidava a finalidade do SAM: "a) sistematizar e orientar os serviços de assistência a menores desvalidos e delinqüentes, internados em estabelecimentos oficiais e particulares; b) proceder à investigação social e ao exame médico-psico-pedagógico dos menores desvalidos e delinqüentes; c) abrigar os menores à disposição do Juízo de Menores do Distrito Federal; d) recolher os menores em estabelecimentos adequados, a fim de ministrar-lhes educação, instrução e tratamento sômato-psíquico, até o seu desligamento; e) estudar as causas

De maneira paradoxal, a população leiga e jurídica debate sobre formas de recrudescer a punição aos jovens que conflitam com a lei. Esse sentimento aterrorizante e, sobretudo, carente de segurança pública, em geral, estimula o debate, gerando conclusões, como a diminuição da idade da imputabilidade, o aumento e o agravamento de sanções privativas de liberdade.[55]

É de Mário Volpi a contestação de alguns *mitos* que condicionam – e de certa forma prejudicam – a compreensão da prática de infrações penais por adolescentes. O primeiro mito é o do *hiperdimensionamento* do problema; o segundo, da *periculosidade*; o terceiro, da *irresponsabilidade*.[56]

De fato, razão assiste ao selecionado autor na medida em que explica que, nos meios de comunicação social, nas expressões e opiniões de autoridades e profissionais que atuam com o tema e, até mesmo, o cidadão comum, quando inquiridos sobre o assunto afirmam que são *milhões* de adolescentes que praticam infrações penais. Conclui o autor – cujo desfecho concordamos – que não existem dados oficiais que suportam essas declarações; as opiniões são pessoais e avoluma-se no "*achismo*".

do abandono e da delinqüência infantil, para a orientação dos poderes públicos; f) promover a publicação periódica dos resultados de pesquisas, estudos e estatísticas". Apesar da aparente organização, o SAM funcionava como um sistema penitenciário para a população menor de 18 anos, ou seja, de internação total. No entanto a execução de sua política de atendimento era diferenciada para os menores *infratores* – que eram colocados em internatos e casas de correção – dos menores *abandonados* e *carentes* – que eram internados em patronatos agrícolas e estabelecimentos de aprendizagem de ofícios. O que mais chamava a atenção nas atividades do SAM era a naturalidade com que se "internavam" crianças e adolescentes. O indicador da institucionalização estava na classe social, na pobreza, na miséria, na falta de condições psicológicas e da carência assistencial dos pais. O abandono, a vadiagem, a mendicância eram motivos suficientes para a intervenção judicial, que determinava a internação como forma de "ressocialização" ou de "recuperação" da criança e do adolescente.

55. Alguns Projetos de Lei e de Emenda à Constituição tramitam na Câmara dos Deputados com a finalidade de reduzir a inimputabilidade penal na CF (art. 228) e/ou aumentar o tempo de internação (privação parcial ou total da liberdade), previsto na Lei n. 8.069/1990. Exemplos: PL n. 2.182/1999; PL n. 2.511/2000; PL n. 3.700/2000; PL n. 6.923/2002; PL n. 2.847/2000; PL n. 852/2003; PL n. 907/2003; PEC n. 179/2003; PEC n. 171/1993.

56. *Sem liberdade, sem direitos – A privação de liberdade na percepção do adolescente*, pp. 15-18.

O PROTAGONISMO JUVENIL: DO SOCIAL AO JURÍDICO   65

A má-fé e a falta de informação apropriada sobre esse possível aumento da criminalidade juvenil gera um terrorismo informativo e um estado de alarme público, que somente produzem dano à sociedade, multiplicando os problemas já existentes.[57]

O segundo mito, também perverso e, sobretudo, incompleto, designa a tendência de adolescentes praticarem delitos cada vez mais graves, cujas bases são insuficientes para alicerçar um recrudescimento de sanções penais aos adolescentes. O autor cita pesquisa realizada pelo Ministério da Justiça, em 2000, que conclui que a maioria absoluta dos atos infracionais praticados por adolescentes são crimes contra o patrimônio. A prática de crimes graves não é privilégio de adolescentes.

O terceiro mito corresponde à inimputabilidade tardia do adolescente. Esse mito é sustentado pela idéia de que o adolescente estaria mais propenso a praticar atos infracionais porque a legislação não oferece punição mais severa. Aqui há uma certa confusão entre os conceitos de inimputabilidade penal e impunidade. Arremata o citado autor, que o fato de um adolescente ser inimputável não o exime de ser responsabilizado com medidas socioeducativas, inclusive com a privação de liberdade, por até três anos.[58]

A propósito, João Batista Costa Saraiva faz coro ao tema, lembrando que a exclusão da responsabilidade penal, pela inimputabilidade, não conduz à afirmação peremptória da irresponsabilidade pessoal ou social.[59]

Sendo a imputabilidade – derivado de *imputare* – a possibilidade de atribuir responsabilidade pela violação de determinada lei, seja ela penal, civil, comercial, administrativa ou juvenil, não se confunde com a responsabilidade, da qual é pressuposto.[60]

Há que se fazer, todavia, uma breve distinção entre *impunidade* e *inimputabilidade penal*. Esta, considerada causa legal de exclusão da culpabilidade, ou seja, de exclusão da responsabilidade penal, sig-

---

57. Cf. Elias Carranza, *Criminalidad – ¿Prevención o promoción?*, p. 15.
58. Cf. também, João Batista Costa Saraiva, *Descontruindo o mito da impunidade – Um ensaio de direito (penal) juvenil*, pp. 63 e ss.
59. *Adolescente e ato infracional: garantias processuais e medidas socioeducativas*, p. 25.
60. De Plácido e Silva, *Vocabulário Jurídico*, p. 435.

nifica uma absoluta irresponsabilidade pessoal ou social diante do crime ou contravenção penal (ato infracional) praticado, tendo como base apenas a idade cronológica. Esse é o panorama jurídico pretendido pela primeira parte do preceito constitucional do art. 228. A impunidade, por sua vez, é a situação daquele que escapou à punição ou que não é punido ou castigado.

Entretanto a segunda parte da mesma norma conduz o intérprete a reconhecer que uma *legislação especial* determinará regras e mecanismos de *responsabilização* para os autores de ato infracional com idade inferior a 18 anos. Isso significa que esses sujeitos não ficarão *impunes*, mas deverão ser submetidos ao procedimento definido pela legislação especial.

Como salientou Antonio Fernando do Amaral e Silva, não se pode confundir "imputabilidade e responsabilidade; tem-se que os adolescentes respondem frente ao Estatuto respectivo, porquanto são imputáveis diante daquela lei".[61]

Assim, *inimputabilidade* não implica *impunidade*, vez que o Estatuto estabelece medidas de responsabilização[62] compatíveis com a condição peculiar de pessoa em desenvolvimento dos autores de ato infracional.

Como se tem propalado, a exclusão da responsabilidade penal, pela menoridade, é um conceito jurídico, que o legislador extrai da própria realidade e fixa seus limites por meio da norma constitucional.

Sem incorrer numa análise profunda, pode-se dizer que há três critérios utilizados sobre a fixação do limite etário: a) *critério biológico ou cronológico*, vigente no Brasil, que estabelece uma idade fixa, abaixo da qual se considera o infrator inimputável (em alguns países, como a Argentina e Cuba, existem gradações de incapacidade); b) *critério psicológico*, adotado geralmente pelos países do *common law* e nos antigos países socialistas, que tem por fundamento a capacidade de entender e de querer, em sentido amplo. Demonstrado

---

61. "O mito da inimputabilidade penal e o Estatuto da Criança e do Adolescente", *Revista da Escola Superior da Magistratura do Estado de Santa Catarina*, nov. 1998, p. 270.

62. Cf. Francisco de Assis Toledo, *Princípios básicos de direito penal*, p. 314. O autor entende que "responsabilidade constitui um princípio segundo o qual toda pessoa imputável (dotada de capacidade de culpabilidade) deve responder pelos seus atos".

O PROTAGONISMO JUVENIL: DO SOCIAL AO JURÍDICO   67

que o infrator, independentemente de sua idade, seja possuidor de capacidade intelectiva e volitiva, poderá ser condenado até mesmo à prisão perpétua e à morte; c) *critério biopsicológico*, previsto no Código Penal brasileiro de 1969 (que não entrou em vigor) e em nosso Código Penal Militar, em que se postula uma associação de uma idade mínima com a capacidade intelectiva e volitiva, que é comprovada por meio de um exame criminológico.

O critério biológico, adotado pela maioria das legislações, presume *juris et de jure* a imaturidade dos infratores abaixo de determinada idade, que pode variar de 12 a 20 anos.

Como exemplo de adoção do critério biológico ou cronológico pode-se citar: Bélgica (16 anos), Brasil (18 anos), Espanha (16 anos), França (18 anos) e Grã-Bretanha (14 anos); outros países, como o Chile, Alemanha e Itália, optaram por uma categoria intermediária de maturidade verificável, na qual a imputabilidade está subordinada à prova do discernimento.[63]

Em relação aos critérios acima mencionados, José H. Gonzales Del Solar lembra que, em favor do primeiro critério, infere-se a generalização permitindo a observação científica numa pluralidade de indivíduos submetidos a estudo; contrário ao segundo e terceiro critérios, a impossibilidade de determinar com exatidão o momento em que o indivíduo alcança a capacidade para julgar com maturidade as diversas situações ético-jurídicas e obrar conscientemente. Uma coisa é apreciar, na pessoa, o advento da consciência moral, cuja existência evidencia atitudes e ações indubitáveis, e outra, o determinar a capacidade para desenvolver-se ética e juridicamente com maturidade.[64]

Para Luiz Otávio de Oliveira Amaral é necessário, ao se analisar essas condicionantes da imputabilidade, "determinar-se que, para ser responsável, não basta que o menor esteja com a sua inteligência desenvolvida; preciso é que esteja terminado, ou bem adiantado o seu processo de formação ética; é, ao demais, imprescindível que ele bem entenda aquilo que faz e também avalie adequadamente os motivos da vontade e ainda o caráter moral do fato e de suas conseqüências".[65]

---

63. Cf. Quadros comparativos nos itens 3.1 e 3.3.3 deste trabalho.
64. *Delincuencia y derecho de menores*, p. 44.
65. "A atual problemática do menor", *Revista Infomação Legislativa* – 16, n. 61.

Além dos critérios acima citados, podem-se verificar teorias que associam a relação da imputabilidade com a culpabilidade. A primeira, conhecida como teoria *psicológica*, advoga que a imputabilidade é pressuposto da culpabilidade. Esse liame que prende o agente ao seu fato pressupõe capacidade de entender e querer.

Luiz Jimenez de Asúa esclarece que a "imputabilidade é capacidade constituída por um conjunto de condições (maturidade e sanidade mental), apreciadas o mínimo necessário para que o agente deva responder por seu ato. Nada põe em dúvida que isto é psicológico".[66]

A culpabilidade, para Aníbal Bruno, é a "vontade consciente dirigida no sentido do ato criminoso, ou simples falta de dever de diligência, de que provém um resultado previsível de dano ou de perigo".[67]

A teoria psicológica esgota, assim, seu conteúdo no dolo e na culpa, admitindo, tão-somente, que a imputabilidade tem função limitadora do ingresso do sujeito no domínio da punibilidade, porque só pode ser culpável o indivíduo capaz de entender o caráter criminoso do fato e de determinar-se na forma deste entendimento.[68]

Essa teoria não conquistou muitos adeptos, pois, como lembrou Guilherme Percival Oliveira, não se conhece nem física nem moralmente o homem absolutamente normal: "o que podemos conhecer é o homem que tem atividade psíquica mais ou menos regular e se conduz de acordo com motivos da ação, mais ou menos normais".[69]

Pela teoria *finalista* é possível atribuir ao inimputável a prática de ato doloso, vez que o dolo é natural, e prescinde da consciência da antijuridicidade. Maria Auxiliadora Minahim esclarece que, dessa forma, "os menores teriam, quando cometessem uma infração, consciência da conduta e do resultado, consciência do nexo casual, vontade de realizar a conduta e de produzir o resultado. A não punição decorre da ausência de imputabilidade, comprometendo a culpabilidade, pressuposto da pena. A consciência a que se referem os finalistas, portanto, não comporta uma avaliação ou reflexão sobre a proibi-

---

66. *El criminalista*, p. 73.
67. *Direito penal – Parte geral*, t. II, p. 25.
68. Cf. Maria Auxiliadora Minahim, *Direito penal da emoção*, p. 52.
69. *Estados afetivos e inimputabilidade penal*, p. 85.

O PROTAGONISMO JUVENIL: DO SOCIAL AO JURÍDICO

ção que incide sobre o fato. Vontade e consciência têm no contexto um sentido de decisão à prática material do fato, faltando ao agente o conhecimento de que faz o que deve fazer (potencial consciência da ilicitude)".[70]

Francisco Antolisei entende que o dolo e a culpa podem estar presentes na conduta do inimputável, concluindo que a culpabilidade prescinde da imputabilidade. Essa afirmação decorre do fato que os "estados psíquicos que constituem o dolo e a culpa podem ser observados na conduta dos imaturos e enfermos mentais".[71]

Por isso as causas excludentes da culpabilidade devem ser examinadas no momento em que se examina o fato típico intentado por inimputável. Isso faria com que um infrator menor de 18 anos fosse impedido de ser encaminhado a uma entidade de atendimento, quando tivesse praticado, por exemplo, um furto sob coação irresistível. Tal assertiva induz à lógica de que, como ensina Maria Auxiliadora Minahim, a "imputabilidade, sendo um modo de ser, um *status* da pessoa, deveria ser tratada na teoria do réu e não na do crime".[72]

O pensamento difundido por Francisco Antolisei foi a base doutrinária do Código de Menores (Lei n. 6.697/1979), que outorgou ao juiz o reconhecimento das causas de justificação objetivas e subjetivas do fato típico, ou como preferiu Alyrio Cavallieri, "o menor infrator está todo, inteiro, no Direito Penal".[73]

Já não é mais possível anunciar, com tranqüilidade, que a legislação penal pátria desconhece a especialização das normas penais e processuais penais, de cunho especial, destinadas a autores de ato infracional menores de 18 anos.

A presunção absoluta da inimputabilidade, fixada em critérios puramente biológicos recebe nova acepção e extensão a partir do comando do art. 228, *in fine*, da CF.

Não se trata mais de aferir o discernimento, a culpabilidade ou a intenção volitiva do autor na prática do ato infracional. De certa forma, a própria norma constitucional dispensa essa avaliação ao indicar a aplicação da legislação especial.

70. *Direito penal da emoção*, p. 52.
71. *Manual de derecho penal*, p. 243.
72. *Direito penal da emoção*, p. 58.
73. *Direito do menor*, p. 35.

70 PROCESSO PENAL JUVENIL

O adolescente será submetido a um conjunto de providências processuais, com a finalidade de apurar a autoria e a materialidade do ilícito penal, de acordo com sua especial condição de desenvolvimento. A doutrina abalizada, com certo receio, tem mencionado o estabelecimento de um direito penal juvenil para acomodar as atitudes infracionais dos adolescentes aos procedimentos especiais previstos na legislação.

A formatação de um *novo* direito penal não procede. Entretanto, regras especiais, de natureza processual penal devem ser aplicadas em face da especialidade do autor da infração penal. Este é o tema que se propõe a seguir.

3.3.3 Direito penal especial

O fato de não se confundir imputabilidade penal e impunidade conduz a um outro raciocínio: os adolescentes não estão sujeitos à lei penal *comum*,[74] mas *respondem* pelo Estatuto, em face da disposição constitucional prevista no art. 288, *in fine*, da CF, que dispõe: "São penalmente inimputáveis os menores de dezoito anos, *sujeitos às normas da legislação especial*" (grifo nosso). A lei especial mencionada é o Estatuto, que impõe medidas socioeducativas aos infratores maiores de 12 anos e menores de 18.

A adequação da conduta do infrator ao sistema penal comum poderia sugerir o retorno à *teoria do discernimento*, cujo fundamento propugna pelo conhecimento, pelo infrator, do caráter criminoso de sua conduta. A admissão dessa teoria, para os menores de 18 anos, colocaria os adolescentes autores de ato infracional no mesmo patamar dos insanos mentais, o que seria uma incoerência diante do sistema de reprovação e controle instaurado no Estado de Direito.

Em trabalho anterior,[75] lembramos que existe um procedimento especial que aplica medidas socioeducativas de caráter sancionatório-punitivo, com finalidade pedagógico-educativa aos infratores considerados inimputáveis, em virtude da menoridade. Aos adolescentes

---

74. Direito penal comum, no sentido hoje estabelecido, com vinculação da imputabilidade após 18 anos, como prevê o art. 27 do CP.

75. Wilson Donizeti Liberati, *Adolescente e ato infracional – Medida sócio-educativa é pena?*, pp. 127-128.

O PROTAGONISMO JUVENIL: DO SOCIAL AO JURÍDICO 71

entre 12 e 18 anos não se pode imputar, pois, uma responsabilidade penal pela legislação penal comum.

O processo penal comum[76] tem como objetivo principal a sanção do infrator; todavia, pode-se agregar a este, mais duas finalidades: a) a tutela da liberdade jurídica, especialmente a proteção da liberdade física do ser humano; b) a garantia de prevenção e repressão de atos penalmente relevantes.

Ao adolescente, entretanto, pode-se atribuir responsabilidade com fundamento nas normas preconizadas pelo Estatuto, donde poderão *responder* pelos atos infracionais que praticarem, submeten-do-se às medidas socioeducativas previstas no art. 112.

Essa posição é cada vez mais aceita pela doutrina, como acentua João Batista Costa Saraiva: "(...) ao contrário do que sofismática e erroneamente se propala, o sistema legal instituído pelo Estatuto da Criança e do Adolescente faz estes jovens, entre 12 e 18 anos, sujeitos de direitos e de responsabilidades e, em caso de infração, prevê medidas socioeducativas, inclusive com privação de liberdade".[77]

Essa distinção é importante, para dirimir a suspeita ou a errada concepção que se faz de que o Estatuto propõe *tratamento* aos infratores menores de 18 anos. A nova legislação conferiu sanção, de natureza penal, ao autor de ato ilícito, menor de 18 anos.

Este menor deve receber atenção especial em face de sua condição peculiar de pessoa em desenvolvimento. Esta atenção não é aquela pretendida por Rafael Sajón que, apesar de admitir a existência de um conceito generalizado de que os infratores menores de idade devem receber tratamento diferenciado, diz estarem eles excluídos da órbita do direito penal, pois nesta se discute a determinação da idade em que se deve aplicar a legislação e os princípios do direito penal comum.[78] As soluções legislativas oscilam entre os 14 e os 21 anos como limite de idade da imputabilidade penal, o que significa sua exclusão da órbita do direito penal.

---

76. Anote-se que a expressão *comum* foi aqui empregada para diferenciar da do processo penal *especial*, destinado aos autores de infração penal, menores de 18 anos de idade.

77. "A idade e as razões: não ao rebaixamento da imputabilidade penal", *Revista Brasileira de Ciências Criminais* 18(5)/1977.

78. *Derecho de menores*, p. 122.

Em vista do dispositivo constitucional do art. 228, *in fine*, o autor de ato infracional, menor de 18 anos, *não* está fora do alcance do direito penal e, tampouco, sua ação delitiva será mitigada em face da menoridade. Regras *especiais,* de natureza penal, serão aplicadas em substituição àquelas do direito penal comum.

A nova postura constitucional – diversa daquela proposta pelo Código de Menores (Lei n. 6.697/1979), que considerava o infrator portador de uma *patologia social,* que deveria ser protegido e receber *tratamento* – estabelece o reconhecimento de direitos e deveres disciplinados pela lei, cuja transgressão deve ser apurada e corrigida dentro da regra da legalidade e dos parâmetros de sua especialidade, ou seja, respeitada a condição peculiar de pessoa em desenvolvimento. Esse foi o grande diferencial trazido pelo Estatuto: a sustentação da garantia de direitos e deveres da população infanto-juvenil.

Esta posição – alicerçada na Constituição Federal e no Estatuto – está coerente com o mandamento normativo da Convenção sobre os Direitos da Criança, que estabeleceu a doutrina da proteção integral como um sistema de *resposta* criado em legislações da América Latina para os atos infracionais praticados por menores de 18 anos.

Antes, porém, o sistema tutelar, para infratores menores, principalmente na América Latina,[79] considerava o autor como um ser intocável, que necessitava de "proteção", mesmo quando praticava atos ilícitos. De modo diverso, o sistema utilizado nos Estados Unidos da América considerava o infrator menor como um adulto.

Em outras palavras, a responsabilidade penal de pessoas menores de idade, na verdade, não é assunto novo. Como salienta Emilio García Méndez desde a constituição dos Estados nacionais até hoje, a percepção e o tratamento da responsabilidade penal dos menores de idade têm transitado por três grandes etapas.[80]

A primeira etapa, que se pode denominar de caráter *penal indiferenciado* estende-se desde o nascimento dos Códigos Penais, de corte claramente retribucionista do século XIX até 1919. A etapa do tratamento penal indiferenciado caracteriza-se por considerar os menores de idade praticamente da mesma forma que os adultos. Com uma

---

79. O Brasil manteve esse sistema até a Constituição Federal de 1988.
80. *Adolescentes e responsabilidade penal: um debate latino-americano.*

O PROTAGONISMO JUVENIL: DO SOCIAL AO JURÍDICO 73

única exceção dos menores de sete anos, que eram considerados, tal como na velha tradição do direito romano, absolutamente incapazes e cujos atos eram equiparados aos dos animais; a única diferenciação para os menores de 7 a 18 anos consistia geralmente na diminuição da pena em um terço em relação aos adultos. Assim, a liberdade por um tempo um pouco menor que o dos adultos e a mais absoluta promiscuidade constituíam uma regra sem exceções.

A segunda etapa é a que se pode denominar de caráter *tutelar*. Esta etapa tem sua origem nos Estados Unidos da América, de fins do século XIX. É liderada pelo chamado Movimento dos Reformadores[81] e responde a uma reação de profunda indignação moral perante a promiscuidade do alojamento de maiores e menores nas mesmas instituições. A partir da experiência dos Estados Unidos da América, a especialização do direito e a administração da justiça de menores introduzem-se na América Latina. Num arco de tempo de 20 anos, que começa em 1919 (ainda hoje vigente), todos os países da região terminaram adotando o novo modelo.

A terceira etapa é a da *responsabilidade penal dos adolescentes* que se inaugura, na América Latina e, especialmente no Brasil, com o Estatuto, aprovado em 1990. A referida lei constitui a primeira inovação substancial latino-americana a respeito do modelo tutelar de 1919. Durante mais de 70 anos, de 1919 a 1990, as *reformas* das leis de menores constituíram apenas variações da mesma melodia.

O modelo de responsabilidade penal dos adolescentes constitui uma ruptura profunda, tanto com o modelo *tutelar* quanto com o modelo *penal indiferenciado*, que hoje se expressa exclusivamente na ignorante ou cínica proposta de redução da idade da imputabilidade penal.

O modelo adotado pelo Estatuto demonstra que é possível e necessário superar tanto a visão pseudoprogressista e falsamente compassiva, de um paternalismo ingênuo de caráter *tutelar*, quanto a visão retrógrada de um retribucionismo hipócrita de mero caráter *penal repressivo*. O modelo da *responsabilidade penal dos adolescentes* é o modelo da justiça e das garantias.

O autor salienta por fim que o princípio geral, que interessa colocar em evidência, é a diversidade do tratamento jurídico com base na

---

81. Ver, sobre este movimento, o clássico livro de Anthony Platt, *Los salvadores del niño, o la invención de la delincuencia*.

faixa etária. Assim, as crianças não somente são penalmente inimputáveis como também são penalmente irresponsáveis. No caso do cometimento por uma criança de atos que infrinjam as leis penais, apenas poderão corresponder, eventualmente, medidas de proteção, previstas no art. 101 do ECA. Ao contrário, os adolescentes, também penalmente inimputáveis, são, no entanto, penalmente responsáveis. Quer dizer, respondem penalmente, nos exatos termos de leis específicas como o Estatuto, por aquelas condutas passíveis de serem caracterizadas como crimes ou contravenção penal.

Os dois primeiros sistemas acima citados por Emilio García Méndez foram, sistematicamente, banidos pela Convenção sobre os Direitos da Criança, que propôs novas bases para a construção de uma justiça juvenil. Como exemplo pode-se citar o artigo 12, que autoriza a criança a expressar suas *próprias* opiniões, livremente, sobre *todos* os assuntos, levando-se em consideração a idade e maturidade da criança. Trata-se do direito de ser ouvido que, integrado aos artigos 37 e 40 da norma internacional, estabelece o conjunto de garantias de defesa em juízo (*due process of law*), como defesa material, inaugurando uma nova condição da infância em nossa sociedade, como protagonista de direitos e elemento essencial da democracia.

O novo sistema judicial estabelecido pela Convenção, denominado "justiça juvenil" ou "de responsabilidade penal juvenil", é representado pelas seguintes características: a) compreende, exclusivamente, aquele que supõe que uma pessoa, que tem menos de 18 anos, comete um ato infracional; b) previsão de soluções alternativas à reação estatal punitiva diante do conflito jurídico-penal originário; c) a atribuição da responsabilidade se expressa na exclusão de pessoas com pouca idade; d) coloca a pessoa menor de 18 anos de idade fora do sistema de justiça penal de adultos; e) os jovens, sujeitos de direitos e devedores de obrigações – um conjunto de direitos especiais, em virtude de sua condição peculiar de pessoa em desenvolvimento – gozam de todas as garantias processuais e substantivas de que goza um adulto num Estado de Direito em face do ato coativo do Estado; f) a atribuição de responsabilidade em função da particular condição de sujeito, que está se desenvolvendo, expressa-se em respostas jurídicas diferenciadas, chamadas (em diferentes legislações) de medidas, medidas socioeducativas ou, mais recentemente e sem eufemismos, sanções ou sanções penais juvenis; g) a privação de liberdade

O PROTAGONISMO JUVENIL: DO SOCIAL AO JURÍDICO

constitui uma sanção alternativa, excepcional, a ser aplicada eventualmente em casos de delitos graves, com prazo delimitado em seu cumprimento e de acordo com a regra da brevidade.[82]

Entre nós – é preciso relembrar – foram razões de política criminal ou de segurança jurídica, que levaram o legislador a escolher o início da responsabilidade penal aos 18 anos. Esse posicionamento resulta mais de uma *atitude política* do que de postulados científicos, como lembrou Nelson Hungria.[83]

Pode-se, então, dizer que enquanto os maiores de 18 anos têm responsabilidade penal, os maiores de 12 e menores de 18 anos têm responsabilidade *estatutária*, que pode, também, ser denominada de *responsabilidade penal juvenil*.

Em resposta àqueles que não concordam com a nova teoria proposta pela Convenção das Nações Unidas, João Batista Costa Saraiva demonstra sua indignação, salientando que "não é possível que se desperdice a chance que o Estatuto da Criança e do Adolescente nos deu para construir um sistema de garantias, um verdadeiro sistema penal juvenil, que, por incompetência ou despreparo não querem ver funcionar plenamente, retrocedendo com propostas de redução de idade de imputabilidade penal, tratando desiguais como se fossem iguais".[84]

No sistema penal comum, os imputáveis[85] submetem-se às penas criminais, tais como a privação de liberdade, restrição de direitos, multa, prestação de serviços à comunidade, interdição de direitos etc. No sistema especial, proposto pelo art. 228 *in fine* da CF e pelo Estatuto, os infratores inimputáveis penalmente pela legislação comum são responsáveis perante o Estatuto e se sujeitam às medidas denominadas socioeducativas, tais como a advertência, obrigação de reparar o dano, prestação de serviços à comunidade, liberdade assistida, regime de semiliberdade e internação.

O Estatuto, no que diz respeito à responsabilidade penal, careceu de precisão e não fixou, claramente, o modelo de responsabilidade

---

82. Cf. Inés M. Weinberg, *Convención sobre los derechos del niño*, pp. 477-483.
83. Nelson Hungria, *Comentários ao Código Penal*, v. 1.
84. *Desconstruindo o mito da impunidade – Um ensaio de direito (penal) juvenil*, p. 49.
85. A imputabilidade, aqui, é entendida como a possibilidade de imputar, ou seja, atribuir responsabilidade perante uma determinada lei.

penal, como o fez a Ley de Justicia Penal Juvenil da Costa Rica.[86] Esta lei, apesar de tomar o Estatuto como modelo principal de sistema de garantias, mudou, significativamente, a concepção da política criminal daquele país, já que de um modelo tutelar, que considerava os jovens sem responsabilidade e incapazes de infringir a lei penal, mudou para um modelo que estabelece a possibilidade de atribuir responsabilidade penal a eles por infração da lei penal e, conseqüentemente, a possibilidade de impor-lhe uma sanção com uma conotação negativa.

Todavia, em ambos os modelos – Estatuto e Ley de Justicia Penal Juvenil – há uma mesma base de orientação, que é a Convenção sobre os Direitos da Criança, que inovou ao instituir a doutrina da proteção integral e do respeito à condição peculiar de pessoa em desenvolvimento de crianças e adolescentes.

Por isso, guarda legitimidade um sistema – ou microssistema – de atendimento, com regras procedimentais especiais diversas da dos adultos. Por isso, também, não se considera viável uma adaptação do direito penal de adultos como fixar algumas regras de atenuação ou adaptação de penas para os jovens.

A especialidade referida sustenta-se numa plataforma organizada exclusivamente para pessoas menores de idade e, se possível, com atenuantes mais intensas que as utilizadas para os adultos, em face de sua prevenção especial.

Nessa especialidade, incluem-se fatores determinantes como:

a) A desjudicialização ou diversificação da intervenção penal, na medida em que retira os conflitos do âmbito judicial ou obriga que, em determinados casos, haja uma intervenção penal de outros órgãos do sistema de justiça. Neste último caso, esse papel incumbe ao Ministério Público, ao conceder a remissão,[87] como forma de exclusão do processo, nos termos do art. 126 do ECA.

b) A intervenção mínima e subsidiaria, que instiga o operador do direito a refletir sobre a oportunidade de iniciar uma ação de nature-

---

86. Lei n. 7.576, aprovada em 6.2.1996 e publicada no *Diário Oficial* n. 82, em 30.4.1996.
87. Neste caso, a remissão é considerada uma forma de transação penal, que impede o início da ação socioeducativa pública.

O PROTAGONISMO JUVENIL: DO SOCIAL AO JURÍDICO

za penal. O órgão acusatório deve questionar-se se a paz social fracionada pelo ato infracional não se restabelece por outro meio.

c) A diferença entre grupos etários sintetiza o modelo que diferencia a intervenção penal segundo critérios objetivos, como o estabelecimento de uma idade mínima a partir da qual os sujeitos são destinatários de leis de natureza penal. Esta especialidade funda-se na condição peculiar de pessoa em desenvolvimento em que se encontram os destinatários dessas leis.

d) Um processo garantista, flexível, sumário, único e confidencial, que reconheça a supremacia das regras constitucionais do devido processo legal, imparcial e justo, do direito à ampla defesa, à presunção de inocência e demais garantias do direito penal. Por sua vez, a flexibilidade pode oferecer possibilidades de conclusão do processo diversa daquela prevista somente por meio da sentença – os acordos com a vítima ou a conciliação são exemplos de flexibilidade. O processo deve ser breve, sumário, compacto e objetivo, de modo a concretizar a jurisdição de forma célere, com prazos curtos, respeitando-se a prioridade em seu processamento, sua singularidade e sigilo.

e) Um amplo rol de sanções reduz a dificuldade do juiz ao impô-las e ao proibir as sanções indeterminadas, privilegiando as restritivas de direito (em meio aberto) às restritivas de liberdade (em meio fechado).

Daniel Hugo D'Antonio, ao analisar o alcance do sistema de normas dirigido a regular a inimputabilidade do infrator menor de 18 anos, aponta uma contradição essencial. Se, de um lado, se verifica uma intenção legislativa acentuada por diversas disposições, consistente em excluir total e definitivamente o infrator do âmbito do direito penal e conceder-lhe um tratamento específico e diferenciado, por outro, depreende-se da análise da regulamentação legal do direito positivo a manutenção de instituições vinculadas ao âmbito do direito penal.[88]

Apesar de considerar a condição peculiar de pessoa em desenvolvimento, a responsabilidade penal de jovens deve constituir-se, igual-

88. *El menor ante el delito*, p. 102.

mente, numa base de regras constitucionais processuais penais, como aquelas deferidas aos adultos, para confirmar a vocação democrática e legal do Estado. O direito penal de adultos pode oferecer, ao direito penal para jovens, um conjunto de princípio e regras garantistas, como a legalidade, a tipicidade e a culpabilidade.

É necessário esclarecer, de imediato, que não se propugna a celebração de um novo sistema penal, mas o cotejo do sistema penal vigente com as normas especiais, propostas pelo Estatuto, respeitando, sobretudo, a condição especial de desenvolvimento do agente infrator.

Mister reprisar que os infratores menores de 18 anos são inimputáveis perante o direito penal comum e devem assim continuar. Em outras palavras, não devem estar submetidos ao processo nem às sanções dos adultos e, sobretudo, jamais e por nenhum motivo devem estar nas mesmas instituições que os adultos. O processo de apuração de ato infracional deve estar baseado nas garantias reconhecidas aos adultos, sem que ele deva ser interpretado no sentido de facilitar a impunidade.

Por outro lado, esses mesmos infratores menores de 18 anos são e devem seguir sendo penalmente responsáveis por seus atos, mormente quando conflitam com a lei. Não se pode permitir que a responsabilidade penal desses adolescentes se dilua em eufemismos ou em uma responsabilidade de cunho *social*, que, somente na aparência, possa configurar-se uma alternativa à responsabilidade penal.

A associação da imagem do adolescente com a impunidade concorre em desfavor do próprio adolescente e da garantia jurídica da proteção integral, proposta pela Convenção sobre os Direitos da Criança e pela Constituição Federal. Esta imagem nefasta contribui para o surgimento de inúmeras formas de violência, inclusive a *justiça com as próprias mãos*, como rotina de realização de *justiça*.

A responsabilidade – neste caso, de natureza penal – dos adolescentes é um componente central de seu direito a uma plena cidadania. Pretender construir cidadania sem responsabilidade constitui um contra-senso, produto da ingenuidade ou da incompetência.

O PROTAGONISMO JUVENIL: DO SOCIAL AO JURÍDICO 79

Corolário e derivada dessa discussão surge outra, mais complexa, referente ao limite etário, proposto pela Constituição Federal, para o início da imputabilidade.[89]

Não se pretende, aqui, esgotar o tema, mas, apenas, de maneira perfunctória, fazer alusão à complexidade do assunto e preparar o tema seguinte sobre as garantias processuais da execução das medidas socioeducativas.

O questionamento que se faz circunscreve-se à indagação: a inimputabilidade aos 18 anos é direito (ou garantia) individual do infrator e, por isso, não pode ser alterada, em face da disposição do art. 60, § 4º, IV, da CF, que dispõe: "não será objeto de deliberação a proposta de emenda tendente a abolir: (...) IV – os direitos e garantias individuais (...)".

O artigo acima citado refere-se à inviolabilidade absoluta da Constituição Federal, conhecida por "cláusula pétrea". Existem opiniões contrárias e favoráveis à mudança do início da imputabilidade; posições doutrinárias, com fundamentos jurídicos para ambos os lados.

Deve-se, primordialmente, colocar o sentido de "direitos e garantias individuais".[90] A respeito do tema, José Afonso da Silva lecio-

---

89. A par da discussão do "rebaixamento" da idade penal, tramita, na Câmara dos Deputados, o Projeto de Lei n. 853/2003, do Dep. Luiz Antônio Fleury, que modifica os arts. 121, 123, 124 e 185 do Estatuto da Criança e do Adolescente. Propõe o citado projeto o aumento para 6 anos do período de internação do infrator menor de 18 anos; estabelece que, em casos excepcionais, o "réu" adolescente, entre 16 e 21 anos, poderá permanecer incomunicável, podendo ser transferido para estabelecimento penal, desde que cumpra a internação separado dos condenados maiores. Outro Projeto de Lei, de n. 2.847, do Dep. Darcísio Perondi, apensado ao primeiro, altera o parágrafo único do art. 2º, os §§ 3º e 5º do art. 121, o inc. I do art. 122 e acrescenta o § 2º ao art. 123, do Estatuto da Criança e do Adolescente, e estabelece que para as pessoas entre 18 e 21 anos, a pena socioeducativa poderá estender-se até 23 anos nos casos de crime violento, ameaça grave a pessoas e trafico ilícito de drogas, podendo a pena ser cumprida em penitenciaria destinada a adultos. Nos referidos projetos, o agravamento da privação de liberdade para adolescentes, não impedirá o aumento da criminalidade juvenil. A ausência de políticas públicas (principalmente, as de educação), de fortalecimento das famílias e de aumento dos postos de trabalho estimulam o recrudescimento de sanções penais sem a preocupação de atingir as causas.

90. Embora a Constituição Federal não estabeleça distinção entre os conceitos de "direitos" e "garantias", adota-se, neste trabalho, a posição de José Afonso da Silva, *Curso de direito constitucional positivo*, p. 412, para quem os "direitos são bens e vantagens conferidas pela norma, enquanto as garantias são meios destinados a fazer valer esses direitos, são instrumentos pelos quais se asseguram o exercício e gozo daqueles bens e vantagens". Cf., também, Rogério Lauria Tucci, *Teoria do direito processual Penal – Jurisdição, ação e processo penal (Estudo sistemático)*, p. 196.

na que: "Direitos fundamentais do homem constitui a expressão mais adequada a este estudo, porque, além de referir-se a princípios que resumem a concepção do mundo e informam a ideologia política de cada ordenamento jurídico é reservada para designar, no nível do direito positivo, aquelas prerrogativas e instituições que ele concretiza em garantias de uma convivência digna, livre e igual de todas as pessoas. No qualificativo *fundamentais* acha-se a indicação de que se trata de situações jurídicas sem as quais a pessoa humana não se realiza, não convive e, às vezes, nem mesmo sobrevive; fundamentais do homem no sentido de que a todos, por igual, devem ser, não apenas formalmente reconhecidos, mas concreta e materialmente efetivados. Do homem, não como o macho da espécie, mas no sentido da pessoa humana".[91]

Outro posicionamento importante, que identifica distinções entre *direitos, liberdades* e *garantias,* é expresso por José Joaquim Gomes Canotilho: "*direitos = status e status activus* – direitos inerentes ao homem como indivíduo ou como participante na vida política; *Liberdades = status negativus* – defesa da esfera jurídica dos cidadãos perante os poderes políticos; *Garantias = status activus processualis* – garantias ou meios processuais adequados para a defesa dos direitos".[92]

Continua o citado autor, que os *direitos, as liberdades e as garantias* podem materializar-se na própria pessoa ou na participação política; nas *garantias,* entretanto, imprime um sentido instrumental.

A dignidade da pessoa humana aparece como sustentáculo fundante da inalterabilidade constitucional, vez que, como salienta Martha de Toledo Machado, "a dignidade humana é um valor subordinante, que nunca cede em face dos valores subordinados (que na sua essência têm preço, podem ser substituídos por coisa equivalente). Daí decorre, também, que na conformação da Constituição Federal Brasileira o homem nunca decai da dignidade humana – já que ela é fundamento do Estado Democrático de Direito –, o que também é basilar no preciso delineamento do ponto em questão (...) a dignidade da pessoa humana é o ponto de esteio do Estado Democrático de Direito brasileiro – o fundamento básico dele, o ápice da pirâmide valorativa do ordenamento jurídico instituído pela CF de 1988 – eis que, mesmo

---

91. *Curso de direito constitucional positivo,* cit., p. 178.
92. *Direito constitucional e teoria da Constituição,* p. 399.

O PROTAGONISMO JUVENIL: DO SOCIAL AO JURÍDICO 81

quando cotejado aos demais fundamentos referidos de maneira expressa no artigo 1º da Carta Magna, ela tem posição de centralidade, porque atrai o conteúdo valorativo dos outros quatro".[93]

Em vista disso, as opiniões dividem-se quando se trata de afirmar a inalterabilidade do início da imputabilidade penal. Pode-se resumir, nas palavras de Eugênio Couto Terra, as alegações pertinentes à impossibilidade da redução da imputabilidade, cujo teor adotamos. Assevera o autor que o art. 228 da CF, ao estabelecer a idade mínima para a imputabilidade penal, assegura a todos os cidadãos menores de 18 anos uma posição jurídica subjetiva, qual seja, a condição de inimputável diante do sistema penal. E tal posição, por sua vez, gera uma posição jurídica objetiva: a de ter a condição de inimputável respeitada pelo Estado.[94]

Do ponto de vista individual de todo cidadão menor de 18 anos, trata-se de garantia asseguradora, em última análise, do direito de liberdade. É, em verdade, uma explicitação do alcance que tem o direito de liberdade em relação aos menores de 18 anos. Exerce uma típica função de defesa contra o Estado, que fica proibido de proceder à persecução penal.

Trata-se, portanto, de garantia individual, com caráter de fundamentalidade, pois diretamente ligada ao exercício do direito de liberdade de todo cidadão menor de 18 anos. E não se pode olvidar que a liberdade sempre está vinculada ao princípio fundamental da dignidade da pessoa humana, especialmente em relação às crianças e adolescentes, pois foram reconhecidos como merecedores de absoluta prioridade da atenção da família, da sociedade e do Estado, em face da peculiar condição de seres humanos em desenvolvimento.

Apresenta, por último, o citado autor, oito indicações que impedem a alteração da idade penal mínima, a saber: "1 – é inviável qualquer interpretação que não passe por um rebate principiológico, ou seja, só é possível a aplicação/interpretação da lei (*lato sensu*) em consonância com os princípios constitucionais que dão a conformação do Estado Democrático de Direito. E assim é, pois só se justifica

93. *A proteção constitucional de crianças e adolescentes e os direitos humanos*, pp. 160-162.
94. *A idade penal mínima como cláusula pétrea e a proteção do Estado Democrático de Direito contra o retrocesso social.*

82 PROCESSO PENAL JUVENIL

o existir do Estado – domínio de homens sobre homens – porque a razão única de sua existência e finalidade é o ser humano; 2 – Uma Constituição Federal, como obra humana que é, sempre apresentará imperfeições, além de não poder ficar indiferente às modificações que se operam no mundo em que exerce a sua função direcionadora. Logo, a possibilidade de sua reforma é imperativa, até para que não venha a perder a sua *força normativa*. A reforma constitucional é meio de vivificação da Constituição Federal, pois permite a sua atualização e adequação à realidade. Entretanto, a atividade reformatória, por limitada, não pode transformar-se num meio de desnaturação da vontade do Constituinte originário, sob pena de ser cometida fraude contra a Constituição Federal. A impossibilidade de reforma irrestrita tem por finalidade a preservação do núcleo essencial da Constituição Federal, impedindo que ocorra a perda de sua conexão de sentidos, que é o que lhe dá unidade sistêmica; 3 – A Constituição Federal, ao determinar prioridade absoluta na concretização das condições de uma existência digna para a infância e juventude, *estabelece* que a promoção da dignidade humana dessa categoria de cidadãos tem natureza fundamental, posto que visceralmente ligada ao princípio da dignidade humana; 4 – O Supremo Tribunal Federal, quando do julgamento da ADIn n. 939, que versava sobre a inconstitucionalidade da Emenda Constitucional que instituiu o IPMF, delineou o seu entendimento sobre a possibilidade de existência de direito fundamental fora do catálogo previsto na Constituição Federal. Foi reconhecido o caráter materialmente aberto dos direitos fundamentais, posto que podem ser localizados em qualquer local do texto constitucional (e até fora dele), sempre que presente uma posição de fundamentalidade no conteúdo do direito. Ocorreu, com isso, o acolhimento jurisprudencial da posição da doutrina majoritária. Para além disso a Corte Constitucional reconheceu que a Constituição Federal é uma unidade sistêmica, em que há um entrelaçamento entre princípios e direitos fundamentais, devendo haver um respeito incondicional aos princípios informativos da Carta Política. Foi ressaltado, também, que os limites à reforma constitucional devem ser observados, pois visam a assegurar a obra do Poder Constituinte, não cabendo ao Poder Reformador agir para desnaturar os direitos e garantias fundamentais insculpidos na Constituição Federal, razão pela qual a preten-

O PROTAGONISMO JUVENIL: DO SOCIAL AO JURÍDICO   83

são reformatória que possa atingir o núcleo essencial de direito protegido por cláusula de intangibilidade deve, necessariamente, ter uma apreciação restritiva; 5 – Sendo a regra que estabelece a idade da imputabilidade penal uma opção política do Constituinte, tanto que a erigiu à condição de norma constitucional, deve assim ser respeitada, visto que a sua constitucionalização implicou na mudança de sua natureza jurídica; 6 – Apresenta-se como um direito de defesa da liberdade de todo cidadão menor de dezoito anos de idade, a exigir uma abstenção do Estado, qual seja, a de não promover a persecução penal. Nessa ótica, é garantia (direito-garantia) de direito individual, cuja condição de cláusula pétrea tem expressa (e literal) previsão constitucional (artigo 60, § 4º, inc. IV); 7 – Por outra dimensão, apresenta-se como condição de possibilidade do pleno exercício à fruição dos direitos a prestações – garantes de um pleno desenvolvimento social – outorgados à infância e juventude pelo artigo 227 e parágrafos da Lei Maior. E assim é, pois a idade da maioridade penal é que demarca o limite da adolescência. Diminuída, implicaria afastar da condição de adolescente uma parcela dos cidadãos menores de dezoito anos; 8 – O artigo 228 da Constituição Federal é regra de imbricação direta com o princípio da dignidade humana, pois preservadora do direito de liberdade, caracterizando-se como autêntico direito fundamental. Logo, pela proibição de retrocesso da posição jurídica outorgada, no que se refere ao seu conteúdo de dignidade humana, é insuscetível de qualquer modificação. Além do que, uma interpretação desse artigo conforme o Estado Democrático de Direito afasta toda e qualquer possibilidade de que sofra alteração" (grifos do autor).

Martha de Toledo Machado, por sua vez, reforça aquelas alegações, sustentando que a "*inimputabilidade penal* é direito-garantia individual das pessoas que contam menos de 18 anos, pelos contornos que ela recebeu do Constituinte de 1988. E direito-garantia exclusivo de crianças e adolescentes, que compõe um dos pilares da conformação do *sistema de proteção especial* a crianças e adolescentes instituído pela Constituição Federal brasileira de 1988, ditando, pois, os contornos desse sistema constitucional" (grifos da autora).[95]

---

95. *A proteção constitucional de crianças e adolescentes e os direitos humanos*, p. 331.

84 PROCESSO PENAL JUVENIL

Para os citados autores, a impossibilidade de mudança no texto constitucional baseia-se na assertiva de que a inimputabilidade penal, fixada aos 18 anos, pelo art. 228 da CF é um direito fundamental individual, específico de crianças e adolescentes, fundado na regra maior da liberdade individual, que se condensa em direito material objetivo, que impõe uma obrigação negativa ao Estado.

Martha de Toledo Machado vai mais além, lembrando que o "*direito-garantia inimputabilidade penal*" não se liga tão-somente ao bem-valor liberdade, mas se liga também ao próprio *direito de formação da personalidade*, quero dizer que a inimputabilidade penal de menores de dezoito anos não é apenas uma *medida* da liberdade do ser humano, que limita o poder do Estado (...) ela tem contornos tão específicos que integra o cerne da *proteção especial* a todos os direitos fundamentais de crianças e adolescentes" (grifos da autora).[96]

Em adição, colhe-se a exegese de Alexandre de Moraes, para quem a previsão constitucional, exarada no art. 228, transforma em especialíssimo o tratamento dado ao menor de 18 anos em relação à lei penal, vedando-lhe prever responsabilidade penal: "A questão, todavia, deve ser analisada em seu aspecto mais complexo, qual seja, a possibilidade de alteração constitucional que possibilitasse uma redução da idade geradora da imputabilidade penal. Seria possível uma emenda constitucional, nos termos do art. 60 da CF, para alteração do art. 228?".

O autor conclui: "ser impossível essa hipótese, por tratar-se a inimputabilidade penal, prevista no art. 228 da CF, de verdadeira garantia individual da criança e do adolescente em não serem submetidos à persecução penal em Juízo, nem, tampouco, poderem ser responsabilizados criminalmente, com conseqüente aplicação de sanção penal".[97]

O citado autor caminhou bem até o momento em que afirma que os infratores menores de 18 anos não podem ser submetidos à persecução penal, não podem ser responsabilizados criminalmente ou sofrer sanção penal. Não concordamos com essa afirmativa, vez que afirmamos, mais de uma vez, que o art. 228, *in fine*, permite a respon-

---

96. *A proteção constitucional de crianças e adolescentes e os direitos humanos*, p. 341.

97. *Direitos humanos fundamentais – Teoria geral*, pp. 176-177.

O PROTAGONISMO JUVENIL: DO SOCIAL AO JURÍDICO 85

sabilização penal do adolescente, a partir dos 12 anos de idade, na previsão limítrofe da lei especial, no caso, o Estatuto, que dispôs sobre medidas socioeducativas de natureza penal, em retribuição ao ato infracional praticado.

Voz dissonante sobre o tema, Miguel Reale Júnior, ao discursar em Audiência Pública[98] perante a Comissão de Constituição Federal e Justiça e de Redação, quando da apreciação da PEC n. 171/1993, da legislatura passada, que visava a atribuir imputabilidade penal ao maior de 16 anos de idade, assim se manifestou: "Entendo, por outro lado, que não se estabelece no art. 228 um direito e garantia individual fundamental, que deva ser preservado como cláusula pétrea. Acredito que não exista no direito pétreo a inimputabilidade. Ou seja, não há nada que justifique que se deva considerar como imutável, como fundamental, além da estrutura do Estado Democrático, porque foi isso que a Constituição Federal pretendeu fazer ao estabelecer as cláusulas pétreas. Isto é, além da proibição de abolição da Federação, da autonomia e da independência dos Poderes, o voto direto, secreto, universal e periódico e, ao mesmo tempo, falando dos direitos e garantias individuais enquanto estruturas fundamentais para a preservação do Estado Democrático. Não vejo, portanto, que, no art. 228, esteja contido um princípio fundamental, um direito fundamental que deva ser basilar para a manutenção do Estado Democrático. Por essa razão não entendo que o preceito que está estabelecido no art. 228 venha a se constituir numa cláusula pétrea".

Discorda-se do insigne autor, que, ao não considerar a inimputabilidade como direito-garantia individual (subjetiva e material), ataca um dos princípios fundantes do Estado Democrático de Direito que é a dignidade humana, tida como sustentáculo e, ao mesmo tempo, congregadora dos direitos e garantias individuais.

A redução da imputabilidade penal para os 16, 14 ou 12 anos em nada contribuiria para a prevenção e repressão da criminalidade. Está mais do que provado que o sistema penitenciário, a despeito da Lei de Execução Penal, própria para os maiores de 18 anos, não resolveu a questão. Ao contrário, o sistema carcerário produz e reproduz mais delinqüência e mais violência.

---

98. Fonte: http://www.camara.gov.br/sileg/Prop_Detalhe.asp?id=136870.

86 PROCESSO PENAL JUVENIL

Visando a demonstrar que o Brasil não se encontra em descompasso com o mundo – ao contrário do que se apregoa amiudemente – ao ter estabelecido a idade de responsabilidade penal em 18 anos, apresenta-se um quadro comparativo com diversos países.

No quadro abaixo,[99] quando foi possível a obtenção de dados, apresenta-se a idade da responsabilidade penal juvenil, isto é, a partir de que idade há apuração de infração penal cometida por adolescente. No Brasil, de acordo com o estabelecido no Estatuto, a idade da responsabilidade penal juvenil inicia-se aos 12 anos e a inimputabilidade penal aos 18.

País	Idade da Responsabilidade Penal Juvenil	Maioridade Penal (Imputabilidade Penal)
Alemanha	14	18 – 21*
Argentina	16	18
Áustria	14	19
Bélgica	16	18
Bolívia	12	16
Bulgária	14	18
Chile	14	18
Colômbia	12	18
Costa Rica	12	18
Dinamarca	15	18 – 21*
Egito	–	15
Espanha	12	18 – 21*
EUA/Arkansas	–	21
EUA/Califórnia	–	21
EUA/Wyoming	–	19** – 21***

(cont.)

99. Planilha montada com base em quadro apresentado por João Batista da Costa Saraiva, em *Curso de atualização para magistrados*; Emilio García Méndez e Mary Beloff (compiladores), *Infancia, ley y democracia en América Latina. Análisis crítico del panorama legislativo en el marco de la Convención Internacional sobre los derechos del niño (1990-1999)*, t. I e II; João Batista da Costa Saraiva, *Adolescente e ato infracional: garantias processuais e medidas socioeducativas*, pp. 119-120; Senado Federal, Consultoria Legislativa, *Estudo comparativo da legislação que trata do menor delinqüente*, Avulso, set./2000.

O PROTAGONISMO JUVENIL: DO SOCIAL AO JURÍDICO

(cont.)

País	Idade da Responsabilidade Penal Juvenil	Maioridade Penal (Imputabilidade Penal)
França	13	18
Grécia	13	18
Holanda	12	18
Hungria	14	18
Índia	–	15
Inglaterra	7 – 15	18
Itália	14	18
Paraguai	–	15
Peru	12	18
Polônia	13	17
Portugal	–	16 – 21*
Romênia	16	18 – 21*
Suécia	15	18
Suíça	7 – 15	18 – 25*
Uruguai	14	18

* Entre as idades apontadas, aplica-se legislação especial para o jovem adulto.
** Sexo masculino.
*** Sexo feminino.

O cerne do problema reside não na redução da maioridade penal, mas na ausência quase que absoluta de ações preventivas e de retaguarda para o exato cumprimento da lei e de políticas públicas inibidoras da subcidadania infanto-juvenil e na carência de estabelecimentos adequados para o desenvolvimento de ações voltadas para a execução de medidas socioeducativas.

Essa dificuldade pode ser verificada em três níveis estruturais, de acordo com o proposto por Leoberto Narciso Brancher: "a) no nível primário onde se situam as Políticas Públicas gerais relativas à infância e à juventude no âmbito da educação, da saúde, da habitação etc (art. 4º do ECA e 227 da CF); b) no nível secundário onde se listam as chamadas medidas de proteção aplicáveis a crianças e adolescentes em situação de risco social e pessoal (art. 101, do ECA); e c) no

PROCESSO PENAL JUVENIL

nível terciário, as medidas aplicáveis a adolescentes autores de atos infracionais e as medidas socioeducativas (art. 112 do ECA)".[100]

Ademais, além das carências acima assinaladas, a abordagem populista do rebaixamento da imputabilidade penal reside na ausência de um processo de execução das medidas socioeducativas que respeite as garantias processuais penais previstas na Constituição Federal e aquelas especificadas nos arts. 103 e ss. do ECA.

Esse processo, na verdade, praticamente inexiste, e, nas raras vezes em que é aplicado, isso é feito conforme os critérios subjetivos e de conveniência pessoal e institucional e de acordo com as estruturas de atendimento disponíveis.

Para evitar, ou mesmo impedir, a subjetividade na aplicação e execução de medidas socioeducativas, mister se faz, agora, o estudo dos limites constitucionais da execução dessas medidas, identificando sua natureza jurídica, a legalidade de sua execução, a necessidade de sua jurisdicionalização e o controle da legalidade dessa execução.

Antes, porém, deve-se, primeiro recordar a postura, oferecida pelos sistemas penais e processuais vigentes e, principalmente, pelas garantias processuais penais, fundadas na Constituição Federal e leis ordinárias, cujo cotejo pretende-se fazer com aquelas de igual natureza, destinadas especialmente aos infratores menores de 18 anos.

---

100. "Semântica da exclusão", *Revista da Escola Superior da Magistratura do Estado de Santa Catarina*, 1998, p. 69.

Capítulo 4
INTERCALAÇÃO DAS GARANTIAS PROCESSUAIS PENAIS NA CONSTITUIÇÃO FEDERAL E NO ESTATUTO DA CRIANÇA E DO ADOLESCENTE

4.1 O princípio publicístico dos atos processuais penais de apuração de ato infracional. 4.2 O devido processo legal e o devido processo penal. 4.3 Pleno e formal conhecimento da atribuição de ato infracional, mediante citação ou meio equivalente. 4.4 Igualdade na relação processual e tratamento igualitário dos sujeitos do processo penal. 4.5 Defesa técnica por advogado – A plenitude de defesa. 4.6 Assistência judiciária gratuita e integral aos necessitados, na forma da lei. 4.7 Direito de ser ouvido pessoalmente pela autoridade competente – A regra do juiz natural em matéria penal. 4.8 Direito de solicitar a presença de seus pais ou responsável em qualquer fase do procedimento. 4.9 A sentença impositiva de medida socioeducativa – A motivação qualificada dos atos decisórios de natureza penal. 4.10 A individualização da medida socioeducativa. 4.11 Fixação de prazo razoável de duração do processo de apuração do ato infracional.

4.1 O princípio publicístico dos atos processuais penais de apuração de ato infracional

O processo penal é, em sua essência, público. Assim deve ser também, o processo que apura infração penal praticada por adolescente. Um e outro se completam e se fundam no princípio *publicístico*.

Por princípio publicístico do processo penal entende-se, na exegese de Rogério Lauria Tucci, que somente "em âmbito penal, *lato sensu* considerado, todos os conflitos de interesses resultantes da prá-

PROCESSO PENAL JUVENIL

tica de infração à norma material, sem exceção, são *públicos*" (grifos do autor).[1]

Em outra oportunidade,[2] o citado autor reafirma que o processo penal "não existe, apenas, para tornar efetiva a aplicação das normas de direito material no sentido de perseguição, da punição e da infligência do correlato do criminoso ou contraventor. Presta-se, também, e, precipuamente, para impedi-las todas, referentemente a quem não tenha praticado a infração penal que se lhe quer imputar".

Ao lado do interesse estatal de punir o infrator, deve-se impedir que o Estado exorbite os limites impostos pela lei penal.

O processo penal é o instrumento legal, por excelência, para restringir a liberdade das pessoas.[3] Por isso, é no âmbito de seu desenrolar que poderá ser evitado qualquer abuso do poder estatal em relação ao *ius libertatis*.

Continua o autor: "assim, manifesta-se no processo penal o proclamado caráter publicístico, quer no tocante à realização do interesse punitivo do Estado, quer quanto à índole instrumental limitativa de qualquer restrição indevida à liberdade do ente humano".

Por isso, a lei processual penal deve ser instrumento de proteção contra as arbitrariedades das autoridades processantes; o processo penal, caracterizado por ser um instrumento eminentemente público, é, também, técnico, formal e, acima de tudo, social e político, por meio do qual a atividade estatal atinge sua finalidade.

Todavia, pode-se resumir, com Rogério Lauria Tucci, o princípio publicístico do processo penal em dois aspectos finalísticos: a) a assecuração da liberdade jurídica do indivíduo; e b) a garantia da sociedade contra as infrações penais.[4]

Tais aspectos resumem-se na afirmação singela, mas precisa, prevista no art. 8º, n. 5 da Convenção Americana sobre Direitos Hu-

---

1. *Teoria do direito processual penal – Jurisdição, ação e processo penal (Estudo sistemático)*, p. 226.
2. Rogério Lauria Tucci, *Princípio e regras orientadoras do novo processo penal brasileiro*, pp. 45 e ss.
3. CF, art. 5º, LXVII: "Não haverá prisão civil por dívida, salvo a do responsável pelo inadimplemento voluntário e inescusável de obrigação alimentícia e a do depositário infiel".
4. *Princípio e regras orientadoras do novo processo penal brasileiro*.

INTERCALAÇÃO DAS GARANTIAS PROCESSUAIS PENAIS NA CF E NO ECA   91

manos (Pacto de São José da Costa Rica), segundo a qual "o processo penal deve ser público, salvo no que for necessário para preservar os interesses da justiça".

Por ser público, o processo penal deve assegurar o respeito à liberdade do infrator e a garantia de que contra ele não serão aplicadas sanções de natureza privada, vez que a *liberdade jurídica*, segundo Joaquim Canuto Mendes de Almeida, é uma "prerrogativa do ser humano, enquanto racional e livre, não só poupada pela lei, se e enquanto esta não a restringe, mas também enquanto tutelada, especificamente, pelo processo judiciário (jurisdição em ação), isto é, pelo processo de verificação, declaração e fixação dos termos de incidência concreta da lei, e seus efeitos".[5]

E mais. Sendo o processo penal um elemento idealizador do direito substancial, cujo cumprimento compete ao Estado para evitar o uso da força, assegura aos acusados, dentro da formalidade processual e da legalidade, a imposição de sanções.

Rogério Lauria Tucci conclui que "é o *processo* um instrumento técnico e *público* – mediante o qual os agentes do Poder Judiciário – Juízes e tribunais – exercem a *jurisdição*, realizando a justiça, na esfera da legalidade. E, particularmente, no *processo penal* esse *caráter público* acentua-se em razão, também, da alta relevância social de ambos os interesses em conflito (...). Além do que, a sobrelevá-lo ainda mais, de sorte a conferir-lhes a peculiaridade alvitrada, destacando-o das demais espécies de processo, a par da *ação judiciária*, a *ação penal das partes é sempre pública*" (grifos do autor).[6]

O caráter publicístico do processo penal intercala-se com o procedimento de apuração de ato infracional por menores de 18 anos na medida em que: a) o Estado (Juiz) é o titular do *jus puniendi* e somente ele exerce a jurisdição em matéria penal, pela ação judiciária, inclusive em detrimento de qualquer interesse privado; b) o processo de apuração de ato infracional é o elemento realizador do direito material (penal), que estabelece condutas contrárias à lei, impondo sanções (medidas socioeducativas); c) a lei processual garante aos acusados o

---

5. "A liberdade jurídica no direito e no processo", in *Estudos jurídicos em homenagem a Vicente Ráo*, p. 296.
6. Cf. Rogério Lauria Tucci, *Princípio e regras orientadoras do novo processo penal brasileiro*, p. 48.

devido processo penal-legal, impedindo a punição de ordem privada, arbitrária ou aplicada por autoridade incompetente; d) a prevalência do bem comum sobreleva-se ao direito individual, em matéria penal, mesmo em face da regra do superior interesse da criança, previsto na Constituição Federal, Estatuto e Convenções internacionais, sob o fundamento de que o Estado detém o monopólio da distribuição da justiça, que proveja a um equilíbrio entre a assecuração do poder-dever de punir (o culpado não pode ficar impune) e a preservação do direito de liberdade do suposto infrator da norma positiva penal.[7]

O dever de aplicar a lei – função do Estado – exige a realização de atos, cuja ordem encontra amparo na lei processual, que exerce sua função de punir ou absolver o adolescente a quem se atribua a autoria de ato infracional.

Com essa intenção, o Estatuto firmou, no art. 152, o uso subsidiário das leis processuais previstas na legislação pertinente. Vale dizer que a lei estatutária designou a lei processual penal como norteadora supletiva da legalidade na apuração de ato infracional. E, como tal – com o conjunto de garantias processuais penais a ela inerentes –, o Estatuto instaurou um procedimento apuratório de infração penal com caráter eminentemente publico, técnico, formal, político e social, que objetiva, em primeiro, garantir a paz como ideal do Estado e, por fim, impedir qualquer restrição arbitrária à liberdade do adolescente e proteger a sociedade contra as infrações penais despidas de legalidade.

4.2 O devido processo legal e o devido processo penal

Para evitar a espontaneidade processual, a Lei n. 8.069/1990 reprisou algumas garantias processuais penais nos arts. 110 e 111, constantes em diversos enunciados da Constituição Federal, no Código de Processo Penal e na Lei de Execução Penal.

A garantia mestra exigida pela legalidade, entretanto, está representada no art. 110, que assegura que "nenhum adolescente será pri-

---

7. Cf. Rogério Lauria Tucci, *Princípio e regras orientadoras do novo processo penal brasileiro*, p. 49.

INTERCALAÇÃO DAS GARANTIAS PROCESSUAIS PENAIS NA CF E NO ECA   93

vado de sua liberdade sem o devido processo legal",[8] replicando, de forma parcial, o enunciado do inc. LIV do art. 5º da CF, que, além da liberdade, assegura os bens da pessoa.[9]

Originário da *Magna Charta Libertarum* (Inglaterra), de 1215, o devido processo legal foi contemplado no art. XI, n. 1, da Declaração Universal dos Direitos do Homem, garantindo que "todo homem acusado de um ato delituoso tem o direito de ser presumido inocente até que a sua culpabilidade tenha sido provada de acordo com a lei, em julgamento público no qual lhe tenham sido asseguradas todas as garantias necessárias à sua defesa".[10]

Lembra Alexandre de Moraes que o devido processo legal "configura dupla proteção ao indivíduo, atuando tanto no âmbito material de proteção ao direito de liberdade e propriedade quanto no âmbito formal, ao assegurar-lhe paridade total de condições com o Estado-persecutor e plenitude de defesa (direito à defesa técnica, à publicidade do processo, à citação, de produção ampla de provas, de ser processado e julgado pelo juiz competente, aos recursos, à decisão imutável, à revisão criminal)".[11]

O devido processo legal é a garantia com a qual se pretende evitar a imposição de uma sanção sem antes haver sido ouvido e vencido em juízo o imputado, com o cumprimento prévio de um procedimento em que se respeitem todos os seus direitos, vigentes num regime democrático.

Nenhum Estado de Direito está legitimado, com o propósito de proteger a sociedade, a impor sanção com o desconhecimento dos direitos que são inerentes à pessoa humana.

---

8. *JTJ* 149/14: "Necessidade do devido processo legal – Art. 110 do ECA – Recurso provido. Ninguém, por mais relevantes que sejam as razões fáticas, pode ser afetado em sua esfera jurídica, deixando de receber completa proteção jurídica através do sempre indispensável processo legal".

9. Alguns autores acham que a Constituição Federal não contemplou a proteção dos bens do adolescente, porque "via de regra, o adolescente não os possui. Além do mais, quando os possua, o fato de o Estatuto não se referir a eles é irrelevante se o preceito constitucional, como sabido, também o alcança". Cf. Péricles Prade, in *Estatuto da Criança e do Adolescente comentado: comentários jurídicos e sociais*, p. 327.

10. Cf. arts. 37 e 40 do Decreto n. 99.710, de 21.11.1990, que promulga a Convenção sobre os Direitos da Criança.

11. *Direitos humanos fundamentais – Teoria geral*, p. 256.

PROCESSO PENAL JUVENIL

Para manter o equilíbrio entre a proteção da sociedade e o respeito aos direitos fundamentais do indivíduo, o Estado deve submeter-se ao devido processo legal, que assinala qual o grau de intromissão do Estado na vida privada dos indivíduos.

Alberto Suárez Sánchez, ao reafirmar que o Estado exerce, com exclusividade, a função punitiva, lembra, também, que esta função encontra limites, principalmente, na legalidade, porque o destinatário da ação penal tem direito a um processo que se desenvolva de maneira predeterminada, sem que possa ser surpreendido com um delito e uma pena não firmados com anterioridade nem com um rito procedimental desconhecido.[12]

Isto quer dizer que o direito de castigar que tem o Estado caminha correlatamente com o dever de regulamentar seu proceder dirigido à obtenção da verdade e declarar a respectiva conseqüência. Estabelece-se, assim, o processo para assegurar aos sujeitos processuais, a vítima, e à sociedade, a realização da justiça, pois o processo não é só garantia para o imputado, mas também, para todos que estão interessados em seu resultado.

Acrescenta que o devido processo tem uma dupla dimensão: a formal e a material ou substancial. Em sentido formal, o devido processo consiste em que ninguém pode ser julgado senão em conformidade com o rito procedimental, previamente estabelecido, para que se cumpra aquele axioma de que ninguém pode ser condenado sem antes haver sido ouvido e vencido em juízo, com a plenitude das formalidades legais. Implica a existência prévia de procedimentos de investigação e de julgamento a que devem ser submetidos os imputados mediante os quais se fixam as competências, as formas e ritos que vão presidir a realização de toda a atuação penal. Do ponto de vista formal, o devido processo é a somatória de atos preclusivos e coordenados, cumpridos por funcionário competente, na oportunidade e lugar devidos, com as formalidades legais. Conjugam-se conceitos como o da legalidade e do juiz natural, limitados no tempo, no espaço e na forma (modo).

Em sentido material, o devido processo é o andamento das etapas do processo e o cumprimento das distintas atuações judiciais,

12. *El debido proceso penal*, p. 195.

INTERCALAÇÃO DAS GARANTIAS PROCESSUAIS PENAIS NA CF E NO ECA   95

com sujeição às garantias constitucionais e legais, como limite da função punitiva do Estado (noção formal + cumprimento dos fins e direitos fundamentais). Já não se refere ao trâmite formal, mas à maneira como cada ato deva ser concretizado. Existe devido processo, do ponto de vista material, caso se respeitem os fins superiores como a liberdade, a justiça, a dignidade humana, a igualdade, a segurança jurídica e direitos fundamentais como a legalidade, o contraditório, a defesa, a celeridade, a publicidade, a proibição da *reformatio in pejus* e o duplo processo pelo mesmo fato.

Compõem o devido processo legal a ampla defesa e o contraditório destinados aos litigantes, em processo judicial ou administrativo,[13] e aos acusados em geral, como meios e recursos a ele inerentes.

A garantia da ampla defesa proporciona ao infrator a possibilidade de trazer para o processo todas as provas que entende necessárias para o esclarecimento da verdade, podendo, inclusive, manter-se em silêncio.

O contraditório, por sua vez, reflete a materialização ou a exteriorização da ampla defesa, instaurando, entre as partes, a *par conditio*, ou seja, a paridade de armas ou de condições na busca da verdade dos fatos, ou, na expressão de Alexandre de Moraes, a "condução dialética do processo, pois a todo ato produzido caberá igual direito da outra parte de opor-se-lhe ou de dar-lhe a versão que lhe convenha, ou, ainda, de fornecer uma interpretação jurídica diversa daquela feita pelo autor".[14]

Na visão de José Cretella Júnior, a ampla defesa "abrange a regra do contraditório, complementando-se os princípios que o informam e que se resumem no postulado da liberdade integral do homem perante a prepotência do Estado".[15]

Ao lado da ampla defesa e do contraditório, o acesso à justiça, inscrito no inc. XXXV do art. 5º da CF, compõe o rol de garantias da proteção judiciária ou da inafastabilidade do controle jurisdicional,

---

13. "Devem ser observados o princípio do devido processo legal, da ampla defesa e do contraditório nos procedimentos administrativos previstos no Estatuto da Criança e do Adolescente" (STJ, 6ª T., REsp 19.710-0/RS, rel. Min. Adhemar Maciel, *Ementário STJ*, 10/674 e 10/447).

14. *Direitos humanos fundamentais – Teoria geral*, p. 258.

15. *Comentários à Constituição de 1988*, v. 1, p. 534.

96 PROCESSO PENAL JUVENIL

dispondo que "a lei não excluirá da apreciação do Poder Judiciário lesão ou ameaça de lesão a direito".[16]

É direito individual (subjetivo) e público invocar a atividade jurisdicional. A regra pertinente ao acesso pleno à justiça é garantia não só de quem a invoca, mas, também, de quem reage contra aquele que atua positivamente.

Neste particular, cabe, aqui, a lição de Enrico Tullio Liebman: "o poder de agir em juízo e o de defender-se de qualquer pretensão de outrem representam a garantia fundamental da pessoa para a defesa de seus direitos e competem a todos indistintamente, pessoa física ou jurídica italianos e estrangeiros, como atributo imediato da personalidade, e pertencem por isso à categoria dos denominados direitos cívicos".[17]

É expressão unânime que a garantia do devido processo legal se constitui em um perfeito resumo das regras fundantes do Estado de Direito,[18] cuja solidez escora todo o mecanismo de freios e contrapesos dos poderes, com a finalidade de impedir o arbítrio – próprio dos poderes – e de sustentar a realização dos direitos fundamentais da pessoa humana.

Primariamente, convém lembrar que, ao lado da regra da legalidade cujo arcabouço engloba a garantia do devido processo legal, o legislador inseriu no art. 152 do ECA a orientação para que o operador do direito utilize os procedimentos ali indicados tido como subsidiárias às normas gerais na legislação processual pertinente.

Sob este prisma, as garantias processuais penais gerais, estabelecidas na Constituição Federal e nas leis processuais deverão ser utili-

16. Cf. TJSP, Ap 16.070-0/0, rel. Weiss de Andrade: "É direito constitucional do cidadão que somente após o regular processo, observados o contraditório e a ampla defesa, possa ele sofrer qualquer forma de apenação. O devido processo legal deve ser respeitado de forma estrita. O argumento que não seria aplicável, neste caso, este direito do cidadão, por ausência de caráter jurisdicional, deve ser repelido. Há nesta afirmação evidente embaralhamento de conceitos. O Poder Judiciário não pode atuar como esfera administrativa. As funções administrativas exercidas pelo juiz se referem única e exclusivamente àquelas ligadas ao âmbito de sua atividade e, neste caso, evidentemente não age desta forma". Cf, também, TJSP, Ap 23.0140-0/2, rel. Dirceu de Melo.

17. *Manuale di diritto processuale civile*, v. I, p. 10.

18. Posição assumida por, Celso Bastos, *Comentários à Constituição do Brasil*, v. II, p. 261, indica que o devido processo legal é mais uma garantia do que um direito.

INTERCALAÇÃO DAS GARANTIAS PROCESSUAIS PENAIS NA CF E NO ECA   97

zadas, subsidiariamente, na apuração do ato infracional, no processo de conhecimento e na execução das medidas aplicadas, naquilo que couber, for possível e adequado. Vale dizer que o infrator menor de 18 anos tem todos os direitos dos adultos, compatíveis com a condição peculiar de pessoa em desenvolvimento que ostentam.[19]

Além das garantias processuais penais inscritas na Constituição Federal e no Estatuto, merece atenção a Regra n. 7, das Regras Mínimas das Nações Unidas para a administração da Justiça da Infância e da Juventude – Regras de Beijing,[20] que consagra os direitos dos jovens: "Respeitar-se-ão as garantias processuais básicas em todas as etapas do processo, como a presunção de inocência, o direito de ser informado das acusações, o direito de não responder, o direito à assistência judiciária, o direito à presença dos pais ou tutores, o direito à confrontação com testemunhas e interrogá-las e o direito de apelação ante uma autoridade superior".

Em se tratando de matéria de natureza penal, busca-se, na especificidade do tema, sua amplitude garantista. O devido processo legal, no âmbito penal, reveste-se de todas as garantias da legalidade e mais as próprias e específicas do processo penal, que deverão ajustar a conduta do infrator às normas penais, aos procedimentos de apuração de ato infracional, resultando na segurança jurídica em decorrência da verdade material apurada.

O devido processo penal é nomenclatura relativa à "especificidad penal de la garantía constitucional del debido proceso", como assinala Pedro J. Bertolino, que acrescenta: "Claro está que la denominación de 'penal' adscripta à la garantía menta, por cierto, el modo corriente con el cual se indica al derecho que en el proceso respecti-

---

19. Cf. Mário Volpi e João Batista Costa Saraiva, *Os adolescentes e a lei – Para entender o direito dos adolescentes, a prática de atos infracionais e sua responsabilidade*, p. 21. Cf, também, TJSP, AI 18.806-0/0, rel. César de Moraes: "O adolescente tem o direito ao devido processo legal; e o procedimento que atende ao preceito constitucional é o que está nos arts. 184, 186 e seguintes do Estatuto".
20. Aprovada pela Resolução n. 40/33, durante o 7º Congresso das Nações Unidas, realizado em Milão/Itália, em 29.11.1985. Embora não traduza força normativa no Brasil, as Regras foram a base de orientação para o Estatuto, em matéria de política criminal juvenil, oferecendo regras modernas, que privilegiam o respeito aos direitos fundamentais e à proteção social de uma parcela da população, que está em um momento peculiar de desenvolvimento de sua existência.

98 PROCESSO PENAL JUVENIL

vo se actúa. Este es, digamos así, el sentido más apropiado y riguroso de la denominación".[21]

Na esteira de Rogério Lauria Tucci, o devido processo penal apresenta-se com as seguintes garantias: "a) de acesso à Justiça Penal; b) do juiz natural em matéria penal; c) de tratamento paritário dos sujeitos parciais do processo penal; d) da plenitude de defesa do indiciado, acusado ou condenado, com todos os meios e recursos a ela inerentes; e) da publicidade dos atos processuais penais; f) da motivação dos atos decisórios penais; g) da fixação de prazo razoável de duração do processo penal; e h) da legalidade da execução penal".[22]

Estas garantias, assim dispostas, representam que o infrator não será privado de sua liberdade ou de seus bens sem o devido processo penal, após efetiva realização da ação judiciária, tornando efetiva a Justiça Criminal, cuja solução abrigará possível sanção como afirmação do poder estatal e do próprio direito de liberdade.

Complementa o autor que as garantias citadas atraem três postulados de igual importância: de que a pessoa não poderá ser submetida (a) à persecução penal sem que tenha ocorrido a prática de fato típico, antijurídico e culpável e sem que haja, correlatamente, indícios de autoria e materialidade (*nulla informatio delicti sine crimen et culpa*); (b) à jurisdição da imposição de pena ou de medida de segurança (*nulla poena sine iudicio*); e (c) à vedação de realização satisfativa do *ius puniendi* antes de transitada em julgado sentença condenatória (*nulla executio sine titulo*).

O infrator, antes de sofrer a imposição de qualquer sanção de natureza penal, tem direito a um processo prévio que garanta: a) a atuação de órgão jurisdicional, independente e imparcial, precedentemente designado pela lei para o respectivo julgamento; b) a estatuição, em lei regularmente elaborada, promulgada, e vigente, de um procedimento destinado à investigação, instrução e ao posterior julgamento acerca de fato tido como penalmente relevante; c) o proferimento deste, em prazo razoável, pública e motivadamente; d) a correlação entre a acusação e a sentença de mérito; e) a propiciação de ampla defesa, com todos os meios e recursos a ela inerentes, tanto

21. *El debido proceo penal*, pp. 20-1.
22. *Teoria do direito processual penal – Jurisdição, ação e processo penal (Estudo sistemático)*, p. 207.

INTERCALAÇÃO DAS GARANTIAS PROCESSUAIS PENAIS NA CF E NO ECA   99

material como tecnicamente; f) a possibilitação de reexame dos fatos e de sua qualificação jurídica, versados nos autos decisórios, especialmente nos desfavoráveis ao imputado; g) o não-reconhecimento da culpabilidade do indiciado, ou acusado, senão quando transitada em julgado a sentença condenatória.

Como suporte constitucional, os corolários do devido processo penal estão descritos nos vários incisos do art. 5º, a saber: a) inc. XXXIX – princípio da reserva legal (*nullum crimen nulla poena sine praevia lege*); b) inc. XL – irretroatividade da lei penal; c) inc. XXXVI – intocabilidade da coisa julgada penal; d) *caput* e incs. III, LXIV e LXV – preservação da vida e da integridade física do indiciado, acusado ou condenado; e) inc. XI – inviolabilidade do domicílio; f) inc. XII – asseguração do sigilo da correspondência e de outras formas de comunicação e de informação; g) inc. LVII – não-consideração prévia de culpabilidade; h) inc. LVIII – insubmissão à identificação criminal; i) inc. LXI – inadmissibilidade de prisão; j) inc. LXII – imediata comunicação da prisão; k) inc. LXIII – direito à não auto-incriminação e ao silencio, bem como à assistência da família e de advogado; l) inc. LXVI – liberdade provisória.

As garantias e os postulados citados serão exigidos para suportar o processo de apuração de ato infracional atribuído a menor de 18 anos. O devido processo penal, naquilo que assegura a todos indistintamente, está intrinsecamente imbricado nos atos investigatórios e judiciais de apuração de infração penal, praticado por adolescente, numa correlação de validade e eficácia do ato judicial.

Deve-se fazer o necessário alerta de que os procedimentos inscritos no Estatuto, mormente aquele destinado à apuração de ato infracional, têm natureza especial e não são os mesmos previstos no Código de Processo Penal para a apuração de crimes. Entretanto, as garantias processuais são semelhantes.[23]

---

23. Cf. TJSP, ApCiv 23.172-0/SP, rel. Lair Loureiro, v.u., j. 20.4.1995: "Sentença – Nulidade – Alegado desrespeito ao devido processo legal – Inocorrência – Adolescente ouvido em audiência juntamente com sua genitora – Confissão da prática de ato infracional – Hipótese em que a defesa teve ampla oportunidade de manifestação – Aplicação subsidiária dos princípios do Código de Processo Penal – Preliminar rejeitada – Recurso provido – Os princípios e procedimentos previstos no Estatuto da Criança e do Adolescente não são idênticos aos do Processo Penal, sendo estes aplicados apenas subsidiariamente".

4.3 Pleno e formal conhecimento da atribuição de ato infracional, mediante citação ou meio equivalente

A primeira garantia processual penal, conferida pelo Estatuto, no art. 111, inc. I, reprisa, parcialmente, o mandamento constitucional exarado no art. 227, § 3º, IV, que ordena que o adolescente tenha "pleno e formal conhecimento da atribuição de ato infracional ...", cuja materialização se dá por meio da citação regular ou outro meio equivalente.

Esclarece Roberto João Elias que o adolescente "deve saber do que está sendo acusado, para melhor se defender".[24] Não foi outra a disposição do art. 184, § 1º, do ECA, que dispõe que "o adolescente e seus pais ou responsável serão cientificados[25] do teor da representação, e notificados a comparecer à audiência, acompanhados de advogado".[26]

O conhecimento formal da acusação é ato fundamental, que instaura a relação processual,[27] desencadeando uma série de atos que corresponderão ao exercício da ampla defesa e do contraditório. Tamanha é sua importância que a comunicação formal da prática do ato infracional foi considerada garantia individual do infrator, cuja ausência ou nulidade abriria espaço para a violação de outra garantia, a

---

24. *Comentários ao Estatuto da Criança e do Adolescente*, p. 89.

25. "Ato Infracional. Menor infrator. Processo. Inobservância do procedimento previsto na Lei n. 8.069/90. Intimação irregular do menor para a apresentação e falta de notificação da representante legal, sem dar-lhes ciência do teor da representação. Não comparecimento do menor e ausência de ordem para a apresentação coercitiva. Falta de nomeação de advogado para apresentar defesa prévia e rol de testemunhas. Nulidade do processo em virtude do desrespeito ao *iter* procedimental previsto no ECA. Recurso provido" (TJMG, Processo 1.0000.00.176140-2/000(1), rel. Reynaldo Ximenes Carneiro, j. 25.5.2000, data da publicação 2.6.2000).

26. Cf. Mário Volpi, João Batista Costa Saraiva, *Os adolescentes e a lei – Para entender o direito dos adolescentes, a prática de atos infracionais e sua responsabilização*, p. 29, para quem "a utilização da expressão 'meio equivalente' se justifica no texto legal pelo fato de o § 1º do art. 184 do Estatuto da Criança e do Adolescente dispor que, após o oferecimento da representação do Ministério Público, tanto o adolescente quanto seus pais ou responsável serão cientificados de seu teor e notificados a comparecer à audiência, acompanhados de advogado. A melhor técnica sugeriria a utilização da expressão 'citação' ao invés de notificação. Aliás, consta no anteprojeto original do texto esta seria a expressão utilizada, alterada por uma emenda aprovada em Plenário pelo Congresso".

27. Cf. Paulo Sérgio Leite Fernandes, *Nulidades no processo penal*, p. 97.

INTERCALAÇÃO DAS GARANTIAS PROCESSUAIS PENAIS NA CF E NO ECA   101

da ampla defesa e do contraditório, pois com aquele ato processual dá-se início ao processo, exigindo que a parte seja ouvida para se defender – *audiatur et altera pars*. E, para ser ouvida, será necessário chamá-la a juízo primeiro.

O Estatuto não utilizou a mesma expressão – "citação" – usada no art. 394 do CPP, como instrumento de comunicação formal da imputação criminal. Preferiu, todavia, utilizar, no art. 184, as expressões "cientificados do teor da representação" e "notificados a comparecer à audiência". Em um ou noutro lugar, o sentido é o mesmo: dar conhecimento ao infrator que contra ele está em curso uma ação de natureza penal e fazer o seu chamamento para comparecer à audiência designada.

Para Fernando da Costa Tourinho Filho a citação é o "ato processual através do qual se leva ao conhecimento do réu a notícia de que contra ele foi intentada ação penal, para que possa defender-se".[28]

Pela citação, o infrator, além de tomar conhecimento formal da ação penal contra ele proposta, também é chamado a comparecer a juízo para se defender.

Por certo, a inexistência da citação ou da cientificação do teor da representação impedirão o estabelecimento da relação processual.

O chamamento ao processo, por meio da citação, é o primeiro ato processual de comunicação da instância que deve observar os requisitos dispostos nos arts. 351 e ss. do CPP, c/c o art. 184, § 1º do ECA, sob pena de nulidade insanável.[29]

A inobservância das diversas hipóteses contidas nestes artigos pode resultar, na lição de Paulo Sérgio Leite Fernandes: "a) na falta absoluta de citação, resultante de não expedição de mandado citatório; b) no defeito da citação, resultante de omissão de qualquer das formalidades estruturadas em torno dos números I a VII, do art. 352 do CPP; c) no defeito ainda do ato citatório, por falta de um ou mais requisitos previstos no art. 357 e incisos ou arts. 359 e 360 da Lei Processual Penal".[30]

---

28. *Processo penal*, v. 3, p. 166.
29. Cf. *RT* 427/441: "Sem prévia citação não se pode falar em instrução contraditória e a falta desta infringe a garantia constitucional da ampla defesa, acarretando a nulidade insanável do processo".
30. *Nulidades no processo penal*, p. 98.

O primeiro ato processual da instância é, pois, a audiência de apresentação, descrita no *caput* do art. 184 do ECA, de realização compulsória.[31] Diversamente da citação do réu, prevista no art. 351 do CPP, o art. 184, § 1º, do ECA exige a citação pessoal do adolescente e de seus pais ou responsável e, ao mesmo tempo, sua notificação[32] para comparecerem à audiência designada.

A compulsoriedade da presença do adolescente e de seus pais ou responsável na audiência é requisito constitutivo de validade do ato processual, que é duplamente qualificado, vez que a obrigatoriedade da presença recai não só na pessoa do adolescente, mas também na de seus pais ou responsável, sob pena de tornar viciado o ato processual. É certo, porém, que o juiz poderá nomear curador especial ao adolescente, se os pais ou responsável não forem localizados, como assinala o § 2º do citado artigo.

O adolescente deverá ser pessoalmente citado do teor da representação e notificado a comparecer à audiência prevista no art. 184 do ECA. Se ele for regularmente citado e não atender ao chamado judicial poderá ser conduzido coercitivamente, nos termos do art. 187 da mesma lei e, mesmo ausente, não poderá ser processado sem defensor, nos termos do art. 207 do ECA.

Munir Cury, Paulo Afonso Garrido de Paula e Jurandir Norberto Marçura constatam que, na ausência dos pais ou responsável na audiência, "a nomeação de curador deverá recair preferencialmente em pessoa da família do adolescente e, não sendo possível, em advogado, que ficará encarregado de sua defesa no processo".[33]

Em vista da pessoalidade da citação, não haverá citação por edital e, tampouco, com hora certa.

---

31. Cf. TJSP, Ap 24.316/0, rel. Nigro Conceição; STJ, REsp 135.780-SP, *DJU* 2.2.1998, p. 148.

32. O Código de Processo Penal não distingue intimação de notificação. Para Fernando da Costa Tourinho Filho, *Processo penal*, v. 3, p. 195-196, "a *intimação é*, pois, a ciência que se dá a alguém de um ato já praticado, já consumado, seja um despacho, seja uma sentença; a *notificação* é a cientificação que se faz a alguém (réu, partes, testemunhas, peritos etc.) de um despacho ou decisão que ordena fazer ou deixar de fazer alguma coisa, sob certa cominação".

33. *Estatuto da Criança e do Adolescente anotado*, p. 162.

INTERCALAÇÃO DAS GARANTIAS PROCESSUAIS PENAIS NA CF E NO ECA   103

A garantia constitucional que determina o pleno e formal conhecimento da atribuição de ato infracional que recai contra o adolescente está sendo interpretada de maneira relativa pelos tribunais. Em suas manifestações afirmam que a *cientificação* é diversa da *citação*, não exigindo o mesmo rigor estampado no Código de Processo Penal.[34]

Se a cientificação ou citação é medida formal, como determina a Constituição Federal e o Estatuto, não podem os tribunais mitigar sua rigidez em face da inimputabilidade do infrator, pelo fato de estar ele apreendido ou internado, ou mesmo porque *assuntos (penais) sobre o menor* não se equiparam aos dos adultos, pois são de natureza *social* ou *não-jurídicos.*

A citação do adolescente é pessoal e não pode ser substituída pela requisição judicial à instituição de internamento onde se encontra o adolescente.

Pensar diferente é relativizar o direito subjetivo de ser citado pessoalmente, em completa aversão à regra constitucional do devido processo legal, inscrita no inc. LIV do art. 5º e sob a (ainda) nefasta postura de considerar o infrator menor de 18 anos como objeto de medidas assistencialistas, num completo desrespeito à regra mestra da doutrina da proteção integral adotada pela legislação pátria.

4.4 Igualdade na relação processual e tratamento igualitário dos sujeitos do processo penal

Além de garantir o pleno e formal conhecimento da atribuição de ato infracional, ao adolescente é garantida a "igualdade na relação

---

34. Cf. 1) TJSP, ApCiv 30.828-0/3-SP, rel. Des. Cunha Bueno, j. 12.9.1996: "Ato infracional – Apuração – Cientificação do adolescente – Finalidade do ato deve ser atingida – Distingue-se da citação – Recurso improvido"; 2) TJSP, ApCiv 16.439-0/5, Campinas/SP, rel. Des. Weiss de Andrade, j. 23.6.1994: "Menor – Ato infracional grave – Recurso do adolescente – Nulidade de citação argüida pelo adolescente – Apelo improvido"; 3) TJSP, ApCiv 44.538-0/7-SP, rel. Des. Alves Braga, j. 8.10.1998: "Menor – Nulidade do processo – Inocorrência – Dispensa de citação formal em face da requisição do menor à Febem, onde se encontrava internado – Desnecessidade de aplicação rigorosa dos princípios relativos ao procedimento penal – Preliminar rejeitada – Ato infracional – Autoria induvidosa em face da confissão do menor, referendada por outras provas – Internação – Aplicabilidade em razão da gravidade do ato (art. 157, § 2º do CP) e reincidência específica do infrator, que, na época da infração, estava cumprindo medida socioeducativa de liberdade assistida".

104 PROCESSO PENAL JUVENIL

processual", como dispõe o art. 227, § 3º, IV, da CF e inc. II do art. 111 do ECA.

Por igualdade na relação processual, desvendou o Estatuto a possibilidade de o adolescente produzir todas as provas necessárias à sua defesa, confrontar-se com vítimas e testemunhas, indicar peritos etc. A igualdade, como garantia constitucional, é um dos fundamentos do Estado de Direito e do Estado Social.[35]

A igualdade processual, por sua vez equipara as partes, promove o equilíbrio entre a acusação e a defesa, estabelece a *par conditio*, que, na lição de Ada Pellegrini Grinover é "o princípio de equilíbrio de situações, não iguais, mas recíprocas, como o são, no processo penal, as do ofício da acusação e da defesa (...) a *par conditio* é parte essencial do processo, sendo que defesa e contraditório são corolários do princípio da igualdade".[36]

O equilíbrio pretendido pelo processo penal de apuração de ato infracional é colocado em cheque em virtude da desigualdade imanente entre as partes. O acusado, quando é chamado ao processo, está em desvantagem em virtude das atividades estatais de persecução penal, que reúne maiores condições de produzir provas. Além disso, o acusado tem como tarefa a produção de sua defesa, para proteger sua liberdade.

Todavia, esta aparente desvantagem é sanada pelo processo, que encontra na jurisdição penal – por meio do devido processo legal – a igualdade processual.

O bem jurídico tutelado, a liberdade, somente pode ser restringida por meio da jurisdição penal, que garante a igualdade de condições probatórias a todos os indivíduos, indistintamente.

O conteúdo da igualdade processual pode ser dividido em dois aspectos: a) a exigência de igual tratamento aos que se encontram na mesma posição jurídica no processo, como por exemplo, tratamento igualitário a todos os que estejam na posição de testemunha, só sendo admitida qualquer desigualdade em virtude de situações pessoais inteiramente justificáveis, que não representem prerrogativas inacei-

35. Cf. J. J. Gomes Canotilho, *Direito constitucional e teoria da Constituição*, pp. 344-345.

36. "Defesa, contraditório, igualdade e *par conditio* na ótica do processo de estrutura cooperatória", in *Novas tendências do direito processual*, pp. 6-7.

INTERCALAÇÃO DAS GARANTIAS PROCESSUAIS PENAIS NA CF E NO ECA   105

táveis (como a proteção conferida a algumas testemunhas, dependendo do crime investigado e da situação de perigo a que estiverem expostas); b) igualdade de armas no processo para as partes, ou *par conditio*, para que se assegure às partes equilíbrio de forças.

Algumas exceções à regra constitucional da igualdade processual, previstas na lei, são relatadas por Paula Bajer Fernandes da Costa: a) nas hipóteses previstas nos artigos 151 e 262 do CPP, que exige a presença de curador para os inimputáveis e para o acusado menor, respectivamente; b) igualdade quanto à assistência jurídica; sendo a ampla defesa indispensável para o regular desenvolvimento do processo penal e para a efetivação do contraditório, é necessário assegurar a efetiva assistência jurídica àqueles investigados, ou acusados que não possuem condições econômicas, que podem gerar desequilíbrio entre as partes e, conseqüentemente, assegurar o próprio desenvolvimento válido do processo.[37]

A noção de igualdade na relação processual é defendida por Paulo Afonso Garrido de Paula como aquela "garantia de que as partes (autor e réu) terão, perante o Judiciário, as mesmas possibilidades de alegações e de produção de provas.

Autor, no caso, é o Estado que pretende, ante a infração cometida, reeducar o adolescente.

Réu – aqui se grife que a locução, no sentido jurídico, tem acepção própria, significando a pessoa em face da qual é deduzida uma pretensão, nada tendo a ver com o conteúdo leigo da expressão – é o adolescente que resiste à possibilidade de ser reeducado".[38]

Na busca pela verdade, o contraditório assume relevante papel: ignora o estado de desigualdade entre as partes. Ele existe, justamente, para restaurar a disparidade existente entre os sujeitos do processo.

Na lição de Ada Pellegrini Grinover, "o contraditório, não mais considerado como expressão jurídica de iguais possibilidades conferidas aos sujeitos do processo, confunde-se com a *par conditio*, e não

---

37. "Igualdade no Direito Processual Penal Brasileiro", in *Coleção de estudos de processo penal em homenagem ao Prof. Joaquim Canuto Mendes de Almeida*, v. 6, p. 63.
   38. "Contraditório, ampla defesa e o processo de apuração do ato infracional atribuído ao adolescente", in *Brasil criança urgente*, p. 101.

só serve à imparcialidade do juiz, como ainda assume relevância autônoma em relação ao princípio da igualdade".[39]

Por outro lado, Rogério Lauria Tucci prefere o "entendimento segundo o qual não há como ser confundida a igualdade das partes, no processo penal, com o contraditório".[40]

Em apoio, Antonio Scarance Fernandes esclarece que o "contraditório pressupõe partes em situações opostas, se não substancialmente, pelo menos formalmente, no plano processual. Com a garantia do contraditório, as duas partes têm asseguradas a ciência dos atos e termos da parte contrária, com possibilidade de refutá-los. O princípio da igualdade, por outro lado, coloca as duas partes em posição de similitude perante o Estado e, no processo, perante o juiz. Não se confunde com o contraditório, nem o abrange. Apenas se relacionam, pois ao se garantir a ambos os contendores o contraditório também se assegura tratamento igualitário".[41]

Embora não se confundam, os conceitos se completam. Entendimento semelhante é conferido por Paula Bajer Fernandes Martins da Costa, para quem o "contraditório é absolutamente necessário, e essa imprescindibilidade ignora o estado de desigualdade entre os sujeitos envolvidos no processo penal. Paradoxalmente, porém, o contraditório tem como efeito restaurar o equilíbrio entre os interesses público, punitivo e de liberdade, que para o juiz estão, e devem estar, em mesmo plano (...) Nesse sentido, embora o contraditório possa acontecer independentemente da igualdade, seu exercício eficaz produz, de forma diversa da paridade de armas, o equilíbrio entre os sujeitos processuais penais".[42]

Vê-se, na prática, ao apurar a autoria e a materialidade de um ato infracional, a prevalência de poder do órgão acusador, seja pela posição inquisitorial que desenvolve, seja pelo aparato estatal à sua disposição, seja pela imponência de seu gabinete, seja pela própria infe-

---

39. "Defesa, contraditório, igualdade e par conditio na ótica do processo de estrutura cooperatória", *Novas tendências do direito processual*, p. 8.

40. *Teoria do direito processual penal – Jurisdição, ação e processo penal (Estudo sistemático)*, p. 204.

41. *Processo penal constitucional*, p. 58.

42. "Igualdade no direito processual penal brasileiro", *Coleção de estudos de processo penal em homenagem ao Prof. Joaquim Canuto Mendes de Almeida*, v. 6, pp. 91-97.

INTERCALAÇÃO DAS GARANTIAS PROCESSUAIS PENAIS NA CF E NO ECA   107

rioridade de posição social: o acusador é rico; o infrator, pobre. Essa desigualdade é equilibrada pela regra da igualdade processual.

Ao lado da garantia da igualdade na relação processual, cuja atividade precípua é assegurar a produção de provas necessárias à defesa do infrator, podendo, inclusive, haver confrontação do infrator com vítimas e testemunhas,[43] surge, inafastável, a garantia processual do tratamento igualitário dos sujeitos do processo penal.

Em face da proximidade e aplicação supletiva das regras processuais penais, no âmbito do Estatuto certifica-se que o processo penal funda-se como instrumento que materializa e efetiva o direito material penal, por meio da jurisdição.

Recorda-se que os sujeitos do processo são, tradicionalmente, três: o juiz, o autor e o acusado. Participam, pois, do juízo o *actum trium personarum*. O juiz, a rigor, não é sujeito processual, que tem no Estado-Juiz sua fonte de poder, em nome de quem atua.

O autor, na ação penal pública incondicionada (art. 24 e ss., do CPP) e na ação socioeducativa pública (art. 180, III, do ECA) é o Ministério Público, cuja função de titular o obriga a fornecer provas para triunfar a pretensão punitiva (art. 257 do CPP); na ação penal privada é o ofendido (art. 30 do CPP), que deve promover todos os atos processuais.

O acusado é o sujeito passivo da pretensão punitiva, conforme dispõe o art. 259 e ss. do CPP, que será representado ou assistido tecnicamente por defensor. Fernando Capez lembra que "para ser sujeito passivo é necessário que a pessoa a quem se imputa a prática de um crime preencha alguns requisitos, como capacidade para ser parte, que toda pessoa adquire pelo simples fato de ser sujeito de direitos e obrigações (exclui-se, portanto, os animais e os mortos), capacidade processual, ou capacidade para estar em juízo em nome próprio (*legitimatio ad processum*), que no processo penal advém com a idade de 18 anos (...) e a legitimidade *ad causam*, isto é, que exista coincidên-

43. "Infracional. Intimação do infrator para a audiência de instrução. Necessidade. Entendimento do disposto no art. 111, III da Lei 8.069/90. Tratando-se de disposição que visa dar garantias processuais ao adolescente, a falta de intimação para a audiência de instrução implica em afronta ao princípio de igualdade entre as partes, ali contido, levando à nulidade do processo a partir desta cerimônia" (TJRS, Acórdão n. 597 218 098, 8ª Câm. Civ., rel. Des. Roque Miguel Fank).

PROCESSO PENAL JUVENIL

cia entre a pessoa apontada na peça inicial como o autor do fato e o suspeito da prática do crime, indicado no inquérito ou nas peças de informação".[44]

Se o infrator tiver menos de 18 anos estará sujeito às normas da legislação especial, como dispõe o art. 228 da CF.

A garantia da existência de sujeitos processuais diversos pressupõe a não menos importante existência de uma relação de igualdade entre elas. Não poderá haver justiça se não houver igualdade entre as partes processuais.

O tratamento igualitário das partes do processo infere a *par conditio*, ou seja, exige que as partes tenham iguais condições de corresponder à realidade processual. As partes deverão ter assegurada a igualdade substancial, cuja realidade se funda no equilíbrio das situações preconizadas pelo legislador.

O desequilíbrio não pode prevalecer entre as partes diante das garantias processuais penais constitucionais da *par conditio* de adolescentes em conflito com a lei. A produção de todos os meios de prova e a confrontação com vítimas e testemunhas estão intrinsecamente ligadas à regra de existência de um processo penal justo, paritário e igualitário para as partes envolvidas. Fora disso, haverá a preponderância do desequilíbrio, a usurpação do poder acusatório, o desvirtuamento da busca da verdade, e, especialmente, o perdimento do bem jurídico maior tutelado, a liberdade.

4.5 Defesa técnica por advogado – A plenitude de defesa

O devido processo penal reclama uma completa defesa do infrator, que terá ao seu alcance a possibilidade de utilizar todos os meio de prova. Esta garantia vem assegurada no inc. LV do art. 5º da CF: "aos litigantes, em processo judicial ou administrativo, e aos acusados em geral são assegurados o contraditório e ampla defesa, com os meios e recursos a ela inerentes".[45]

---

44. *Curso de processo penal*, p. 148.
45. "A tutela do menor infrator merece maiores cuidados que aquela deferida ao maior delinqüente. Assim, a ampla defesa deve ser observada ainda com rigor quando se tratar de processos disciplinados pelo ECA" (STJ, RHC-SP 9287).

INTERCALAÇÃO DAS GARANTIAS PROCESSUAIS PENAIS NA CF E NO ECA 109

Para materializar a igualdade processual, a Constituição Federal assinala no art. 227, § 3º, e do Estatuto, no art. 111, inc. III, a obrigatoriedade da defesa técnica por advogado.[46] O advogado é indispensável à administração da justiça, dispõe o art. 133 da Lei Maior, sendo ele um dos artífices da construção garantista do devido processo legal.[47]

Em adição, o art. 206 do ECA amplia a possibilidade: "a criança ou o adolescente, seus pais ou responsável, e qualquer pessoa que tenha legítimo interesse na solução da lide poderão intervir nos procedimentos de que trata esta Lei, através de advogado, o qual será

---

46. 1) "Ementa: Estatuto da Criança e do Adolescente. Inobservância de determinação legal. Falta de intimação do defensor que compareceu no interrogatório do infrator. Processo anulado. Sentença cassada. Faz-se necessário a observância do § 2º, do art. 184, do ECA, que determina que o adolescente e seus pais ou responsável serão certificados a comparecer em audiência, acompanhados de advogado. O defensor dado ao menor, não foi intimado dos demais atos processuais, em seu lugar intimouse outro advogado" (ApCiv 598432581, 8ª Câm. Civ., TJRS, rel. Des. Antônio Carlos Stangler Pereira, j. 24.6.1999); 2) "ECA. Ausência do advogado na audiência de apresentação. Nulidade. Ausência de defensor em qualquer ato do processo gera nulidade absoluta do ato, vez que afronta ao princípio constitucional da ampla defesa. Arts. 207 e 111, inc. III, do ECA, e 5º, *caput*, incs. LIV e LV, da CF. Proveram por maioria" (ApCiv 70006264683, 7ª Câm. Civ., TJRS, rel. Luiz Felipe Brasil Santos, j. 4.6.2003); 3) "Ato infracional. Ausência de defensor. Nulidade. É nulo o procedimento ante a ausência de defensor na audiência de apresentação do menor, obstáculo insuperável. Decretada a nulidade da sentença, por maioria" (ApCiv 70005413729, 8ª Cam. Civ., TJRS, rel. Rui Portanova, j. 19.12.2002); 4) "Estatuto da Criança e do Adolescente. Acolhida a prefacial de nulidade do feito a partir da audiência em que foi inquirido o menor infrator, por ter sido realizado tal ato sem a presença de defensor. Ofensa ao devido processo legal. Julgamento convertido em diligência para que seja determinada a realização de nova audiência para que seja ouvido o representado na presença de defensor nomeado, eis que o menor é pessoa pobre. Julgamento convertido em diligência. Declarada nulidade do feito desde audiência *supra*, inclusive (6 fls. d) – segredo de justiça" (ApCiv 70004602488, 2ª Câm. Especial Civ., TJRS, rel. Luiz Roberto Imperatória de Assis Brasil, j. 15.8.2002).

47. "ECA. Nulidades. Ausência de intervenção do MP, devidamente intimado seu representante para o ato. O que enseja a nulidade, nas ações em que há obrigatoriedade de intervenção do MP e a falta de intimação do seu representante, e não a falta da efetiva manifestação. Falta de advertência no mandado de cientificação e notificação para o comparecimento acompanhado de defensor. Art. 184, § 1º, ECA. Cerceamento de defesa configurado. Anulação do feito, desde o interrogatório, inclusive. Proveram. Unânime. Determinaram encaminhamento de ofício a Corregedoria-Geral da Justiça (segredo de justiça) (6 fls.)" (ApCiv 70002992709, 7ª Câm. Civ., TJRS, rel. Luiz Felipe Brasil Santos, j. 22.8.2001).

110 PROCESSO PENAL JUVENIL

intimado para todos os atos, pessoalmente ou por publicação oficial, respeitado o segredo de justiça".

De igual modo, o art. 207 da mesma lei reafirma a imprescindibilidade da atuação de advogado nos processos de apuração de ato infracional[48] atribuído a adolescente, *verbis*, "Nenhum adolescente a quem se atribua a prática de ato infracional, ainda que ausente ou foragido, será processado sem defensor".[49] Acrescentam os parágrafos seguintes desse artigo: "se o adolescente não tiver defensor, ser-lhe-á nomeado pelo juiz, ressalvado o direito de, a todo tempo, constituir outro de sua preferência. A ausência do defensor não determinará o adiamento de nenhum ato do processo, devendo o juiz nomear substituto, ainda que provisoriamente, ou para o só efeito do ato. Será dispensada a outorga de mandato, quando se tratar de defensor nomeado ou, sido constituído, tiver sido indicado por ocasião de ato formal com a presença da autoridade judiciária".

Não basta, porém, a nomeação de defensor; este precisa dedicar-se à causa com esmero, sob pena de permitir que o infrator tenha defesa pífia, que incorra em seu prejuízo.[50]

---

48. *JC* 69/266 (*Jurisprudência Catarinense*): "Nulo é o processo de apuração de infração em que ao defensor nomeado não se oportuniza a apresentação de defesa prévia".

49. CPP, art. 261. Cf. também: "Infância e Adolescência. Ausência do advogado. Nulidade. Imprescindibilidade da presença do advogado ou defensor em todos os atos processuais. Atento ao princípio da ampla defesa e do contraditório, e tratando-se de adolescente infrator, a ausência de advogado ou defensor, por ocasião da audiência de apresentação, se constitui em nulidade capaz de anular o processo pela imprescindibilidade da presença do advogado ou defensor em todos os atos processuais. Laudo da equipe interprofissional. Anulação do processo. Medidas específicas de proteção. Ausência de relatório da equipe interprofissional, para a orientação da medida sócio-educativa mais adequada para a recuperação do adolescente, leva a anulação do processo com a cassação da sentença. Processo anulado. Sentença cassada" (ApCiv 70002554871, 8ª Câm. Civ., TJRS, rel. Antônio Carlos Stangler Pereira, j. 7.6.2001).

50. 1) "Ato infracional – Nulidade do procedimento – Atuação deficiente do Defensor nomeado – Ofensa ao princípio da ampla defesa – 'O art. 227, § 3º, IV, da CF, reiterado pelo art. 111 do Estatuto da Criança e do Adolescente, assegura ao adolescente os mesmos princípios e direitos processuais do adulto, como o contraditório, a ampla defesa, a imediatidade, a concentração, o duplo grau de jurisdição etc., de tal modo que, no Estado Democrático de Direito, ao adolescente infrator só se aplicará a medida máxima privativa de liberdade após o devido processo legal'. Recurso provido para anular o procedimento a partir das alegações finais, inclusive" (TJMG, Processo 1.0000.00.210630-0/000(1), rel. Odilon Ferreira, j. 14.8.2001, publicado em

INTERCALAÇÃO DAS GARANTIAS PROCESSUAIS PENAIS NA CF E NO ECA 111

Pelos citados dispositivos legais, o devido processo legal, por seus corolários da ampla defesa e do contraditório, foi, enfim, integrado às garantias processuais, destinadas aos inimputáveis em razão da idade.

Em âmbito internacional, as Regras de Beijing fixaram, no número 15.1, que "o jovem infrator terá direito a se fazer representar por um advogado durante todo o processo ou a solicitar assistência judiciária gratuita, quando prevista nas leis do país".

Foi-se a época em que os adolescentes estavam alijados das garantias processuais constitucionais. O vetusto Código de Menores – Lei 6.697/1979 – não se preocupava com os direitos fundamentais de crianças e adolescentes como hoje, pela nova ordem constitucional, se verifica.

Martha de Toledo Machado lembra que o sistema antigo construiu uma confusão conceitual entre criança desvalida/criança autora de crime e "se logrou derrubar todas as garantias dos autores de crime, inimputáveis em razão da idade, a quem se passou a negar os

29.8.2001); 2) "Justiça da Infância e Juventude – Processo – Nulidade – Ocorrência – Caracterização de ausência de defesa técnica – Deve ser anulado o processo por ausência de defesa técnica, em virtude da inobservância do princípio do contraditório, se o defensor público funcionou apenas em atendimento ao devido processo legal, em verdadeira participação inócua à defesa, concordando plenamente com a acusação e chamando sobre o defendido toda a responsabilidade pelo fato delituoso – Recurso conhecido e provido para anular o processo. Rejeitada preliminar de intempestividade" (TJMG, Processo 1.0000.00.280558-8/000 (1), relatora Márcia Milanez, j. 18.2.2003, publicado em 21.2.2003); 3) "Defesa e *due process*: aplicação das garantias ao processo por atos infracionais atribuídos a adolescente. 1. Nulidade do processo por ato infracional imputado a adolescentes, no qual o defensor dativo aceita a versão de fato a eles mais desfavorável e pugna por que se aplique aos menores medida de internação, a mais grave admitida pelo Estatuto legal pertinente. 2. As garantias constitucionais da ampla defesa e do devido processo penal – como corretamente disposto no ECA (art. 106-111) – não podem ser subtraídas ao adolescente acusado de ato infracional, de cuja sentença podem decorrer graves restrições a direitos individuais, básicos, incluída a privação da liberdade. 3. A escusa do defensor dativo de que a aplicação da medida sócio-educativa mais grave, que pleiteou, seria um benefício para o adolescente que lhe incumbia defender – além do toque de humor sádico que lhe emprestam as condições reais do internamento do menor infrator no Brasil – é revivescência de excêntrica construção de Carnellutti – a do processo penal como de jurisdição voluntária por ser a pena um bem para o criminoso – da qual o mestre teve tempo para retratar-se e que, de qualquer sorte, à luz da Constituição não passa de uma curiosidade" (STF, RE 285571/PR, rel. Min. Sepúlveda Pertence, j. 13.2.2001).

112 PROCESSO PENAL JUVENIL

mais elementares direitos humanos, como a reserva legal, o contraditório e a ampla defesa". O principal argumento, derivado daquela confusão conceitual, assentava-se na idéia de que, "quando o Estado, por meio da Justiça de Menores, privava-os de liberdade porque cometeram fato típico penalmente, estava sendo adotada uma medida de natureza *protetiva* e não *repressiva*" (grifos da autora).[51]

Esclarece a autora que a confusão conceitual era perversa: "o *carente* deve ser privado de liberdade, sob a presunção de que ele é o futuro *delinqüente*; aquele que delinqüiu efetivamente pode ser encarcerado sem observância das *garantias individuais* que continuaram a ser conferidas aos adultos, sob a falaciosa premissa de que ele está sendo *protegido* pelo Estado, uma vez que a *medida jurídica* imposta pela prática do crime (internação em reformatório) é essencialmente a mesma aplicada ao *carente* e ao *abandonado* recolhido a reformatório" (grifos da autora).

A audiência de apresentação, prevista no art. 184 do ECA é ato processual, como o é o interrogatório do adulto,[52] e o § 1º deste artigo não deixa dúvida de que "o adolescente e seus pais ou responsável serão cientificados do teor da representação, e notificados a comparecer à audiência, *acompanhados de advogado*" (grifo nosso).

A garantia da defesa já estava disposta no número I da Exposição de Motivos do Código de Processo Penal, que afirmava que "ao invés de uma simples faculdade outorgada a estes (acusados) e sob a condição de sua presença em juízo, a defesa passa a ser, em qualquer caso, uma indeclinável injunção legal, antes, durante e depois da instrução criminal. Nenhum réu, ainda que ausente do distrito da culpa, foragido ou oculto, poderá ser processado sem a intervenção e assistência de um defensor. A pena de revelia não exclui a garantia constitucional da contrariedade do processo. Ao contrário das leis processuais em vigor, o projeto não pactua, em caso algum, com a insídia de uma acusação sem o correlativo da defesa".

A regra constitucional da obrigatoriedade da defesa técnica por advogado é ampla, não tendo sentido – ou até mesmo contrariando a

---

51. *A proteção constitucional de crianças e adolescentes e os direitos humanos*, p. 201.
52. CPP, arts. 187 e 263.

INTERCALAÇÃO DAS GARANTIAS PROCESSUAIS PENAIS NA CF E NO ECA 113

norma constitucional – a disposição do § 2º do art. 186 do ECA, que sugere a obrigatoriedade da defesa técnica somente quando o fato for grave.[53]

Não há a possibilidade, pois, de o adolescente ser ouvido pela autoridade judiciária sem a presença de profissional habilitado para defesa, não importando a gravidade do ato praticado.

Infelizmente, a orientação jurisprudencial desvincula-se da garantia do devido processo penal para considerar que o infrator, menor de idade, não precisa ser defendido por advogado, tendo em vista que "assuntos de *menor* não são de natureza jurídica, mas social".[54]

Comete erro fundamental e afronta a regra da ampla defesa e do contraditório, minando a garantia do devido processo legal, a inobser-

53. *RJTJESP* 132/562; TJSP, AI 17.653-0, rel. Ney Almada; Ap 18.385-0/2, rel. Yussef Cahali; TJSP, Ap 14.845-0, rel. Lair Loureiro: "Ainda que o fato não seja grave, estará a autoridade obrigada a nomear defensor se não conceder a remissão quando da audiência de apresentação, uma vez que nenhum adolescente poderá ser processado sem defensor (arts. 111, III e 207). A nomeação é obrigatória somente após a audiência de apresentação, não se exigindo a presença de defensor quando de sua realização". Observa-se que esta orientação não reflete nosso pensamento, que conduz à amplitude da defesa do infrator, seja o ato infracional grave ou não. A garantia da defesa por advogado não está atrelada à gravidade do ato praticado.
54. 1) TJSP, ApCiv 69.491-0/4, Mogi Guaçu/SP, rel. Des. Jesus Lofrano, j. 15.1.2001: "Menor – Ato infracional – Porte de entorpecentes – Prestação de serviços à comunidade – Preliminares – Rejeição – Citação irregular – Inocorrência – Ausência de defensor na audiência de apresentação – Desnecessidade – Inteligência do artigo 186 do ECA – Confissão corroborada por prova testemunhal – Recurso improvido"; 2) TJSP, ApCiv 66.164-0/0, Bauru/SP, rel. Des. Jesus Lofrano, j. 4.12.2000: "Menor – Ato infracional – Furto – Preliminar – Rejeição – Ausência de defensor na audiência de apresentação – Inteligência do artigo 186 do ECA – Suficiência de prova da autoria – Manutenção da sentença – Recurso improvido"; 3) TJSP, ApCiv 69.486-0/1, Mogi Guaçu, rel. Des. Fábio Quadros, j. 22.1.2001: "Menor infrator – Atentado violento ao pudor – Liberdade assistida e acompanhamento psicológico – Recurso apontando nulidade processual diante da falta de defesa técnica desde o interrogatório e, no mérito, pela absolvição diante da precariedade da prova – Presença do advogado que não é obrigatória na audiência de apresentação para a qual foram os menores e responsáveis previamente citados e notificados – Confissão que se coaduna com as palavras da vítima e demais elementos de prova – Materialidade atestada por laudo de exame de corpo de delito – Preliminar rejeitada e recurso improvido". Obs.: A orientação jurisprudencial citada é equivocada e não faz a necessária correlação da garantia constitucional do devido processo legal entre o infrator menor de idade e o ato infracional praticado, preferindo associar a natureza da infração aos atos "anti-sociais", previstos na legislação anterior (Código de Menores, Lei n. 6.697/79), de natureza diversa da jurídica.

vância da obrigatoriedade da presença e defesa por advogado nos processos de apuração de ato infracional.

Como visto, a audiência de apresentação, como é chamada pelo art. 184, é ato formal do processo, de realização obrigatória, cuja dinâmica realiza o direito. Sem a realização daquele ato, o direito se reduziria à letra morta e fria da lei.

Reafirma-se, com Roberto João Elias que o Estatuto, por meio dos arts. 110 e 111, amparados na regra constitucional prevista no inc. IV do § 3º do art. 227, "consagrou o denominado 'devido processo legal' (art. 110), assegurando-se ao adolescente as garantias do art. 111, ressaltando-se a defesa técnica por advogado e a assistência judiciária gratuita e integral aos necessitados. Enfim, se não for nomeado defensor ao adolescente processado na forma dos arts. 171 a 190, o feito será anulado".

Continua o autor: "nosso sistema jurídico, na área penal, o réu não pode ser condenado sem que se lhe dê um advogado. Assim sendo, se o juiz não nomear defensor ao réu presente, isso será motivo para a nulidade (art. 564, III, *"c"* do CPP). *Mutatis mutandis*, é o que ocorre na área do adolescente que comete ato infracional".[55]

Com essas características processuais o ato exige a presença de profissional técnico habilitado para completar as exigências de sua validade. Com sua ausência opera-se a nulidade do ato processual.

4.6 Assistência judiciária gratuita e integral aos necessitados, na forma da lei

A falta de recursos financeiros não será motivo para que o infrator fique sem a defesa por advogado. Ao notar que o autor do ato infracional ou seus responsáveis não têm recursos financeiros suficientes para suportar o andamento do processo, o juiz nomear-lhe-á defensor e dar-lhe-á os benefícios da assistência judiciária.

A garantia da assistência judiciária gratuita está gravada no art. 5º, LXXIV, da CF, segundo a qual "o Estado prestará assistência judiciária integral e gratuita aos que comprovarem insuficiência de recursos". Esta postura constitucional é instrumento para "realizar o prin-

---

55. *Comentários ao Estatuto da Criança e do Adolescente*, p. 185.

INTERCALAÇÃO DAS GARANTIAS PROCESSUAIS PENAIS NA CF E NO ECA   115

cípio de igualização das condições dos desiguais perante a justiça", na expressão de José Afonso da Silva.[56]

É oportuno, aqui, distinguir *assistência judiciária* de *benefício da justiça gratuita*. Utiliza-se a diferenciação proposta por Pontes de Miranda: "a assistência judiciária e benefício da justiça gratuita não são a mesma coisa. O benefício da justiça gratuita é direito de dispensa provisória de despesas, exercível em relação jurídica processual, perante o juiz que promete a prestação jurisdicional. A assistência judiciária é organização estatal, ou paraestatal, que tem por fim, ao lado da dispensa provisória de despesas, a indicação de advogado. É instituto de Direito Administrativo".[57]

Feita a distinção, observa-se que o Estatuto, além de consagrar a garantia constitucional da assistência judiciária gratuita, também consagra a regra do benefício da justiça gratuita, de forma universal, isentando todas as custas e emolumentos em atividades judiciais afetas à Justiça da Infância e da Juventude, conforme dispõe o § 2º do art. 141: "as ações judiciárias da competência da Justiça da Infância e da Juventude são isentas de custas e emolumentos, ressalvada a hipótese de litigância de má-fé".

Na legislação infraconstitucional a assistência judiciária gratuita e integral aos necessitados[58] é assegurada pelos arts. 111, IV, e 141, § 1º, do ECA. Ao referir-se à garantia do acesso à justiça, o § 1º do art. 141 estabelece que a assistência judiciária gratuita será prestada aos que dela necessitarem por defensor público[59] ou advogado nomeado.

A Lei n. 1.060/1950, por sua vez, estabelece normas para a concessão de assistência judiciária aos necessitados. Além dos nacionais, os estrangeiros residentes no País, que necessitarem recorrer à justiça penal, civil, militar ou do trabalho, gozarão dos benefícios da assistência judiciária.

Ela somente será aproveitada aos necessitados, diz a citada lei, no parágrafo único do art. 2º, que os define como aqueles "cuja situação

---

56. *Curso de direito constitucional positivo*, cit., p. 607.
57. *Comentários ao Código de Processo Civil*, p. 460.
58. "A pobreza pode ser demonstrada pelos meios de prova em geral, podendo até ser presumida" (*JTJ* 146/333).
59. CF, art. 134. "A Defensoria Pública é instituição essencial à função jurisdicional do Estado, incumbindo-lhe a orientação jurídica e a defesa, em todos os graus, dos necessitados, na forma do art. 5º, LXXIV".

116 PROCESSO PENAL JUVENIL

econômica não lhes permita pagar as custas do processo e os honorários de advogado, sem prejuízo do sustento próprio ou da família".

José Afonso da Silva revisita uma máxima, atribuída a Ovídio, segundo a qual *Cura pauperibus clausa est*, ou seja, o *tribunal está fechado para os pobres*, de sentido atual, lembrando que os pobres têm acesso muito precário à justiça, pois carecem de recursos materiais para contratar advogados e os Poderes Públicos não tinham universalizado e disponibilizado um serviço de assistência judiciária aos necessitados, que cumprisse efetivamente esse direito prometido entre os direitos Individuais.[60]

Péricles Prade salienta que "o fundamento é a necessidade de justiça. Se, por ser pobre, ficasse o adolescente sem assistência técnica, o julgamento não seria justo nem imparcial, havendo um estridente desequilíbrio entre as partes. Melhor dizendo: emergeria ofensa ao princípio da igualdade de todos perante a lei. Cabe ao Estado suplementar a carência, retomando o fio do equilíbrio, que, sem sua intervenção, seria rompido".[61]

A assistência judiciária compreende as seguintes isenções, conforme o disposto no art. 3º da citada lei: "I – das taxas judiciárias e dos selos; II – dos emolumentos e custas devidos aos juízes, órgãos do Ministério Público e serventuários da justiça; III – das despesas com as publicações indispensáveis no jornal encarregado da divulgação dos atos oficiais; IV – das indenizações devidas às testemunhas que, quando empregados, receberão do empregador salário integral, como se em serviço estivessem, ressalvado o direito regressivo contra o poder público federal, no Distrito Federal e nos Territórios, ou contra o poder público estadual, nos Estados; V – dos honorários de advogado e peritos".[62]

Mesmo com essa previsão legal, a assistência judiciária gratuita e integral deverá ser prestada, principalmente, aos pais ou responsá-

---

60. *Curso de direito constitucional positivo*, cit., p. 606.
61. *Estatuto da Criança e do Adolescente comentado: comentários jurídicos e sociais*, p. 372.
62. "A isenção legal de honorários há de compreender a das despesas pessoais ou materiais, com a realização da perícia – caso contrário, a assistência não será integral – Assiste aos necessitados a proteção do Estado, que deve diligenciar meios para provê-los ou criar dotação orçamentária para tal fim" (STJ, REsp 68.707-MS, *DJU* 8.6.1998, p. 86).

INTERCALAÇÃO DAS GARANTIAS PROCESSUAIS PENAIS NA CF E NO ECA 117

vel pelo infrator menor de idade, que têm a responsabilidade de arcar com o ônus do poder familiar.

A exceção da gratuidade reside na má-fé do litigante, nos termos do § 2º do art. 141 do ECA e 17 do CPC.

4.7 Direito de ser ouvido pessoalmente pela autoridade competente – A regra do juiz natural em matéria penal

Acrescido ao rol das garantias processuais, o direito de ser ouvido pessoalmente pela autoridade competente, previsto no inc. V do art. 111 do ECA, compõe o direito ao acesso à Justiça, consagrado no art. 5º, XXXV, da CF.

A autoridade competente,[63] mencionada na lei, refere-se não somente ao juiz (art. 186), mas, também, ao Ministério Público[64] (arts.

---

63. Nos momentos processuais próprios onde cada autoridade exerce sua função, conforme disciplina a lei.

64. *Julgados sobre* a *oitiva pessoal do adolescente como condição de procedibilidade:* 1) "Adolescente – Ato Infracional – Representação ofertada pelo Ministério Público sem a oitiva prévia do menor envolvido, seus pais ou responsáveis – Frustração da possibilidade de arquivamento ou remissão – Formalidade prevista no art. 179 da Lei n. 8.069/90 (ECA) – Norma cogente – Obrigatoriedade – Ofensa à garantia do *due process of law* – Nulidade absoluta reconhecida – Decisão mantida – Recurso desprovido. Sendo 'exato que como *dominus litis* tem o Promotor o seu livre convencimento, mas este, pela própria definição legal da norma do artigo 179, não será completo sem a prévia e ainda que informal oitiva do menor e dos demais envolvidos no ato infracional' (*Lex* 164/166), acarreta nulidade insanável o descumprimento do referido dispositivo" (TJSC, ApCrim 98.012471-9, Timbó, rel. Des. Jorge Mussi, j. 27.10.1998); 2) "Menor – Representação – Não recebimento – Admissibilidade – Ausência de oitiva do adolescente – Providência obrigatória – Aplicação do artigo 179 do Estatuto da Criança e do Adolescente – Recurso não provido. 'Frente à imperatividade do comando do artigo 179 do Estatuto da Criança e do Adolescente, a dispensa apressada da audiência nele prevista significará, sem dúvida, obstáculo a que o menor veja discutida a possibilidade de obter remissão ou mesmo o arquivamento do processo' " (TJSP, AC 17.778-0, Campinas-SP, Rel. Dirceu de Mello, j. 28.7.1994); 3) "Adolescentes – Ato Infracional – Representação, desde logo, sem oitiva dos envolvidos, seus pais ou responsáveis – Art. 179, da Lei n. 8.069/90 (ECA) – Procedimento obrigatório – Ofensa à garantia do Devido Processo Legal – Nulidade – Ordem parcialmente concedida. 'A cláusula constitucional do devido processo legal garante, em direito processual, que todos os atos, em resposta aos impulsos das partes, devem estar previstos em lei'. Viola a garantia do devido processo legal o oferecimento de representação pelo Ministério Público contra adolescentes possíveis infratores, desde logo, sem oitiva dos mesmos, seus pais

124, I, e 179), à autoridade policial (art. 172) e à Defensoria Pública (art. 141).

Quando o Estatuto remete o adolescente, autor de ato infracional, para entrevistar-se, pessoalmente, com a autoridade competente, abre-se-lhe a oportunidade de revelar sua versão sobre o ato infracional praticado, de exercitar o seu direito à ampla defesa e ao contraditório.

No plano internacional, a Convenção sobre os Direitos da Criança assegura, no artigo 12, o direito da criança de expressar uma opinião e de ter esta opinião levada em consideração em qualquer assun-

ou responsáveis, quando tal providência é exigida pelo disposto no art. 179, do ECA. 'O art. 179, do ECA, contém norma cogente ('procederá'), que não dispensa a audiência nele prevista; se assim não ocorrer haverá obstáculo a que os menores veja discutida a possibilidade de obter a remissão ou mesmo o arquivamento do processo'. Por isto é 'exato que como *dominus litis* tem o Promotor o seu livre convencimento, mas este, pela própria definição legal da norma do artigo 179, não será completo sem a prévia e ainda que informal oitiva do menor e dos demais envolvidos no ato infracional' (*Lex* 164/166)" (TJSC, HC 98.001684-3, Capital, rel. Des. Nilton Macedo Machado, j. 17.3.1998, *RT* 754/706); 4) "Ministério Público – Representação – Oferecimento sem a oitiva do menor – Inadmissibilidade – obrigatoriedade em face do artigo 179 do Estatuto da Criança e do Adolescente – Representação rejeitada – Recurso não provido. 'É exato, como *dominus litis*, tem o Promotor o seu livre convencimento, mas este, pela própria definição legal da norma do artigo 179 do Estatuto da Criança e do Adolescente, não será completo sem a prévia e ainda informal oitiva do menor e dos demais envolvidos no ato infracional'" (TJSP, ApCrim 17.781-0, Campinas/SP, rel. Nigro Conceição, j. 9.2.1995); 5) "Estatuto da Criança – Interpretação do artigo 179 – Obrigatoriedade da inquirição, pelo Promotor de Justiça, do adolescente, pais ou responsáveis, testemunhas e vítima, antes do oferecimento da representação – Preterição da formalidade – Nulidade – Recurso desprovido" (TJSC, ApCrim 28.830, Campos Novos, rel. Des. Márcio Batista, *DJSC* n. 8.609, de 23.10.1992, p. 12); 6) "Menor – Representação por prática de ato infracional – Rejeição – Admissibilidade – Promotor que não ouviu prévia, imediata e informalmente o adolescente – Procedimento indispensável para a formação de convicção do Promotor de Justiça – Artigo 179 do Estatuto da Criança e do Adolescente – Recurso não provido. 'Na busca dos elementos circunstanciais do fato, tendo em vista, principalmente, a possibilidade do Promotor de Justiça de promover o arquivamento dos autos ou conceder, desde logo, a remissão como força de extinguir o processo, não pode ele deixar de entrevistar-se com o menor e com os demais envolvidos'" (TJSP, ApCrim 19.107-0, Itu/SP, rel. Ney Almada, j. 15.12.1994); 7) "Estatuto da Criança e do Adolescente. Inobservância de formalidade essencial. Nulidade decretada. A providência de que trata o artigo 179 da Lei n. 8.069/90, a anteceder quaisquer das elencadas no artigo 180 e incisos do referido Estatuto, não se constitui em mera faculdade, mas ato obrigatório, portanto da essência do procedimento" (TJSC, ApCrim 29.423, Chapecó, rel. Des. Ayres Gama, *DJSC* n. 8.894, de 23.12.1993, p. 2).

INTERCALAÇÃO DAS GARANTIAS PROCESSUAIS PENAIS NA CF E NO ECA   119

to ou procedimento que lhe diga respeito. Além da manifestação de sua opinião, a criança e o adolescente deverão ter assegurada a oportunidade de ser ouvidos em todo processo judicial ou administrativo, que os afete, quer diretamente ou por meio de seu representante legal.

Mário Volpi e João Batista Costa Saraiva complementam, salientando que, "sem prejuízo da defesa técnica por seu advogado, a defesa pessoal do imputado, a partir da versão própria que dá ao fato, constitui-se em uma garantia de ampla defesa, sem prejuízo de optar pelo silencio, na medida em que ser ouvido constitui-se em direito seu de defesa".[65]

Da previsão legal extrai-se a obrigatoriedade de fixação da regra do juiz natural, ou seja, daquele que detém, pela lei, a competência para processar e julgar o ato ilícito praticado por infrator menor de 18 anos, em tribunal previamente designado. Em outras palavras, a garantia processual de avistar-se, pessoalmente, com a autoridade *competente*, induz à celebração dos dispositivos constitucionais da proibição de tribunais de exceção (art. 5º, XXXVII, da CF) e da garantia de que ninguém será subtraído ao seu juiz competente (art. 5º, LII, da CF).

A garantia processual do juiz natural em matéria penal recai naquele juiz que foi pré-constituído e investido pela lei com competência para jurisdicionar em matéria penal.[66]

Esta garantia apresenta-se com duas características, segundo José Frederico Marques, a saber: a) ao imputado confere certeza da inadmissibilidade de procedimento da causa e julgamento por juiz ou tribunal distinto daquele tido como competente à época da prática da infração penal; e b) à jurisdição penal, a segurança de que os regramentos da unidade e do monopólio da administração da justiça, assim como determinante da independência dos seus agentes, não serão ameaçados pela constituição de tribunais ou órgãos de exceção ou submissos a outro poder do Estado.[67]

---

65. *Os adolescentes e a lei – Para entender o direito dos adolescentes, a prática de atos infracionais e sua responsabilidade*, p. 34.

66. A regra do juiz natural equivale ao *órgão judiciário, cujo poder de julgar derive de fontes constitucionais*, conforme José Frederico Marques, *Tratado de direito processual penal*, v. 1, p. 244.

67. *Instituições de direito processual civil*, v. I, pp. 153 e ss. Cf. também, Rogério LauriaTucci, *Teoria do direito processual penal – Jurisdição, ação e processo penal (Estudo sistemático)*, p. 208.

120 PROCESSO PENAL JUVENIL

Estreitamente ligada à garantia do juiz natural em matéria penal está a determinação da imparcialidade e independência do juiz.[68] Embora não seja sujeito processual, atua em nome do Estado-juiz desenvolvendo sua atividade de maneira imparcial e independente para realizar, de maneira pacífica, o direito material penal.

Está o juiz, *super et inter partes,* substituindo a vontade das partes, realizando, no caso concreto, qual o direito substancial aplicável.

No processo penal, o juiz terá duas funções primordiais, segundo o art. 251 do CPP: a) de prover à regularidade do processo; e b) de manter a ordem no curso dos atos processuais.

A regularidade do processo é, em síntese, a verificação do devido processo legal, especialmente em matéria penal, ou seja, assegurar que as garantias constitucionais processuais penais sejam efetivadas pelas partes. Da regularidade processual deflui a ordem concatenada de atos processuais, cuja inversão seqüencial interfere na legalidade processual.

Pela regularidade processual, o juiz mantém a integridade dos ritos processuais, cuja ordem promovem a justa aplicação da lei penal. Edgard Magalhães Noronha acrescenta que "incumbe, então, ao juiz, agir para que o processo colime seu fim – o da realização da justiça, por meio da descoberta da verdade, impedindo que as partes o tumultuem com expedientes mais ou menos hábeis e que não condizem com essa finalidade".[69]

Em seguida, o art. 251 do CPP atribui ao juiz funções administrativas, podendo ele praticar atos de polícia com a finalidade de assegurar a ordem no andamento do processo, sendo autorizado, inclusive, a utilizar-se de força policial.

O Estado tem o dever inafastável de prestar a jurisdição penal, presentes as condições, sendo defeso ao juiz eximir-se de sentenciar, segundo o inc. XXXV do art. 5º da CF.

Para cumprir o seu mister, o juiz competente em matéria penal (inclusive o juiz que apura a prática de ato infracional por adolescente) tem, além das atribuições citadas no art. 251 do CPP, poderes e

---

68. Não se confunde, aqui, a regra do *juiz natural* com o *juiz penal,* que, na atuação *hic et nunc* do processo deve ser independente e imparcial.
69. *Curso de direito processual penal,* p. 137.

INTERCALAÇÃO DAS GARANTIAS PROCESSUAIS PENAIS NA CF E NO ECA 121

prerrogativas estampadas no citado Código, como: poderes na atividade probatória (arts. 156 e 502); na intervenção nos exames periciais (art. 176); na oitiva de testemunhas não arroladas pelas partes (art. 209); na determinação de diligências (art. 425); poderes de disciplina (art. 184); de coerção (arts. 201, 218 e 260); poderes relativos à economia processual (arts. 82, 94, 97 e 109); poderes de nomeação de advogado para o querelante (art. 32), curador para o ofendido (art. 33), para o acusado (arts. 149, § 2º, e 262) e defensor *ad hoc* (arts. 263 e 396, parágrafo único); poderes decisórios (arts. 61, 109, 110, 147, 149, 242, 311, 316, 325, parágrafo único, 338, 339, 340, 341, 344, 378, 755 etc.).

As prerrogativas funcionais do juiz, que asseguram sua independência, estão previstas na Constituição Federal no art. 93, I (ingresso na carreira, mediante concurso público de provas e títulos); art. 93, II (promoção para entrância superior, alternadamente, por antiguidade e merecimento). Além dessas, o texto constitucional consagra a vitaliciedade (art. 95, I), a inamovibilidade (art. 95, II) e a irredutibilidade de subsídios (art. 95, III).

Além dos poderes e prerrogativas, o juiz está sujeito ao sistema de impedimentos e suspeição, tratados no Código de Processo Penal, nos arts. 252 e 253. São causas que impedem sua jurisdição tornando nulos os atos por ele praticados.

A garantia do juiz natural fundamenta-se, sobretudo, na certeza de que não haverá juízos ou tribunais de exceção, devendo a lei estabelecer as regras de competência para a fixação do juiz da causa, regras essas de repartição de trabalho entre os órgãos jurisdicionais.

As mesmas funções do juiz, previstas no art. 251 do CPP, serão efetivadas no equivalente processo de apuração de ato infracional, cuja autoria se atribui a menor de 18 anos.

Em apoio, o n. 14.1 das Regras de Beijing[70] informa que "todo jovem infrator, cujo caso não tenha sido objeto de remissão (de acordo com a regra n. 11) será apresentado à autoridade competente (juizado, tribunal, junta, conselho etc.), que decidirá de acordo com os princípios de um processo imparcial e justo".

---

70. Resolução n. 40/33 da Assembléia Geral das Nações Unidas.

PROCESSO PENAL JUVENIL

A garantia do juiz natural deverá ser assegurada, na medida em que os infratores têm o direito de ter Varas especializadas e de ser julgados por um juiz, com competência específica designado pela Lei de Organização Judiciária.

4.8 Direito de solicitar a presença de seus pais ou responsável em qualquer fase do procedimento

A garantia processual de solicitar a presença dos pais ou responsável em qualquer fase do procedimento para os jovens infratores menores de 18 anos está disposta no inc. VI do art. 111 do ECA.[71]

A garantia processual em estudo decorre daquela prevista no art. 5º, LXII da CF, que assegura a todo cidadão, o direito de ter sua família comunicada, ou pessoa por ele indicada, em caso de imputação de ato criminoso.

Semelhante garantia já era prevista no número 15.2 das Regras de Beijing: "os pais ou tutores terão direito de participar dos procedimentos e a autoridade competente poderá requerer a sua presença no interesse do jovem...".

No caso do adolescente a quem se atribui a autoria de ato infracional, lembram Mário Volpi e João Batista Costa Saraiva: "esta garantia se faz ampliada, pelo caráter de apoio efetivo e necessário a ser alcançado ao jovem, em qualquer fase do procedimento, tanto que para a audiência de apresentação em juízo (art. 186) a cientificação dos pais ou responsáveis é imperativa".[72]

---

71. 1) "Estatuto da Criança e do Adolescente. Oitiva informal. Confissão. Presença dos pais ou do responsável não possibilitada (art. 111, inciso VI, do ECA). I – Nos termos do art. 111, inciso VI, do ECA, é assegurado ao adolescente, quando investigado pela suposta prática de ato infracional, solicitar, em qualquer fase do procedimento, a presença dos seus pais ou do responsável. II – Irregularidade na oitiva informal do adolescente, ocasião em que este reportou ao agente do *Parquet* sua intenção de praticar o ato infracional" (STJ, HC 9650, j. 18.10.1999, 5ª T., rel. Min. Felix Fischer); 2) Súmula 352, STF: "Não é nulo o processo penal por falta de nomeação de curador ao réu menor que teve assistência de defensor dativo".

72. *Os adolescentes e a lei – Para entender o direito dos adolescentes, a prática de atos infracionais e sua responsabilidade*, p. 35. Cf., também: 1) "Ato Infracional. Curador e Defensor. O curador especial não se confunde com a pessoa do defensor (as posições até podem ser antagônicas). O curador tem a função de cuidar dos interesses pessoais do adolescente, inclusive aquele de – eventualmente – destituir o

INTERCALAÇÃO DAS GARANTIAS PROCESSUAIS PENAIS NA CF E NO ECA   123

Em face da imaturidade biológica do adolescente, a presença de seus pais ou responsáveis nos atos processuais, embora seja um direito seu, colabora para que uma medida socioeducativa, se aplicada, possa ser efetivada com maior sucesso. A família representa nesses casos, uma estimuladora da aprendizagem do jovem, no momento em que assume a co-responsabilidade pelo cumprimento da medida imposta.

A instabilidade emocional do adolescente é confortada pela presença de um ente familiar. Sua própria condição de pessoa em desenvolvimento reclama maior atenção de seus pais. Nessas circunstâncias, o jovem tem mais disposição e confiança para dialogar com o juiz, o promotor de justiça e seu defensor.

Roberto João Elias recorda que a presença dos pais deve ser entendida "tanto para prestar esclarecimentos que se fizerem necessários, como para prestar a devida assistência moral".[73]

De todo modo, a singela, mas não menos importante garantia processual de solicitar a presença de seus pais ou responsáveis, em qualquer fase do procedimento de apuração do ato infracional deve ser assegurada ao adolescente.

4.9 A sentença impositiva de medida socioeducativa – A motivação qualificada dos atos decisórios de natureza penal

A sentença socioeducativa, transitada em julgado, fixa os limites para o juiz da execução, ou seja, este não poderá alterar as decisões do juiz do processo de conhecimento.

---

defensor contratado ou buscar outro defensor, em caso de nomeação pelo juízo, enquanto o defensor é obrigatoriamente um técnico do direito. Portanto, o interrogatório do adolescente deve ser presenciado obrigatoriamente por duas pessoas, com cuidados diferentes. A saber: tanto devem estar presentes os pais ou representante ou curador especial, como também deve presenciar o ato um defensor. Anularam o Processo. Alvará de Soltura" (TJRS, ApCiv 70004038543, j. 27.6.2002, rel. Des. Rui Portanova); 2) "Ato infracional. Audiência de apresentação e oitiva dos representados. Ausência de notificação dos pais ou responsável. Nulidade. A notificação dos pais ou responsável para comparecer à audiência de apresentação é obrigatória (art. 184, §§ 1º e 4º, ECA), sob pena de nulidade do procedimento. Precedentes. Nulidade decretada" (ApCiv. 70006003800, 8ª Câm. Civ., TJRS, rel. Des. José Ataídes Siqueira Trindade, j. 11.4.2003).

73. *Comentários ao Estatuto da Criança e do Adolescente*, p. 89.

124 PROCESSO PENAL JUVENIL

O processo de execução de medida socioeducativa tem seu início no momento em que o juiz *define* a inflição e *justifica* sua escolha com os parâmetros legais. A relação executiva penal, à mesma guisa da relação executiva civil, encontra no título executivo o seu nascimento, a razão de sua legitimidade e os seus limites.[74]

Para Fernando Capez, a sentença "é uma manifestação intelectual lógica e formal emitida pelo Estado, por meio de seus órgãos jurisdicionais, com a finalidade de encerrar um conflito de interesses, qualificado por uma pretensão resistida, mediante a aplicação do ordenamento legal ao caso concreto".[75]

A conformação do fato à norma pressupõe a certeza do direito e da estabilidade jurídica, a independência e separação de poderes e de proteção individual dos direitos fundamentais.

Isso representa a defesa incontinente de toda a análise dedutiva do processo de conhecimento gerido pelas garantias processuais penais, previstas na Constituição Federal e na Lei n. 8.069/1990.[76] Este percurso finaliza-se com a imposição de restrição aos direitos libertários do autor de ato infracional menor de 18 anos. Isso significa que o juiz, ao prolatar a sentença, encerra sua atividade jurisdicional colocando termo ao processo de conhecimento.

Na sentença, o juiz reconstrói os fatos que estão sob apreciação sob uma óptica imparcial; todavia, para decidir, considera o conjunto de seus valores pessoais, sua ideologia, seus pensamentos, suas opiniões.

A sentença pode receber várias abordagens conceituais, dentre elas – e mais comuns – aquela fundada sobre a teoria formalista e outra, de alicerces na teoria realista. Alice Bianchini esclarece que "de forma sintética, pode-se dizer que, na acepção formalista, sentença é a declaração do direito ao caso concreto, enquanto que, na realista, a sentença é vista como ato pelo qual o juiz diz o que sente".[77]

Entretanto, complementa a autora, independentemente da conceituação de sentença que se venha a adotar, não há dúvida de que ela

74. Cf. Arturo Santoro, *L'Esecusione penale*, p. 184.
75. *Curso de processo penal*, p. 348.
76. ECA, arts. 106 a 111.
77. "Aspectos subjetivos da sentença penal", *Revista Brasileira de Ciências Criminais* 22(6)/41.

INTERCALAÇÃO DAS GARANTIAS PROCESSUAIS PENAIS NA CF E NO ECA 125

constitui o ato no qual é realizada a prestação jurisdicional que, em última análise, para alguns, representa a aplicação da justiça.

A interpretação judicial, como propõe a autora, compõe-se de quatro etapas distintas: a) fase cognitiva dos fatos e das normas aplicáveis; b) fase valorativa; c) fase decisória; e, d) fase da justificação do ato decisório.[78]

Embora não se verifique, na prática, esta divisão, pode-se concluir com Nilo Bairros de Brum que a interpretação judicial, efetivada pelas etapas acima anunciadas, "são aspectos de uma só atividade indivisível, que se chama julgar".[79]

A interpretação da lei não é unânime. Os fatores que circunscrevem o ambiente dos atos que serão interpretados influenciam o julgador. A norma não deve receber valor maior do que os fatos; a reconstituição dos fatos, pelas provas apresentadas no processo é trabalho árduo, que pode conduzir o julgador a cometer enganos, pois pode acontecer que a prova colhida apresente vícios.

Às dificuldades mencionadas junta-se outra, cujo cerne desloca-se para a valoração da prova, especialmente a de natureza penal, que pode facilmente ser manipulada, prejudicando a apreciação judicial.

Dessa forma, a sentença deve compor-se de requisitos formais e retóricos, que conduzirão o juiz à busca da verdade judicial como a verdade possível.[80] Os requisitos *formais* estão alinhados no art. 381 do Código de Processo Penal, cuja deficiência ou ausência poderá acarretar a nulidade da sentença.[81]

Os requisitos *retóricos* do *decisum* são apresentados, em número de quatro, por Nilo Bairros de Brum: verossimilhança fática, efeito de legalidade, efeito de adequação axiológica e efeito de neutralidade judicial.

---

78. Não se preocupa, este trabalho, em dissecar as fases da sentença penal, que se poderia citar apenas para focalizar a importância da sua justificação.

79. *Requisitos retóricos da sentença penal*, pp. 41-42.

80. A busca da verdade real pode ser tarefa inexeqüível, em vista da precariedade das provas.

81. Em relação ao inciso III (*a indicação dos motivos de fato e de direito em que se fundar a decisão*) o decreto de nulidade pode ser relativo, ou seja, pode ser que "o *decisum* não tenha a devida adesão por ser considerado iníquo ou insuficientemente fundamentado" (Alice Bianchini, "Aspectos subjetivos da sentença penal", *Revista Brasileira de Ciências Criminais* 22(6)/41).

126 PROCESSO PENAL JUVENIL

Comentando os requisitos propostos acima, Alice Bianchini lembra que a *verossimilhança fática* decorre da necessidade do juiz justificar a escolha de uma entre as tantas versões possíveis e que surgem a partir da avaliação das provas; o segundo elemento, *efeito de legalidade*, é a vinculação do juiz à lei, obrigando-o a dar uma solução jurídica ao caso; o terceiro elemento, *efeito de adequação axiológica*, é, sem dúvida, a tarefa mais laboriosa do juiz, vez que aumenta a sua proporção de importância à medida que os valores internalizados pelos processos de socialização na comunidade – que também afetam o juiz – estejam ou não identificados com os conteúdos legais a serem aplicados. Por fim, o quarto elemento, *efeito da neutralidade judicial*, sugere que o juiz deve eleger a sanção parecendo neutro, ou seja, desprendido de suas ideologias e mesmo de suas idiossincrasias.[82]

Estes requisitos – os formais e retóricos – devem conduzir o julgador a consagrar, finalmente, a *eqüidade* e a *segurança jurídica*, com o fito de adequar o fato à norma penal, como substrato para realizar a justiça.

Em vista disso, o conjunto de garantias constitucionais exige o estabelecimento de uma sentença, de caráter rígido, completa, objetiva, cercada dos fundamentos essenciais e relevantes previstos no art. 93, IX, da CF.

A sentença, que impõe medida socioeducativa a infrator menor de 18 anos deverá seguir os mesmos cânones previstos no art. 381 do CPP, a saber: "I – os nomes das partes ou, quando não possível, as indicações necessárias para identificá-las; II – a exposição sucinta da acusação e da defesa; III – a indicação dos motivos de fato e de direito em que se fundar a decisão; IV – a indicação dos artigos de lei aplicados; V – o dispositivo; VI – a data e a assinatura do juiz".[83]

---

82. "Aspectos subjetivos da sentença penal", *Revista Brasileira de Ciências Criminais* 22(6)/46-47.

83. É necessária a fundamentação da decisão que aplica medida de internação provisória, nos termos do art. 108 do ECA. Cf. os *Julgados*: 1) "Menor – Medida sócio-educativa – Internação – Provisória – Decretação nos termos do artigo 108 do Estatuto da Criança e do Adolescente – Carência de fundamentação da decisão – Afronta ao artigo 93, IX da Constituição da República – Decisão nula – Internação indevida – Ordem concedida em parte para impedir a internação decorrente desse *decisum*" (rel. Ney Almada, HC 22.396-0, Bauru/SP, j. 30.6.1994); 2) "*Habeas corpus*. Internação provisória de adolescente. Decisão não-fundamentada. Ordem concedida. A internação provisória, medida excepcional de cerceamento à liberdade de

INTERCALAÇÃO DAS GARANTIAS PROCESSUAIS PENAIS NA CF E NO ECA   127

locomoção, deve ser determinada em decisão fundamentada, como todo provimento de natureza judicial (art. 93, IX, da CF). Não satisfaz ao preceito constitucional a adoção de parecer do Ministério Público, como razões de decidir, se nele não há fundamentação alguma que justifique a medida adotada" (TJDF, HC 19980020002707HBC -DF, Acórdão 103699, j. 26.3.1998, 2ª Turma Criminal, rel. Getulio Pinheiro); 3) "Processual penal. *Habeas corpus*. Internação provisória de adolescente. Indeferimento da liberdade assistida. Paciente sem passagem pela Vara da Infância e da Juventude. Ato infracional sem violência real. Medida protetiva cautelar excepcional. Falta de fundamentação quanto à necessidade imperiosa da internação. Nulidades formal e material configuradas. Ordem concedida. I – As medidas sócio-educativas previstas no Estatuto da Criança e do Adolescente são protetivas e não punitivas, devendo ser concebidas, destarte, em consonância com os elevados objetivos da sua reeducação, sendo relevantes para a obtenção desse resultado o respeito à dignidade do menor infrator como pessoa humana e a adoção de posturas demonstrativas de justiça (STJ, HC 17.839/RJ). II – Por isso, estando a internação do adolescente, enquanto privativa da liberdade e ainda que provisória, limitada de forma absoluta a sua necessidade imperiosa, em casos mais graves e quando absolutamente necessária para a proteção do adolescente e da sociedade, a decisão judicial que decretou a aplicação de tal medida, bem como a que indeferiu o pedido de liberdade assistida, apenas tendo em conta a gravidade abstrata do ato infracional (roubo qualificado) e considerações de cunho genérico, padece de nulidade formal, por deficiência de fundamentação, e material, diante da concreta falta de necessidade imperiosa da segregação, vez que se trata de paciente sem nenhuma passagem anterior pela Vara da Infância e da Juventude e não ter existido violência real contra as vítimas. Inteligência do art. 93, inciso IX, da CF/88, e art. 108, parágrafo único, do ECA. III – Ordem concedida. Decisão unânime" (TJDF, HC 20020020046309HBC-DF, Acórdão 157310, j. 17.7.2002, Conselho da Magistratura, rel. Getúlio Moraes Oliveira); 4) "*Habeas corpus* – Ato infracional – Internação provisória – Desnecessidade – Ordem concedida – ECA, art. 108, parágrafo único. A internação provisória implicando em privação da liberdade, só pode ser decretada em hipótese de necessidade imperiosa, que deve ser demonstrada através de completa fundamentação" (TJSC, HC 00.021908-8, Capital, rel. Des. Amaral e Silva, j. 19.12.2000); 5) "Estatuto da Criança e do Adolescente. Falta de fundamentação do decreto de internação provisória. Inobservância dos artigos 106 e 108, § 1º, do ECA. Constrangimento configurado. Ordem concedida. Unânime" (TJSE, HC 200133497, rel. Des. Jose Barreto Prado, j. 18.10.2001); 6) "*Habeas corpus*. Ato Infracional. Internação provisória. Decisão sem fundamentação. Concessão da ordem. 1 – Não demonstrada a necessidade imperiosa da medida extrema, fica desautorizada a manutenção da internação provisória. 2 – A gravidade do fato, por si só, não conduz necessariamente a imposição da medida de internação. 3 – Ordem deferida" (TJGO, HC 19644-3/217, Processo 200200816572, j. 2.9.2002, rel. Des. Gercino Carlos Alves da Costa); 7) "Como medida de excepcional, de caráter provisória e preventiva, exige-se, para sua decretação, criteriosa fundamentação acerca de sua necessidade, tomando-se por base indícios suficientes de autoria e materialidade do ato infracional (art. 108, parágrafo único do ECA)" (TJSP, AI 35.483.0/4, Câmara Especial); 8) "*Habeas corpus*. Internação provisória de adolescente. Decisão não-fundamentada. Ordem concedida. A internação provisória, medida excepcional de cerceamento à liberdade de locomoção, deve ser determinada em decisão fundamentada, como todo provimento de natureza judicial (art. 93, IX, da CF). Não satisfaz ao preceito consti-

PROCESSO PENAL JUVENIL

O juiz poderá dar ao fato definição jurídica diversa da que constar na representação acusatória, aplicando a regra do *narra mihi factum dabo tibi jus*, como dispõe, ainda, o art. 382 do citado CPP.

No cotejo entre os arts. 386 do CPP e 189 do ECA, o juiz não poderá aplicar qualquer medida socioeducativa, ao reconhecer na sentença: estar provada a inexistência do fato; não haver prova da existência do fato; não constituir o fato ato infracional e não existir prova de ter o adolescente concorrido para sua realização.

O Estatuto não contemplou – nem precisaria – a última hipótese prevista no inc. V do art. 386 do CPP, segundo a qual o juiz deve absolver o réu (adolescente) se existir circunstância que exclua o crime ou isente o réu de pena, como a legítima defesa, estado de necessidade, obediência hierárquica, hipóteses que podem, perfeitamente, ocorrer com o adolescente.

O juiz, ao prolatar a sentença socioeducativa, deverá observar o disposto no art. 6º do ECA, que exige o respeito à condição peculiar do adolescente, como pessoa em processo de desenvolvimento.

A escolha da medida socioeducativa e/ou protetiva a ser aplicada deverá, como substrato, considerar a natureza do ato infracional, as circunstâncias, a personalidade e a situação familiar e social do infrator. Se tais dados não constarem nos autos o juiz poderá requisitar à equipe interprofissional estudo social ou psicossocial para congregar os elementos necessários à avaliação do caso.

Nada impede que o juiz, ao analisar o caso concreto, perceba a necessidade de combinar a aplicação de medidas socioeducativas com as protetivas, descritas no art. 101 do ECA.

Identificada a natureza da medida socioeducativa como sanção de natureza penal,[84] a decisão proferida pelo juiz culminará em sua execução, com programas pedagógicos e educativos, devendo preencher os necessários requisitos de um título executivo. Em outras palavras, a decisão que aplica a medida socioeducativa tem natureza con-

---

tucional a adoção de parecer do Ministério Público, como razões de decidir, se nele não há fundamentação alguma que justifique a medida adotada" (TJDF, HC 2707/98, j. 26.3.1998, 2ª Turma Criminal, rel. Getulio Pinheiro, *DJDF* 6.5.1998, p. 34).

84. Cf. Wilson Donizeti Liberati, *Adolescente e ato infracional – Medida sócioeducativa é pena?*, p. 127.

INTERCALAÇÃO DAS GARANTIAS PROCESSUAIS PENAIS NA CF E NO ECA   129

denatória e, como as demais decisões judiciais da mesma natureza, deve conter a fundamentação exigida pela Lei Maior.

A validade da sentença reside na sua fundamentação. A Constituição Federal consagrou, no art. 93, IX, a motivação dos atos decisórios. A norma constitucional foi extensa ao ordenar que *todas* as decisões contivessem a exigência do fundamento, excepcionando da obrigatoriedade somente os despachos de mero expediente. Em face disso, o mandamento constitucional incluiu a sanção de *nulidade* da decisão, constatada a ausência de fundamentação ou de qualquer outro vício de motivação.

A motivação das decisões, para Antonio Magalhães Gomes Filho, além de representar um requisito formal essencial de validade, reveste-se de importância para o esclarecimento e correta interpretação do ato decisório, com o fim de delimitar seu conteúdo e alcance da coisa julgada. Considera, ainda, o autor que a motivação da decisão judicial exerce *função instrumental* em relação às demais garantias processuais.[85]

Ínsita à instrumentalidade da motivação, segue-se que esta assume o papel de verdadeira *garantia processual*, na medida em que possibilita a perfeita cognição do processo, constituindo o resultado da verificação pelo juiz de todas as situações de fato e de direito.

É mediante a motivação, que o juiz apresentará os argumentos fundantes de sua decisão, demonstrando justiça, correção e validade da escolha da medida a ser deduzida ao infrator, extraindo da ordem jurídica a conformação legal ao fato, apresentando a solução para o caso concreto.

Por outro lado, a motivação das decisões judiciais exige a intervenção de um juiz *independente* e *imparcial*, em vista da objetividade do julgamento e do desinteresse pessoal do juiz em relação às partes.

Segue, de igual modo, a importância da motivação das decisões judiciais, em sua função instrumental, à vista da possibilidade do *contraditório*, ou seja, de demonstrar que o processo desenvolveu-se sob a participação e fiscalização das partes. Ao permitir o controle dos atos processuais, realizado pelas partes e pelo juiz, este chega à decisão assegurando a efetividade do contraditório.

85. *A motivação das decisões penais*, pp. 95-96.

130   PROCESSO PENAL JUVENIL

Além do mais, a motivação da sentença configura-se um controle da atuação dos juízes pelos órgãos superiores, à vista da garantia do *duplo grau de jurisdição*. A possibilidade de revisão da decisão exige do julgador *a quo* um esforço para delinear todos os passos que o conduziram à decisão.

Além das funções instrumentais da motivação acima citadas Antonio Magalhães Gomes Filho ressalta sua importância como *garantia da publicidade* dos atos processuais.[86] De fato, é estreita a interação entre a motivação e a publicidade, porque elas representam a excelência das garantias, quando conferem efetividade às demais, tornando-se, assim, os instrumentos para a tutela das garantias processuais.

Todos esses aspectos funcionais da motivação devem estar presentes na sentença que define a medida socioeducativa. A ausência deles, ou mesmo de um só deles, eiva de nulidade o decreto judicial tornando-o imprestável como título executório.

Como de fato representa, a motivação da sentença *justifica* o poder do Estado, que exerce o controle social através da decisão. Disso deriva que a sentença motivada ou justificada vincula-se, intrinsecamente, à legalidade e não apenas à sua conformação ao fato.

De fato, a solução dos conflitos não é mecânica ou automática, mas exige, além da escolha da regra, a interpretação e a verificação da harmonia de seu conteúdo com os preceitos maiores da lei fundamental. Com acerto, lembrou Luigi Ferrajoli que "a jurisdição já não é a simples sujeição do juiz à lei, mas também análise crítica de seu significado como meio de controlar sua legitimidade constitucional".[87]

Em conseqüência, a conformação do fato à norma pressupõe, também, a certeza do direito e da estabilidade jurídica, a independência e separação de poderes e de proteção individual dos direitos fundamentais.

A sentença coloca o infrator numa situação processual distinta da que gozava durante o processo de conhecimento. A presunção de inocência, que o amparava, desvanece-se com a sentença condenatória.

---

86. *A motivação das decisões penais*, p. 104.
87. "Derechos fundamentales", in *Derechos y garantías: la ley del más débil*, p. 68.

INTERCALAÇÃO DAS GARANTIAS PROCESSUAIS PENAIS NA CF E NO ECA   131

No momento da execução o infrator deverá sujeitar-se ao cumprimento forçado pela medida imposta.[88]

Entretanto, a inexistência de parâmetros definidores da execução de medida socioeducativa[89] pode induzir os juízes a aplicar a inflição, conforme os meios executórios de que dispõem em suas comarcas. As políticas de atendimento ao adolescente infrator, que deveriam incluir a retaguarda executória com meios e estabelecimentos adequados, são raras e, por isso, desrespeitam os direitos individuais do socioeducando.

Diante da lacuna apresentada na lei especial, considera-se oportuna a utilização dos requisitos formais e retóricos da sentença penal, para a verificação dos fatos e sua apreciação judicial.

Para efetivar a sentença penal socioeducativa, advoga-se a permissibilidade da utilização desses requisitos como argumentos complementares da sua justificação.

Além da motivação da sentença, obrigatória e imprescindível, o juiz deve respeitar as garantias processuais penais, as comuns e as especiais, sobretudo as especificadas nos arts. 110 e 111 do ECA, que irão assegurar o regular desenvolvimento do processo penal de conhecimento.

4.10 A individualização da medida socioeducativa

A definição da natureza jurídica da medida socioeducativa está intrinsecamente relacionada à sua imposição na sentença, à sua execução e ao controle a ser realizado pela autoridade judiciária. A legalidade de sua execução, entretanto, resulta, também, em aferir a individualização da medida,[90] que foi disciplinada pelo Estatuto de maneira diversa daquela prevista na Lei Penal.

---

88. Cf. Vicente Gimeno Sendra, Victor Moreno Catena e Valentin Cortés Domingues, *Derecho procesal penal*, p. 797.

89. Está em análise a Proposta de Lei de Execução de Medidas Socioeducativas, no âmbito do Conselho Nacional dos Direitos da Criança e do Adolescente – CONANDA, cuja minuta foi preparada pela ABMP – Associação Brasileira de Magistrados e Promotores de Justiça da Infância e da Juventude, de cuja comissão participou o autor.

90. A individualização da medida é composta pelas regras de proteção da personalidade e da proporcionalidade; a *personalidade* determina que a medida seja dirigida àquela pessoa individualmente considerada, não podendo ultrapassá-la; a *proporcionalidade* implica que, na execução, a medida e sua forma de cumprimento

No Código Penal, a pena (principalmente a de privação da liberdade) foi quantificada em mínimos e máximos, bem definidos, dependendo da infração penal praticada e das condições pessoais do infrator. Para cada crime ou contravenção penal há a previsão específica da pena, estabelecida em parâmetros de mínimo e máximo, que permitem o juiz fixar o *quantum* exato. O Estatuto, ao arrolar as medidas socioeducativas não optou pelo mesmo critério temporal preferindo instituir mecanismo próprio.

Diante da previsão diferenciada, pretendida pelo Estatuto, em relação à individualização da medida, o juiz da sentença não terá outros parâmetros de fixação da sanção, senão aqueles que, analisados em conjunto, consideram a capacidade do adolescente para cumpri-la, as circunstâncias e a gravidade da infração, conforme dispõe o seu art. 112, § 1º.

Estes parâmetros abstratos permitem que o juiz escolha, dentre as medidas, a mais adequada ao caso concreto. Tal técnica permite, igualmente, a espontaneidade judicial na fixação da restrição, o que pode ferir as regras constitucionais da prévia cominação legal da pena (CF, art. 5º XXXIX) e de que nenhuma pena passará da pessoa do condenado (CF, art. 5º, XLVI).

Admitir um microssistema de imposição de sanção penal, mesmo que nominada taxativamente – como é o caso do art. 112 do ECA – e, num segundo momento recusar, o legislador, a estabelecer critérios mais objetivos em seus termos iniciais e finais e de deixar, ao exclusivo critério do juiz, a escolha da medida "mais adequada" ao caso concreto, possibilita a violação do direito individual do adolescente de ter um sistema fixo e previsível de sanções individualizadas.

A doutrina não apaziguou o tema.[91] A ausência da individualização da medida recebeu de Antonio Carlos Gomes da Costa a respos-

---

devem estar de acordo com a realidade vivida pelo condenado. A proporcionalidade, como garantia individual, assegura que a medida seja executada dentro do marco constitucional, de respeito à dignidade do sentenciado e não em função dos anseios sociais. Cf. também, Carmen Silvia de Moraes Barros, *A individualização da pena na execução penal*, pp. 132-133, que afirma que a "individualização da pena é feita em três momentos, distintos, porém integrados, quais sejam: da individualização legislativa, da individualização judicial e da individualização executória".

91. 1) STF, HC 69.480/SP, 2ª T., rel. Min. Paulo Brossard, *DJU* 27.11.1992, p. 22.302: "Não há prazo fixado de internação, a teor do § 2º do art. 121 do ECA, devendo a medida ser reavaliada a cada 6 meses"; 2) TJSP, ACv 16.563-0, rel. Nigro

INTERCALAÇÃO DAS GARANTIAS PROCESSUAIS PENAIS NA CF E NO ECA   133

ta de que "o fato de a medida privativa de liberdade não comportar prazo determinado, prevista a sua reavaliação, no máximo, a cada seis meses, insere, no processo socioeducativo, o mecanismo de reciprocidade, fazendo com que o seu tempo de duração passe a guardar uma correlação direta com a conduta do educando e com a capacidade por ele demonstrada de responder à abordagem sócio-educativa".[92]

Em apoio a esta tese, Emilio García Méndez defende que o "caráter indeterminado da privação de liberdade estabelecido no § 2º [do art. 121 do ECA] não deve ser confundido, de modo algum, com o caráter indeterminado das sentenças no velho Direito tutelar, que trazia risco para as crianças (...) O caráter indeterminado constituía-se, assim, em uma medida de proteção abstrata da sociedade e de desnecessária punição concreta do indivíduo. Agora, conforme o Estatuto, o caráter indeterminado funciona a favor da proteção (integral) da pessoa humana em desenvolvimento. O limite máximo da privação de liberdade é taxativamente fixado em três anos pelo § 3º [do art. 121 do ECA] (...)".[93]

Hodiernamente, a individualização da pena – e da medida socioeducativa – é parte integrante da dogmática jurídico-penal e não mais poderá ficar exposta à discricionariedade e subjetividade do juiz. Carmen Silvia de Moraes Barros concorda que possa haver mitigação a este fato, anotando que, enquanto a fixação da pena não se ativer a critérios puramente matemáticos, será inevitável certa dose de discricionariedade e de subjetividade do juiz.[94]

Este mesmo pensamento é difundido por Winfried Hassemer: "é lógico aceitar que a valoração judicial dos elementos de fato relevantes para a determinação da pena não se expressem plenamente na sentença. Sempre haverá uma parte de referida valoração que permaneça oculta, que fique no âmbito da *conviction intime*".[95]

Conceição; 3) *JTJ* 143/110; 145/124; *RT* 696/442; 4) Em posição contrária, que postula que a estipulação de prazo certo para a internação viola o preceito contido no § 2º do art. 121 do Estatuto: *JTJ* 145/124; *RJTJRGS* 153/407 e 156/368.

92. *Estatuto da Criança e do Adolescente comentado: comentários jurídicos e sociais*, p. 415.

93. *Estatuto da Criança e do Adolescente comentado: comentários jurídicos e sociais*, p. 414.

94. *A individualização da pena na execução penal*, p. 118.

95. *Fundamentos del derecho penal*, p. 145.

136 PROCESSO PENAL JUVENIL

mina que sua manutenção deva ser reavaliada, no máximo, a cada seis meses, sendo de três anos seu termo final, com liberação compulsória aos vinte e um anos de idade. Convém lembrar, todavia, que as medidas privativas de liberdade têm sua aplicação e execução regidas pelas regras da excepcionalidade, brevidade e respeito à condição peculiar de pessoa em desenvolvimento do adolescente.[105]

Os parâmetros temporais de fixação e individualização de medida socioeducativa, previstos no Estatuto, para a fixação da medida socioeducativa são insuficientes para seu mister, em face da inimputabilidade penal gravada no art. 228 da Constituição Federal.

Pode-se afirmar, no entanto, que a medida socioeducativa se desiguala da pena pela finalidade, forma de individualização e de execução, em vista do agente diferenciado.

4.11 Fixação de prazo razoável de duração do processo de apuração do ato infracional

O Estatuto incorporou, parcialmente, em seu art. 183, a garantia processual penal da fixação de prazo de duração do processo de apuração do ato infracional.[106] À autoridade judiciária são concedidos 45 dias para a conclusão de procedimento de apuração de ato infracional, somente na hipótese de estar o infrator *internado provisoriamente*.

105. 1) "A internação somente deve ser admitida em casos excepcionais, quando baldados todos os esforços à reeducação do adolescente, mediante outras medidas sócio-educativas" (TJSP, ACV 22.716.0, rel. Yussef Cahali); 2) "A medida de internação somente deve ser determinada em casos excepcionais e por períodos curtos, visto que a criança e o adolescente não devem ser privados do convívio da família" (STJ, HC-SP 8836). No mesmo sentido, também do STJ: HC-SP 8220; 3) "O sistema de internação, previsto no Estatuto da Criança e do Adolescente, foi instituído como medida excepcional, somente aplicável nas expressas hipóteses descritas na Lei. Trata-se de medida extrema, que somente se justifica quando a infração é grave e outra medida, mais branda, não se mostra eficaz para a recuperação do menor" (STJ, HC-SP 8443).

106. *RT* 687/294: "O prazo a que se refere o art. 183 do ECA refere-se ao procedimento perante o juízo de 1º grau, não podendo abranger o período do procedimento recursal, tanto assim que os recursos estão regulados no Capítulo IV do Título VI, enquanto os procedimentos situam-se no Capítulo III deste mesmo Título".

INTERCALAÇÃO DAS GARANTIAS PROCESSUAIS PENAIS NA CF E NO ECA   137

Este prazo é concedido, pela lei, em virtude da disposição do art. 108, do Estatuto, que orienta que "a internação, antes da sentença, pode ser determinada pelo prazo máximo de quarenta e cinco dias".[107]

Fixando um prazo único de 45 dias para o término do processo, a autoridade judiciária se encarregará de distribuir, entre os atos processuais típicos (como recebimento da representação, designação e realização da audiência, a busca coercitiva do adolescente que não compareceu à audiência) o tempo para sua finalização.

Neste caso específico, o prazo de 45 dias é improrrogável, lembrando Paulo Afonso Garrido de Paula que ele "não poderá ser dilatado sob qualquer justificativa, decorrendo de sua inobservância constrangimento ilegal reparável via *habeas corpus*".[108] Prossegue o autor esclarecendo que "tamanha foi a preocupação do legislador, que estabeleceu como figura criminosa a conduta da autoridade que descumprir, *injustificadamente*, prazo fixado em benefício de adolescente privado de liberdade (art. 235 do ECA)".[109]

O legislador estatutário não teve a mesma preocupação temporal em relação ao infrator menor de 18 anos que se encontra em liberdade. Para estes, não há fixação de prazos para a realização dos atos processuais, a não ser aqueles representados pelas expressões: "será, *desde logo*, encaminhado" (arts. 171, 172, 175 e 186); "será *prontamente* liberado" (art. 174); "*no mesmo dia* ou, sendo impossível, no *primeiro dia útil imediato*" (art. 174); sendo impossível a apresentação *imediata*, a autoridade policial encaminhará o adolescente a entidade de atendimento, que fará a apresentação ao representante do Ministério Público *no prazo de vinte e quatro horas*" (art. 175, §§1º e 2º); a "autoridade policial encaminhará *imediatamente*" (art. 176); o representante do Ministério Público (...) procederá a *imediata* e informalmente à sua oitiva" (art. 179); "o adolescente deverá ser *ime-*

---

107. O referido prazo deve ser computado em caso de execução de medida socioeducativa privativa de liberdade, a exemplo da autorização prevista no art. 672, I e II, do CPP, equivalentes à prisão preventiva e prisão provisória.
108. TJSP, HC 68.189-0/9, Diadema/SP, rel. Des. Yussef Cahali, j. 13.1.2000: "*Habeas corpus* – Impetração em virtude de excesso de prazo de internação provisória do adolescente, em procedimento que apurava a prática de ato infracional – Comprovação de que o prazo foi extrapolado em 5 dias – Excesso de prazo justificado pela demora do laudo toxicológico – Informação relevante, que poderia beneficiar o menor – Justificativa que desconfigura o constrangimento ilegal – Ordem denegada".
109. *Estatuto da Criança e do Adolescente comentado: comentários jurídicos e sociais*, p. 560.

diatamente transferido" (art. 185, § 1º); "não podendo ultrapassar o prazo máximo de *cinco dias*" (art. 185, § 2º); "o advogado constituído ou o defensor nomeado, *no prazo de três dias*" (art. 186, § 3º); "o adolescente internado, será *imediatamente* colocado em liberdade" (art. 189, parágrafo único).

A lei teve a clara intenção de estabelecer um procedimento rápido, que pudesse, no mais curto prazo de tempo, chegar à verdade material. A fixação de prazo razoável para o termo do processo de apuração de ato infracional ganhou destaque no número 20.1 das Regras de Beijing, que assegura que "todos os casos tramitarão, desde o começo, de maneira expedita e sem demoras desnecessárias".

Um exemplo claro da pretendida agilidade processual está previsto no art. 182, § 1º, do ECA, quando permite a instalação de sessão diária, pela autoridade judiciária, para o recebimento da representação deduzida oralmente.

O procedimento para a apuração de ato infracional, descrito nos arts. 171 a 190 do ECA, pretende ser célere e a contagem dos prazos dos atos processuais, fixada de forma diversa daquela prevista na lei processual penal, enseja o desenvolvimento de um procedimento mais ágil.

Ao não definir objetivamente os prazos processuais, pela ausência de prazo fixo e razoável de apuração de ato infracional, o Estatuto pode ter permitido a violação do preceito constitucional, que assegura a todos a sujeição à lei (CF, art. 5º, II).

Em face da disposição constitucional prevista no § 2º do art. 5º, destacam-se os arts. 5º, n. 5 e 8º, n. 1, da Convenção Americana sobre Direitos Humanos[110] (Pacto de São José da Costa Rica), que garante que "os menores, quando puderem ser processados, devem ser separados dos adultos e conduzidos a tribunal especializado, *com a maior rapidez possível,* para seu tratamento (...)" e "toda pessoa tem direito a ser ouvida, com as devidas garantias e dentro de um *prazo razoável* (...)" (grifo nosso).

Embora tenha o legislador pretendido instalar um procedimento rápido, utilizou-se de termos inexatos e imprecisos, que podem ser interpretados subjetivamente, favorecendo a tibieza das promoções processuais e colocando em risco o direito ao devido processo legal e

110. Decreto 678, de 6.11.1992, *DOU* 9.11.1992.

INTERCALAÇÃO DAS GARANTIAS PROCESSUAIS PENAIS NA CF E NO ECA   139

penal, cuja garantia admite a realização de um procedimento célere, imparcial e justo.

De qualquer maneira, o assunto pacificou-se na legislação pátria com o advento do inciso LXXVIII no art. 5º, inserido no contexto normativo pela Emenda Constitucional 45/2004, dispondo que "a todos, no âmbito judicial e administrativo, são assegurados a razoável duração do processo e os meios que garantam a celeridade de sua tramitação". O procedimento de apuração de ato infracional e, principalmente, o de execução de medidas socioeducativas deve ser célere, o que, aliás, já estava determinado pela Constituição Federal quando instituiu o atendimento prioritário dos direitos de crianças e adolescentes.

Breve resumo das garantias processuais penais de crianças e adolescentes[111]

GARANTIAS PROCESSUAIS	ESTATUTO DA CRIANÇA E DO ADOLESCENTE	CONSTITUIÇÃO FEDERAL
Devido processo legal	art. 110	art. 5º, LIV
Pleno e formal conhecimento da acusação	art. 111, I	art. 5º, LII e LIV
Igualdade na relação processual e defesa técnica por advogado	art. 111, II e III	arts. 5º, *caput*, LIV, LV, e 133
Assistência judiciária gratuita	art. 111, IV	arts. 5º, LXXIV, e 134
Apreensão (prisão) em flagrante ou por ordem judicial	arts. 171 e 172	art. 5º, LXI
Direito de ser ouvido pessoalmente pela autoridade competente	art. 111, V	
Direito de solicitar a presença de seus pais ou responsável em qualquer fase do procedimento	art. 111, VI	
A sentença motivada que impõe medida socioeducativa	art. 186, §§ 1º e 4º	art. 93, IX
Proteção contra tortura e tratamento desumano ou degradante	arts. 5º, 18 e Lei n. 9.455/1997, art. 1º, 4º, II	art. 5º, III

111. Quadro elaborado por Eduardo Borges Oliveira, in *A defesa dos direitos da humanidade infanto-juvenil pela ótica da radicalidade constitucional*.

Capítulo 5

LIMITES CONSTITUCIONAIS DA EXECUÇÃO DE MEDIDA SOCIOEDUCATIVA

5.1 A natureza jurídica da medida socioeducativa. 5.2 O acesso à justiça (penal) como garantia de efetividade do processo de execução da medida socioeducativa – Jurisdicionalização da execução. 5.3 Correlação da regra da legalidade na execução da medida socioeducativa e da execução penal. 5.4 O controle da legalidade na execução da medida socioeducativa.

5.1 A natureza jurídica da medida socioeducativa

A Lei n. 8.069/1990 instituiu dois grupos de medidas socioeducativas: a) as não privativas de liberdade (Advertência, Reparação do dano, Prestação de serviços à comunidade e Liberdade Assistida), a serem cumpridas em meio aberto; e b) as privativas de liberdade (semiliberdade e Internação), geralmente cumpridas em regime semiaberto ou fechado.

A definição da natureza jurídica da medida socioeducativa tem dividido opiniões. De um lado, há os que sustentam que a medida socioeducativa é despida do caráter sancionatório, e, por assim dizer, punitivo.[1] De outro, os que afirmam que as medidas socioeducativas comportam "aspectos de natureza coercitiva, vez que são punitivas aos infratores, e aspectos educativos no sentido da proteção integral e oportunizar o acesso à formação e informação, sendo que, em cada

1. Cf. Olympio de Sá Sotto Maior Neto, in *Estatuto da Criança e do Adolescente comentado: comentários jurídicos e sociais*, p. 340.

142 PROCESSO PENAL JUVENIL

medida, esses elementos apresentam graduação, de acordo com a gravidade do delito cometido e/ou sua reiteração".[2]

A Lei n. 8.069/1990, ao identificar as medidas socioeducativas no rol taxativo do art. 112, destinadas exclusivamente aos adolescentes autores de ato infracional, preocupou-se mais em fazer uma abordagem científica sobre a garantia dos direitos infanto-juvenis do que definir juridicamente aquelas medidas.

Em verdade, a citada lei não pretendeu dar caráter sancionatório-punitivo-retributivo às medidas socioeducativas; porém, outro significado não lhes pode ser dado, vez que estas correspondem à resposta do Estado à prática de ato infracional e, por isso, assumem o caráter de inflição/sanção, a exemplo das penas, e não de prêmio.

É certo que o novo Direito da Criança e do Adolescente, diversamente daquele disposto na Lei n. 6.697/1979, ao propor uma releitura sobre a prática do ato infracional, separando os procedimentos apuratórios por critérios etários, quis dar uma nova dimensão às medidas aplicadas aos infratores menores de 18 anos.

Já anotamos[3] que essa nova perspectiva, sem dúvida, revela o caráter impositivo (coercitivo), sancionatório e retributivo das medidas socioeducativas. É impositivo, porque a medida é aplicada independentemente da vontade do infrator; é sancionatório, porque, com a ação ou omissão, o infrator quebra a regra de convivência social; é retributivo, por ser uma resposta ao ato infracional praticado.

Com a permissão constitucional, exarada na segunda parte do art. 228, segundo a qual "são penalmente inimputáveis os menores de dezoito anos, sujeitos às *normas da legislação especial*", possibilita-se concluir que o adolescente, quando pratica um ato infracional, está sujeito às sanções previstas na legislação especial.[4]

2. Cf. Mário Volpi, *O adolescente e o ato infracional*. p. 20. Ver também: Antônio Fernando do Amaral e Silva, "O mito da inimputabilidade penal e o Estatuto da Criança e do Adolescente", *Revista da Escola Superior da Magistratura do Estado de Santa Catarina*, nov./1998; João Batista Costa Saraiva, *Adolescente e ato infracional: garantias processuais e medidas socioeducativas*.
3. Wilson Donizeti Liberati, *Adolescente e Ato infracional – Medida sócio-educativa é pena?*, p. 127.
4. ApCrim 97.009613-5, TJSC, rel. Des. Antonio Fernando do Amaral e Silva: "O artigo 228 da Constituição, ao conferir inimputabilidade penal até os dezoito anos, ressalvou sujeição *às chamadas normas da legislação especial*. Essas, por sua

LIMITES CONSTITUCIONAIS DA EXECUÇÃO DE MEDIDA SOCIOEDUCATIVA 143

Em outras palavras, o infrator menor de 18 anos *responde* pela prática do ato infracional, ante as disposições contidas na Lei n. 8.069/1990, assim como nas demais regras de controle social. Ou seja, o infrator será coagido a ajustar sua conduta, por meio de ações do poder estatal, em virtude do ilícito praticado.[5]

A atenuação dessa responsabilidade obedece à condição especial do sujeito (adolescente)[6] e à diferença de grau entre maiores e menores, para permitir o estabelecimento de sanções diferentes ou específicas por sua qualidade de ser aplicada a menores de idade.

Essa posição foi consagrada pela Organização das Nações Unidas, na Convenção sobre os Direitos da Criança,[7] que instituiu a responsabilidade penal *atenuada*, em face da menoridade daqueles que praticam infrações tipificadas pela lei penal como delito.

Ao lado do caráter repressivo, trazido pela responsabilidade do direito penal comum, a "responsabilidade penal" no direito juvenil desenha uma finalidade específica, de natureza sócio-pedagógica de criar no jovem uma consciência de valoração jurídica de seus atos – e não só um compromisso assistencial, como permitia a legislação anterior à CF de 1988.

Esse pensamento coaduna-se com o de Basileu García para quem a "responsabilidade não se considera como sinônimo de imputabili-

vez, estabeleceram, como dito, a chamada responsabilidade penal juvenil. (...) Aos adolescentes (12 a 18 anos) não se pode imputar (atribuir) responsabilidade frente a legislação penal comum. Todavia, podendo se lhes atribuir responsabilidade com base nas normas do Estatuto próprio, respondem se submetendo a medidas socioeducativas de inescondível caráter penal especial. (...) Embora inimputáveis frente ao Direito Penal Comum, os apelantes são imputáveis diante das normas da lei especial, o Estatuto da Criança e do Adolescente e, por isso, respondem penalmente, face o nítido caráter retributivo e socioeducativo das respectivas medidas, o que se apresenta altamente pedagógico sob o ângulo dos direitos humanos de vítimas e vitimizadores. Além disso, de boa política criminal, em que respostas justas e adequadas servem como elemento indispensável à prevenção e repressão da delinqüência juvenil".

5. João Batista Costa Saraiva, *Desconstruindo o mito da impunidade – Um ensaio de direito (penal) Juvenil*, p. 75. É necessário frisar que, em virtude da ordem constitucional exarada no art. 228 da CF, os menores de 18 anos não são considerados "culpados", pelas infrações penais praticadas, estando "sujeitos às normas da legislação especial".

6. ECA, art. 6º.

7. Art. 40, do Decreto n. 99.710, de 21.11.1990, ratificado pelo Congresso Nacional pelo Decreto Legislativo 28, de 14.9.1990.

144 PROCESSO PENAL JUVENIL

dade e sim, mais precisamente, como decorrência da imputabilidade. Esta representa um pressuposto daquela, tal qual acontece com a ilicitude do comportamento, a qual também constitui pressuposto da responsabilidade, ou seja, uma condição para que o agente responda pelo seu ato e sofra as correspondentes conseqüências penais".[8]

José Frederico Marques é da mesma opinião: "a responsabilidade é o termo que se refere às conseqüências jurídicas da conduta: '*é l'obbligatio di subire la conseguenza giuridica*', como diz Battaglini. Ou então, focalizada nos domínios jurídico-penais, a obrigação de suportar as conseqüências jurídicas do crime".[9]

Embora agregada à natureza aflitiva, a medida socioeducativa, como o próprio nome sugere, é executada com finalidade pedagógico-educativa, para inibir a reincidência, como prevenção especial e garantir a efetivação da justiça.[10]

Ainda que a finalidade da medida socioeducativa seja a de reordenar os valores de vida e de impedir a reincidência do infrator, sua aplicação comporta sempre uma restrição de direitos, que decorre da prática de um ato tipificado como delito pela lei penal.[11]

Posto isto, nota-se que a principal diferença entre a medida socioeducativa e a pena não está situada no seu *conteúdo,* mas, sobretudo, na condição especial do agente receptor (adolescente) e no *modus operandi* de sua execução.

De maneira mais simples, pode-se dizer que o sistema de penas proposto pelo Código Penal centraliza sua resposta na infração penal, quando estabelece a restrição de direitos ou da liberdade, fixando o tempo de seu cumprimento (art. 33) e sua intensidade, que designará o regime de cumprimento; em seguida, considera as condições e circunstâncias pessoais do agente.

8. *Instituições de direito penal*, p. 358.
9. *Curso de direito penal*, p. 164. Cf., também, Giandomenico Romagnosi, *Génesis del derecho penal*, p. 483; Antonio Carlos da Ponte, *Inimputabilidade e processo penal*, p. 22.
10. Na verdade, a finalidade da pena, da medida de segurança e da medida socioeducativa deve estar adequada à nova concepção de Estado Democrático de Direito, que, com suas limitações e mecanismos, se funda no dever jurídico de garantir a justiça. Cf. Eberhard Schmidt, *Los fundamentos teóricos y constitucionales del derecho procesal penal*, p. 221.
11. ECA, art. 103.

LIMITES CONSTITUCIONAIS DA EXECUÇÃO DE MEDIDA SOCIOEDUCATIVA   145

Por sua vez, o sistema de resposta estatal à prática de ato infracional, adotado pela Lei n. 8.069/1990, considera, primordialmente, a pessoa[12] que o praticou, não estabelecendo vínculo desta ou daquela medida ao tipo penal praticado. Tal critério será de livre escolha do julgador, que fixará a medida socioeducativa mais adequada à socialização do infrator.

Na expressão de Flávio Américo Frasseto, "exsurge como falsa a dicotomia entre pena e medida socioeducativa. Ambas objetivam a defesa da sociedade pela educação e ressocialização do infrator. Ambas constituem respostas legais e oficiais a um comportamento individual indesejado, tipificado como crime. Ambas visam a refrear a reincidência, submetendo o transgressor a um programa coercitivo de aprendizado, o qual funciona como resposta punitiva, no sentido behaviorista do termo. Ambas atuam na prevenção geral, desestimulando as condutas que eliciam tais respostas punitivas do Estado. Neste passo, viável afirmar-se que a pena é socioeducativa e que a medida socioeducativa é punitiva. Seus objetivos são os mesmos: defender a sociedade das condutas criminosas por meio da prevenção geral e da educação e ressocialização do infrator".[13]

Portanto, a medida socioeducativa, em sua natureza jurídica, equipara-se à pena, cujo significado implica sanção aplicada como punição ou como reparação por uma ação julgada repreensível. Sua execução, no entanto, deve ser instrumento pedagógico, visando a ajustar a conduta do infrator à convivência social pacífica, sob o prisma da prevenção especial, voltada para o futuro.

5.2 O acesso à justiça (penal) como garantia de efetividade do processo de execução da medida socioeducativa – Jurisdicionalização da execução

Para o estudo da legalidade da execução de sentença socioeducativa de infratores menores de 18 anos, principalmente as privativas de liberdade, deve-se assentar, em primeiro lugar, que a proteção jurídica somente se tornará eficaz quando garantir o direito a um processo

---

12. Considerando sua condição especial de pessoa em desenvolvimento – ECA, art. 6º.

13. Encontrado em www.abmp. org.br/forumX/esboco_roteiro.htm.

146 PROCESSO PENAL JUVENIL

de execução de sentenças *pelos tribunais* e não por órgãos administrativos.[14]

O que importa, afirma Antonio Scarance Fernandes é "evidenciar que a execução penal e jurisdicional representa, antes de tudo, admitir a existência de um processo de execução cercado das garantias constitucionais, marcado pela presença de três sujeitos principais dotados de poderes, deveres, direitos, obrigações e, por conseguinte, implica em aceitar que o condenado é titular de direitos".[15]

Destaca-se que a atividade executória sobreleva-se na medida em que ressalta a verdadeira finalidade da jurisdicionalização, ou seja, na garantia de um devido processo penal, com respeito ao contraditório, ampla defesa e postura independente e imparcial do juiz.

Por este prisma, a garantia do direito à jurisdição pressupõe a obrigação do Estado em fornecer os meios materiais e jurídicos adequados e necessários, para o exato cumprimento de uma sentença, proferida por um juiz regularmente investido. Na exata expressão de Antônio Fernando do Amaral e Silva, o "juiz não é administrador, é juiz! Julga conflitos de interesses, lides, litígios. Julga o mérito ou, quando muito, previne litígios (jurisdição graciosa). Seus atos se exteriorizam, em qualquer caso, através do processo. Sem processo não há juiz, muito menos função jurisdicional".[16]

Insofismável, portanto, é a intercalação entre o direito à jurisdição e a regra da legalidade, cujas garantias nortearão o devido processo penal de execução de medidas socioeducativas.

14. A observação é pertinente tendo em vista que, em alguns países da América Latina (Bolívia e Equador), o sistema de atendimento a direitos de "menores" está subordinado a um órgão com funções meramente administrativas. Em relação à execução penal para os maiores de 18 anos, Adhemar Raymundo da Silva considera ser a atividade judicial de natureza administrativa (cf. "Execução Penal", *Estudos de direito processual penal*, pp. 57-68). Aliás, a preocupação dos juristas foge da questão simplista de saber se a atividade do juiz na execução é de natureza administrativa, judicial ou de ambas. A doutrina preocupa-se, atualmente, em descobrir quais os instrumentos e mecanismos hábeis para transformar as construções teóricas em efetiva atuação do direito.
15. "Reflexos relevantes de um processo de execução penal jurisdicionalizado", *Revista Brasileira de Ciências Criminais* 3(1)/84.
16. "O Estatuto, o novo direito da criança e do adolescente e a justiça da infância e da juventude", *Do avesso ao direito*, p. 269.

LIMITES CONSTITUCIONAIS DA EXECUÇÃO DE MEDIDA SOCIOEDUCATIVA 147

Por isso, insta-se fixar, com Joaquim Canuto Mendes de Almeida, o conceito de *jurisdição*, como a "função específica do Poder Judiciário", que está "em potência, como poder-dever de fazer justiça estatal, e em ato, como atividade mesma de exercerem seus agentes, que são os juízes e os tribunais".[17]

A mesma posição é sustentada por Andrea Antonio Dalla e Marzia Ferraiolli: "a jurisdição é a função exercitada por um órgão do Estado (juiz), que intervém, na qualidade de terceiro, no curso de um procedimento, para atuar o direito no caso concreto".[18]

De forma extensiva e no âmbito da jurisdição penal – área do interesse deste estudo[19] – Rogério Lauria Tucci, ao contestar os processualistas penais, que restringem a jurisdição ao *poder de dizer o direito*, afirma que a jurisdição penal consiste "na atuação do Estado, por intermédio dos órgãos do Poder Judiciário, integrantes da Justiça Criminal, com a finalidade de aplicação das normas jurídicas penais materiais positivas a um fato tido como típico, antijurídico e culpável; e das formais, disciplinadoras dos processos cognitivo e executivo nos quais essa atividade se realiza".[20]

Assinala o citado autor que, de fato, por essa definição, o julgador criminal deverá restringir-se, exclusivamente, à aplicação do direito, não sendo permitida qualquer criatividade nessa atividade, pois, um fato só é penalmente relevante quando se enquadrar, com todos os respectivos elementos, em um modelo legal, vigente e, portanto, eficaz, à época em que ocorrido.

Em adição, Rogério Lauria Tucci confirma a manifesta diferença entre os diversos tipos de jurisdição, destacadamente, entre a jurisdição civil e penal, estabelecendo que, na jurisdição penal: "a) mostra-se de todo irrelevante o conceito de lide, havendo lugar, tão só, para a consideração de um conflito de interesses (punitivo e de liberdade) de alta relevância social; b) a contenciosidade cede lugar para

17. *Processo penal, ação e jurisdição*, p. 7.
18. *Manuale di diritto processuale penale*, p. 35.
19. Escolheu-se o caráter penal da jurisdição, neste estudo, em vista de posição anterior assumida, pelo autor, em *Adolescente e ato infracional – Medida sócio-educativa é pena?*, p. 127, que afirma serem as medidas socioeducativas de natureza penal.
20. "Princípio e regras da execução de sentença penal", *Revista do Centro de Estudos Judiciários do Conselho da Justiça Federal*, p. 59.

148 PROCESSO PENAL JUVENIL

a contrariedade, que deve ser não apenas possível, mas real, indisponível, indispositiva; e c) a coisa julgada que nela se forma somente pode referir-se à causa que constitui seu objeto, qual seja a respeitante à definição de uma relação concreta de Direito Penal normativo e, ademais, conforme as circunstâncias, autoridade relativa (quando tutelar de decisão ou de sentença condenatória ou autoridade absoluta (no caso de absolvição ou salvo raríssima exceção, de declaração de extinção da punibilidade)".[21]

A jurisdição penal é, também, uma jurisdição ordinária, afirmam Andrea Antonio Dalla e Marzia Ferraioli, porque exercitada por um juiz comum, instituído e regulado pelas normas do ordenamento judiciário.[22]

A jurisdição penal tem suas características próprias, situada num processo de maneira autônoma, e regida por instituições específicas de Direito Processual Penal, exercida de maneira exclusiva. Dentro dessa concepção, pode-se, perfeitamente, adequar o sistema executório de medida socioeducativa proposto pela Lei n. 8.069/1990, vez que a jurisdição penal e suas especialidades firmam absoluta garantia de cumprimento dos mandamentos processuais penais constitucionais, em especial, aqueles destinados à apuração do ato infracional e da execução das medidas sancionatórias.

Em conseqüência, o termo *jurisdicionalização*, aqui empregado, corresponde à obrigação do Estado, que, por meio de seus agentes credenciados – juízes e tribunais –, exerce a atividade judiciária, representada pela ação de natureza penal, que culmina com a sentença penal (absolutória ou condenatória).

O poder do Estado é limitado pelos direitos individuais; as garantias processuais limitam a atividade estatal. Num Estado de Direito a intervenção estatal objetivará a defesa dos direitos dos particulares perante outros particulares. As pessoas somente poderão dirimir seus litígios perante outros indivíduos através de órgãos jurisdicionais[23] do Estado.

---

21. "Princípio e regras da execução de sentença penal", *Revista do Centro de Estudos Judiciários do Conselho da Justiça Federal*, p. 60.
22. *Manuale di diritto processuale penale*, p. 36.
23. Existem outras formas de composição de lides, tais como as Câmaras de Arbitragem, que não exercem a função jurisdicional.

LIMITES CONSTITUCIONAIS DA EXECUÇÃO DE MEDIDA SOCIOEDUCATIVA   149

A jurisdicionalização, portanto, materializa-se no direito da pessoa, de acesso aos tribunais; a eles recorre para resgatar ou garantir seu direito, que foi violado.

O direito de acesso, na expressão de José Joaquim Gomes Canotilho, verifica-se em dupla dimensão: "(1) um direito de defesa ante os tribunais e contra actos dos poderes públicos; (2) um direito de protecção do particular através de tribunais do Estado no sentido de este o proteger perante a violação dos seus direitos por terceiros (*dever* de protecção do Estado e *direito* do particular a exigir essa protecção)".[24]

A proteção judicial, exercida em *prestações* do Estado, na figura escolhida pelo citado autor, por meio de tribunais, processos jurisdicionais, justifica a afirmação corrente de que o conteúdo essencial do direito de acesso aos tribunais é a garantia da via judiciária (= "garantia da via judicial", "garantia da proteção judicial", "garantia da proteção jurídica através dos tribunais"), pontua o citado autor.

Vale ressaltar que a garantia de acesso aos tribunais deve significar a proteção jurídica por meio dos tribunais. Entretanto, a indicação de tribunal competente e a forma do processo devem ser de livre escolha do legislador.

O direito de acesso aos tribunais, em especial, de tribunais de natureza penal é um direito individual constitucional. A Constituição Federal garante, no art. 5º, XXXV, que "a lei não excluirá da apreciação do Poder Judiciário lesão ou ameaça a direito".Vale dizer que qualquer pessoa tem o direito de recorrer aos tribunais para assegurar a defesa de seus direitos e interesses, que são protegidos pelas leis.

Além de ser considerado direito individual, o acesso aos tribunais e, conseqüentemente, à justiça tem, no Estado de Direito, a dimensão de garantia institucional. A realização do direito individual à justiça materializa-se pela garantia institucional da existência dos tribunais.

A garantia da jurisdição, na lição de Antonio Carlos de Araújo Cintra, Ada Pellegrini Grinover e Cândido Rangel Dinamarco, consagra o principal objetivo do Estado de Direito, por meio da concretização dos direitos fundamentais e das garantias dos jurisdicionados,

---

24. *Direito constitucional e teoria da Constituição*, p. 483.

150 PROCESSO PENAL JUVENIL

propiciando às partes, não somente o ingresso como demandante ou defendente de seus interesses, mas, sobretudo, assegurando aquilo que ficou conhecido por "acesso à ordem jurídica justa".[25]

A busca dessa ordem jurídica justa implica reconhecer, de certa forma, o monopólio da jurisdição pelo Estado, que se identifica por duas finalidades básicas do sistema jurídico descritas por Mauro Capelletti e Bryant Garth: "primeiro, o sistema deve ser igualmente acessível a todos; segundo, ele deve produzir resultados que sejam individual e socialmente justos (...) Sem dúvida, uma premissa básica será a de que a justiça social, tal como desejada por nossas sociedades modernas, pressupõe o acesso efetivo".[26]

O sentido real do acesso à justiça deve justificar a mobilização do Estado que, por meio de mecanismos (processo e procedimentos), outorga a quem tenha direito tudo aquilo que, efetivamente, tenha o direito de conseguir, colimando com a busca do direito e da justiça.

O direito ao acesso aos tribunais, segundo José Joaquim Gomes Canotilho, implica o direito ao processo, entendendo-se que este postula um direito a uma decisão final, incidente sobre o fundo da causa, sempre que hajam cumprido e observado os requisitos processuais da ação ou recurso. Ou seja, no direito ao acesso à justiça inclui-se o direito de obter uma decisão fundada no direito, observados os requisitos ou pressupostos processuais previstos em lei.[27]

A jurisdição, pois, não se desvincula do processo. A concessão da decisão fundada no direito implica, também, a efetividade e adequação do direito assegurado.

Consciente dessa garantia, a Convenção sobre os Direitos da Criança expõe, no art. 37, letra "d", que "toda criança privada de sua liberdade tenha direito a rápido acesso à assistência jurídica e a qualquer outra assistência adequada, bem como direito de impugnar a legalidade da privação de sua liberdade perante um *tribunal ou outra autoridade competente, independente e imparcial e a uma rápida decisão a respeito de tal ação*" (grifo nosso).

25. *Teoria geral do processo*, p. 35.
26. *Acesso à justiça*, p. 8. Sobre o tema "proteção através de um processo justo", cf. J. J. Gomes Canotilho, *Direito constitucional e teoria da Constituição*, pp. 480 e ss.
27. *Direito constitucional e teoria da Constituição*, p. 485.

LIMITES CONSTITUCIONAIS DA EXECUÇÃO DE MEDIDA SOCIOEDUCATIVA   151

O artigo 40, III e V, da mesma Convenção, ressalta, de maneira enfática, que toda criança que infringiu as leis penais goze das seguintes garantias: "III – ter a causa decidida sem demora por autoridade ou órgão judicial competente, independente e imparcial, em audiência justa conforme a lei, com assistência jurídica ou outra assistência (...); V – se for decidido que infringiu as leis penais, ter essa decisão e qualquer medida imposta em decorrência da mesma submetida à revisão por autoridade ou órgão judicial superior competente, independente e imparcial, de acordo com a lei".

Em outras palavras, a garantia constitucional da jurisdição estabelece que, se o infrator menor de 18 anos pratica um ato infracional, deve ser ele submetido a uma justiça penal especializada.[28] Significa dizer que a jurisdição implica estabelecer requisitos que são essenciais à sua existência, tais como do juiz natural, independente e imparcial.[29]

Esta nova ordem, instigada pela Convenção sobre os Direitos da Criança e adotada pelo Estatuto da Criança e do Adolescente, "hierarquiza a função judicial devolvendo sua capacidade plena e específica de dirimir conflitos de interesses de natureza jurídica a um novo tipo de juiz", segundo Emilio García Méndez.[30]

Não seria possível o exercício da jurisdição, se ela não fosse alicerçada na regra constitucional da legalidade, cujo controle – institucional, legal e instrumental – deve ser materializado no momento da execução das medidas socioeducativas.

5.3 Correlação da regra da legalidade na execução da medida socioeducativa e da execução penal

Para situar a reserva legal no processo de execução de medida socioeducativa, mister, primeiro, reafirmar que a jurisdição penal é monopólio do Estado, que a exerce na forma de administração da jus-

---

28. ECA, art. 148 – Justiça da Infância e da Juventude.
29. Cf. Carlos Tiffer Sotomayor, *Ley de justicia penal juvenil – Comentada e concordada*, p. 162.
30. "Legislação de 'menores' na América Latina: uma doutrina em situação irregular", *Cadernos de direito da criança e do adolescente* 2/18.

152 PROCESSO PENAL JUVENIL

tiça criminal por seus agentes especializados – juízes e tribunais.[31] Sua finalidade precípua é aplicar "as normas jurídicas penais positivas a um fato tido como típico, antijurídico e culpável;[32] e das formais, disciplinadoras dos processos cognitivo e executivo nos quais essa atividade se realiza".[33]

Ao lado do dever-poder estatal de exercer a jurisdição penal, por meio do processo de conhecimento – seja ele de caráter declaratório, constitutivo ou condenatório – este deverá resultar numa decisão absolutória ou condenatória.[34] Neste caso, o *decisum* deverá especificar a sanção correlata à norma jurídica penal incriminadora.

Estabelecida a inflição, competirá ao órgão executório estatal "realizar concretamente a sanção especificada, mediante a realização de atos executórios, consistentes em operações jurídicas e práticas, que a tornem efetiva; vale dizer, devida e realisticamente atuada".[35]

Nas palavras de Joaquim Canuto Mendes de Almeida, as "normas penais e processuais são coativas e a elas pertinentes não só o dever de uniformizar a conduta com a vontade nelas expressada, mas também o direito subjetivo público do Estado de exigir que a vontade contida na norma do direito penal seja atuada, e, precisamente, nos modos, nas formas e nos limites prescritos pelas normas de direito processual".[36]

A regra da legalidade é sentida, de plano, na execução da sanção penal, pela existência do título executório, que será atuado na estrita observância dos fundamentos legais que orientam o procedimento.

---

31. Cf. Jorge de Figueiredo Dias, *Direito processual penal*, v. 1, p. 128. Para o citado autor, o princípio da legalidade "preserva um dos fundamentos essenciais do Estado-de-Direito, enquanto põe a justiça penal a coberto de suspeitas e tentações de parcialidade e arbítrios".

32. Em razão do disposto no art. 228 da CF, os menores de 18 anos de idade são inimputáveis, não estando sujeitos à aferição da culpabilidade.

33. Rogério Lauria Tucci, "Princípios e regras da execução de sentença penal", *Revista do Centro de Estudos Judiciários do Conselho da Justiça Federal*, p. 59.

34. Cf. Gian Domenico Pisapia, *Compendio di procedura penale*, p. 514 ("L'esecuzione penale è regolata sia da norme di diritto sostanziale sia da norme di diritto processuale. Queste ultime hanno riguardo alle condizioni e ai presupposti di eseguibilità dei provvedimento giurisdizionale").

35. Rogério Lauria Tucci, "Princípio e regras da execução de sentença penal", *Revista do Centro de Estudos Judiciários do Conselho da Justiça Federal*, p. 61.

36. *Processo penal, ação e jurisdição*, p. 113.

LIMITES CONSTITUCIONAIS DA EXECUÇÃO DE MEDIDA SOCIOEDUCATIVA 153

A propósito, lembra Vincenzo Manzini que a "execução é a atuação das disposições de um provimento jurisdicional. O provimento do juiz aplica a vontade abstrata da lei ao caso concreto. A execução, atuando as disposições do provimento jurisdicional, concretiza a vontade última da lei".[37]

Na acepção de René Ariel Dotti, "a estrita legalidade da execução da sanção penal constitui um 'desdobramento lógico' do postulado da anterioridade dos delitos e das penas, tão caro às tradições democráticas do Direito Penal liberal. A execução das penas em geral não pode ficar submetida ao arbítrio do diretor, dos funcionários e dos carcereiros das instituições penitenciárias, como se a intervenção do juiz, do Ministério Público e de outros órgãos fosse algo alheio aos costumes e aos hábitos do estabelecimento".[38]

A regra da legalidade na execução tem como objetivo, primordialmente, impedir que os excessos ou desvios de sua finalidade afetem a dignidade e a humanidade do infrator.

Em outras palavras, a Administração Pública e os órgãos jurisdicionais deverão aplicar a lei, segundo seus precisos comandos, vetada a criação de novos direitos ou obrigações, importando sua efetividade nas regras sobre as modalidades de execução das inflições impostas.

Acrescente-se que a regra da reserva legal será o instrumento que estabelecerá os parâmetros da atividade jurisdicional e administrativa, impedindo que o poder discricionário estatal seja exercido dentro dos limites definidos pela lei.[39]

Essas ponderações preliminares, de caráter geral sobre a execução, devem ser adequadas às regras da execução das medidas socioeducativas, destinadas aos infratores menores de 18 anos, previstas no art. 112 da Lei n. 8.069/1990, em virtude da natureza penal da matéria e da permissão inscrita nos arts. 103, 152 e 226, da referida lei.

---

37. *Istituzioni di diritto processuale penale*, p. 301. "L'esecuzione è l'attuazione delle disposizioni di um provvedimento giurisdizionale. Il provvedimento del giudice applica l'astratta volontà della lege al caso concreto. L'esecuzione quindi, attuando le disposizioni del provvedimento giurisdizionale, dà l'ultima concretizzazione alla volontà della legge". No mesmo sentido, Giovanni Conso e Vittorio Grevi, *Compendio di procedura penale*, p. 868.
38. "Problemas atuais da execução penal", *RT* 563/279-288.
39. Cf. Ela Wiecko V. de Castilho, *Controle da legalidade na execução penal*, p. 25.

154 PROCESSO PENAL JUVENIL

Isso significa que o princípio e regras orientadoras do processo penal de execução devem estar presentes na execução especial das medidas aplicadas ao adolescente autor de ato infracional. A começar pelo princípio publicístico, seguidas pelas demais regras dele derivadas, que incidem na ação judiciária executiva penal, tais como, da oficialidade, da judiciariedade e da verdade material ou atingível.

Na prática, resulta que a legalidade na execução da medida socioeducativa garante que ao adolescente sejam assegurados todos os direitos não atingidos pela sentença ou pela lei, da mesma forma como a execução da pena ou medida de segurança.

Pela regra da legalidade, o sistema executório de medida socioeducativa é contemplado de segurança jurídica,[40] exigindo-se que se observem os requisitos previamente estipulados pela lei, que assegurem a limitação dos direitos fundamentais do socioeducando.[41]

Além da observância legal, a regra da legalidade impõe limites à atividade executória, ajustando-a aos limites propostos na sentença judicial, impedindo o executor de dilatar seu conteúdo e inferir procedimentos administrativos outros (*v.g.* infrações disciplinares previstas nos regimentos internos, quando se tratar de medida socioeducativa privativa de liberdade) que não estejam, previamente, previstos na lei.

Sob esse aspecto, pode-se afirmar que a atividade dos centros de socialização de infratores menores de 18 anos, principalmente aqueles que executam a medida de internação ou de semiliberdade, deverá ser exercida respeitando sua dignidade, a completude dos direitos e interesses jurídicos, que não foram atingidos pela sentença impositiva da sanção.

Sob este prisma, os adolescentes poderão exercitar, livremente, seus direitos civis, políticos, sociais, econômicos e culturais desde

---

40. O termo *segurança jurídica*, aqui empregado, refere-se ao *nullum crimen nulla poena sine lege*, que incorpora a *lege promulgata* (exigência de publicidade); a *lege manifesta* (lei clara, que evite o uso de conceitos vagos e indeterminados, bem como uma delimitação precisa das conseqüências jurídicas); a *lege plena* (nenhuma conduta previamente tipificada poderá ser apenada e nenhuma conduta criminal carecerá de resposta jurídica; em casos de lacuna da lei aplicam-se os meios de integração). Cf. Carmen Silvia de Moraes Barros, *A individualização da pena na execução penal*, p. 131.

41. Cf. Carmen Silvia de Moraes Barros, *A individualização da pena na execução penal*, p. 131.

LIMITES CONSTITUCIONAIS DA EXECUÇÃO DE MEDIDA SOCIOEDUCATIVA 155

que compatíveis com o cumprimento da medida. Em outras palavras, garantem-se-lhes os direitos fundamentais referentes à vida, saúde, à integridade física, à honra, à intimidade, à liberdade religiosa, à não-discriminação; o direito à propriedade, o de contrair matrimônio, com plenitude jurídica, o direito de as mulheres adolescentes terem em sua companhia os filhos que ainda amamentam; o direito de se relacionar e de se comunicar com sua família; o direito à educação, instrução, ao trabalho e à previdência social; o direito de reunião em determinadas circunstâncias.[42]

A par disso, a regra da legalidade,[43] garantidora da lei que institui tipos penais, impõe a observância de outras regras fundamentais, a saber: a) *nullum crimen nulla poena sine lege praevia,*[44] que impede a edição de leis retroativas, que tipificam condutas ou exacerbam a punibilidade; b) *nullum crimen nulla poena sine lege scripta,* que impede o agravamento da pena com fundamento no direito costumeiro; c) *nullum crimen nulla poena sine lege stricta,* que impede a analogia *in malam partem*; d) *nullum crimen nulla poena sine lege certa,* que impede a edição de leis penais indeterminadas; e) *nulla poena sine processu* ou *nemmo damnatus sine judicio,* que resguarda os interesses envolvidos quando do surgimento da infração penal pelo devido processo penal.[45]

É certo, porém, que a regra da legalidade, aplicada aos jovens entre 12 e 18 anos de idade, infere, sobretudo, em perquirir se os atos

---

42. Cf. Javier Balaguer. Santamaría, "Derechos humanos y privación de libertad: en particular, dignidad, derecho a la vida y prohibición de torturas", *Cárcel y derechos humanos: un enfoque relativo a la defensa de los derechos fundamentales de los reclusos,* pp. 98-99.

43. Cf. Rosa Maria Cardoso da Cunha, *O caráter retórico do princípio da legalidade,* pp. 17-19, para quem as regras expressas no *nullum crimen nulla poena sine lege* e consectários "possuem caráter retórico. E isto decorre porque o sentido das palavras da lei penal não emana de sua letra ou dos limites de sua legislação escrita (...). A significação das expressões penais, de suas incriminações e penas, decorre de um complexo processo de convenção social, histórica, conjuntural, ideológica, que determina a interpretação".

44. CF, art. 5º, XL, e CP, art. 1º.

45. Além da classificação citada, Ivanira Pancheri informa que a "lei penal deve ser ainda clara, inteligível para o receptador e conseqüentemente, apta a evitar o cometimento de delitos e, determinada" (*Execução das penas restritivas de Direitos,* Capítulo 2).

156 PROCESSO PENAL JUVENIL

infracionais[46] por eles praticados podem receber o mesmo tratamento processual previsto no CPP.

Em primeiro lugar, observa-se que o artigo 152 do Estatuto dispõe, expressamente, que "aos procedimentos regulados nesta Lei aplicam-se subsidiariamente as normas gerais previstas na legislação processual pertinente".

As *regras processuais penais gerais*, para o processamento da apuração de infração penal, são as mesmas para menores e maiores de 18 anos de idade, agregando-se as específicas, deferidas aos inimputáveis pela menoridade, para atender ao mandamento constitucional previsto na parte final do art. 228.

Pode-se alinhar, a título de exemplo, algumas regras processuais específicas, de natureza penal, deferidas aos menores de 18 anos previstas na Lei n. 8.069/1990: "Art. 110. Nenhum adolescente será privado de sua liberdade sem o devido processo legal.[47] Art. 111. São asseguradas ao adolescente, entre outras, as seguintes garantias: I – pleno e formal conhecimento da atribuição de ato infracional, mediante citação ou meio equivalente;[48] II – igualdade na relação processual, podendo confrontar-se com vítimas e testemunhas e produzir todas as provas necessárias à sua defesa;[49] III – defesa técnica por advogado;[50] IV – assistência judiciária gratuita e integral aos necessitados, na forma da lei;[51] V – direito de ser ouvido pessoalmente pela autoridade competente;[52] VI – direito de solicitar a presença de seus pais ou responsável em qualquer fase do procedimento".[53]

46. Para o Estatuto, o art. 103 dispõe que: "Considera-se ato infracional a conduta descrita como crime ou contravenção penal".

47. CF, art. 5º, LIV.

48. CF, art. 5º, LV.

49. CF, art. 5º, LV.

50. CF, art. 5º, LXIII.

51. CF, art. 5º, LXXIV.

52. CF, art. 5º, LIII.

53. Essa garantia é específica para adolescentes considerados autores de infração penal. Cf. Andrea Antonio Dalla e Marzia Ferraioli, *Manuale di diritto processuale penale*, p. 52 ("L'assistenza dei servizi minorili va, altresì, assicurata al minorenne, il quale deve poter fruire anche dell'apporto affettivo e psicologico derivante dalla presenza, in ogni stato e grado del procedimento penale, dei genitori o di altra persona idonea da lui indicata ed ammessa dall'autorità giudiziaria").

LIMITES CONSTITUCIONAIS DA EXECUÇÃO DE MEDIDA SOCIOEDUCATIVA 157

Essas garantias processuais referem-se ao processo de conhecimento do ato infracional. Todavia, elas permeiam não só a construção da identificação da autoria e da materialidade, mas também o processo de execução, vez que a garantia do devido processo legal penal deverá estar presente desde a apuração do ato delituoso, passando pela prolação da decisão fundamentada, que escolheu uma das medidas socioeducativas previstas no rol do art. 112 do ECA, até da execução da medida eleita, dentro dos parâmetros fixados pela lei.

É certo, porém, que a execução de medidas socioeducativas carece de lei própria, que defina o procedimento executório, ao contrário do previsto na Lei 7.210/1984.

Na ausência de procedimento executório, existem juízes que utilizam os seguintes parâmetros para a execução de sentença que aplica medida socioeducativa, com exceção da de Advertência: a) aquelas medidas que restringem apenas direitos, a saber, Obrigação de Reparar o Dano, Prestação de Serviços à Comunidade e Liberdade Assistida são executadas em meio aberto, sob a orientação e/ou fiscalização de uma pessoa designada pela autoridade judiciária, que lhe reporta as ocorrências da execução, considerando o prazo mínimo de seis meses, assinalado no § 2º do artigo 118 do Estatuto; b) as medidas que restringem a liberdade de locomoção, como a Semiliberdade e a Internação, são executadas em estabelecimentos especiais, cujas regras estão, apenas implicitamente, delineadas nos arts. 94, 121 e 125 do ECA, firmando, quanto ao prazo de cumprimento, o limite máximo de três anos, fixado no § 3º do art. 121, com revisões a partir de seis meses de cumprimento (art. 121, § 2º).

Ao considerar apenas esses procedimentos processuais, pode-se chegar a algumas conclusões, que podem significar o desrespeito às regras processuais constitucionais e, particularmente, àquelas que tutelam a condição especial de pessoas em desenvolvimento, ou seja, dos menores de idade em conflito com a lei.

Assevera Joaquim Canuto Mendes de Almeida que "não está nas garantias pessoais do juiz, mas nas garantias processuais, o melhor meio de defesa da inocência. É o fato de poder e dever o réu intervir na ação penal de maneira eficaz para a justiça que dá ao procedimento o caráter jurisdicional. O juiz, enquanto juiz, funciona, exclusiva-

158 PROCESSO PENAL JUVENIL

mente, porque o réu é chamado a se defender e representa, no procedimento penal, a contribuição do réu à obra administrativa de realização da justiça".[54]

Em outras palavras, há flagrante violação dos direitos dos infratores menores de 18 anos, que não têm garantido, no texto legal, o devido processo legal executório das medidas socioeducativas. Corre-se o perigo de, em cada comarca, ter-se um processo de execução de medida socioeducativa diferente, apesar da boa vontade e retidão de propósitos dos juízes em cumprir a lei.

Mas a regra da legalidade intercala-se com a jurisdição. Os direitos e deveres estabelecidos na lei, como marcos da limitação da liberdade, trafegam, justapostos pela via do acesso à justiça, como forma de dar efetividade ao processo de execução das medidas socioeducativas.

5.4 O controle da legalidade na execução da medida socioeducativa

Não se pode perder de vista que, como qualquer outro setor da Administração Pública, o sistema de segurança pública (aqui representado, especialmente, pelo sistema penitenciário e de privação de liberdade para jovens) deve estar submetido ao controle e vigilância na execução das medidas e sanções estatais, particularmente sensíveis à eventual violação de direitos fundamentais das pessoas, por se tratar de privação de liberdade.

Na execução penal de adultos, as penas, objeto de controle, são, basicamente, prisão (privação de liberdade) e medida de segurança.[55]

---

54. *Processo penal, ação e jurisdição*, p. 102.

55. Em relação às medidas de segurança, o Código Penal prevê duas espécies: a) *detentiva* – consiste na internação em hospital de custódia e tratamento psiquiátrico ou, à falta, em outro estabelecimento adequado (art. 96, I); b) *restritiva* – consiste em sujeição a tratamento ambulatorial (art. 96, II). Nessa última hipótese não haverá internação. É possível, pois, aplicar medida de segurança (detentiva ou restritiva) para os infratores menores de 18 anos, que apresentam "periculosidade"? O termo aqui colocado em aspas em face do atual sistema penal, especial – para adolescentes a quem se atribui a autoria de ato infracional –, não o considera como requisito para a aplicação de medida socioeducativa. Entende-se que as medidas socioeducativas, embora de natureza penal, constituem sanções moldadas à socialização do infrator, pressupondo o desenvolvimento de práticas pedagógicas necessárias à sua finalidade. Se o infrator necessitar ficar internado, em virtude da gravida-

LIMITES CONSTITUCIONAIS DA EXECUÇÃO DE MEDIDA SOCIOEDUCATIVA 159

Embora consagre a privação da liberdade, em matéria penal juvenil, o panorama é qualitativamente diverso, em face da finalidade das medidas socioeducativas, que objetivam a prevenção especial refletindo para o futuro, a intenção de inibir a reincidência; já, na pena criminal, prepondera, em síntese, a retribuição pela prática de crime ou contravenção.

Aquilo que representa a garantia jurídica para os adultos, como o princípio da legalidade e todo o sistema de garantias substantivas e processuais, também deve ser respeitado em face da execução das medidas socioeducativas e regras processuais no âmbito da matéria penal juvenil.[56]

Destaca-se que o processo de execução de medidas socioeducativas propõe como objetivos o desenvolvimento pessoal do adolescente e de suas capacidades e a reinserção familiar e social. Propugna-se que a reinserção social é uma meta fundamental para a aplicação de qualquer sanção penal aos menores de idade. Os outros aspectos citados subsumem-se, na medida em que o desenvolvimento da personalidade implica o desenvolvimento das capacidades do adolescente.

De fato, o processo de execução deve privilegiar os instrumentos necessários para que o adolescente tenha no futuro uma vida sem conflitos de natureza penal. Para tanto, a execução, além de possibilitar o desenvolvimento do adolescente, reforça seu sentimento de dignidade e de auto-estima, minimiza os efeitos negativos que a condenação possa ter em sua vida futura e fomenta o fortalecimento dos vínculos familiares.

Para atingir esses objetivos, o processo de execução deve assentar-se em regras fundamentais, que implicam a manutenção e o forta-

de do ato praticado, o próprio Estatuto dá a solução nos arts. 123 e 125. Descarta-se a possibilidade de aplicação de medida de segurança da espécie detentiva. Se o caso, porém, for de necessidade de tratamento ambulatorial, o juiz tem a permissão do art. 101, incisos V e VI, do ECA para aplicar – cumulativamente às medidas socioeducativas – as medidas específicas de proteção. De modo que se pode argumentar que as medidas de segurança não são sanções adequadas para o adolescente considerado perigoso, vez que o sistema vigente já contempla um mecanismo diverso.
56. Cf. José Manuel Arroyo Gutiérrez, "Ejecución de las sanciones en justicia penal juvenil", *De la arbitrariedad a la justicia: adolescentes y responsabilidad penal en Costa Rica*, pp. 455 e ss.

lecimento da legalidade, que, por sua vez, autoriza a limitação de direitos, por meio de imposição de sanções. Assim, a regra da *humanidade*, que privilegia – acima de qualquer outro direito ou interesse juridicamente tutelado – o interesse da pessoa menor de idade, consubstanciado na co-relação entre a completude de direitos – expressada pela doutrina da proteção integral – e o atendimento prioritário – consagrado pela regra da absoluta prioridade. A regra da *tipicidade*, que leciona que a imposição de sanções penais deve guardar obediência ao elenco previamente previsto em lei. A regra da *proporcionalidade*, que advoga a preponderância da sanção menos prejudicial e de acordo com a falta cometida. Por fim, o *devido processo legal*, que, em sentido amplo, se subsume ao respeito às garantias processuais penais.

Não poderá haver controle da legalidade da execução de medida socioeducativa se não forem observadas as regras fundamentais citadas.

Nunca é demais repetir que o controle judicial da execução levará em conta a proteção dos direitos fundamentais do adolescente que foi sancionado, principalmente quando se trata de privação de liberdade. O juiz exerce um efetivo controle sobre a natureza e condições da sanção imposta; procura a necessária harmonia entre os termos em que foi imposta a sanção e os objetivos da lei, de modo que se imprima um efetivo controle periódico, que deva culminar em possível modificação ou substituição da medida aplicada.

Em certos momentos, o órgão executor (unidades especiais de atendimento) é encarregado de tomar as decisões necessárias para o cumprimento da medida aplicada; essas decisões, no âmbito administrativo, devem ser controladas pela instância jurisdicional. No caso de violação de direitos do adolescente pelo órgão executor, deve o juiz da execução anular o ato causador do dano e determinar a apuração da responsabilidade do órgão.

O controle judicial, na expressão de José Joaquim Gomes Canotilho, constitui uma espécie de "contrapeso clássico em relação ao exercício dos poderes executivo e legislativo".[57]

É bem de ver que a legalidade na execução de medida socioeducativa deve, também, guardar estrita.observância ao título executivo

---

57. *Direito constitucional e teoria da Constituição*, p. 274.

LIMITES CONSTITUCIONAIS DA EXECUÇÃO DE MEDIDA SOCIOEDUCATIVA   161

penal – sentença – que será a segurança do condenado de todos os direitos não atingidos pelo *decisum* ou pela lei.

A legalidade e o controle da execução de sanções de natureza penal – incluídas, aqui, as medidas socioeducativas – devem, por isso, obedecer, rigorosamente, ao conjunto de regras constitucionais, que determinam que nenhuma pena (ou medida socioeducativa) passará da pessoa do condenado (art. 5º, XLV, da CF); de que a lei regulará a individualização da pena (ou medida socioedcuativa) e adotará, entre outras, as penas de privação de liberdade, de perda de bens, de multa, de prestação social alternativa, de suspensão ou interdição de direitos (art. 5º, XLVI e XLVII, da CF), excluídas as formas radicais, tais como, a pena de morte, de caráter perpétuo, de trabalhos forçados, de banimento ou qualquer outra pena de natureza cruel (art. 5º, XLVII, da CF). Ademais, a pena, ou qualquer outra sanção de caráter penal, será cumprida em estabelecimentos distintos, de acordo com a natureza do delito, a idade e o sexo do apenado (art. 5º, XLVIII, da CF), possibilitando-lhe o respeito à integridade física e moral (art. 5º XLIX, da CF).

Em adição, é também garantia de controle da legalidade na execução – de pena ou de medida socioeducativa – a fiscalização da atividade estatal – suportada com indenização, inclusive – quando o condenado for vítima de erro judiciário ou ficar privado de liberdade além do tempo fixado na sentença (art. 5º, LXXV, da CF).

As garantias constitucionais da legalidade, para efeito de controle, atribuídas à execução da pena, em nada diferem do controle da legalidade na execução de medida socioeducativa, senão naquilo que diz respeito à finalidade e à individualização da restrição.

No mais, o controle da legalidade na execução de medidas socioeducativas deverá ser exercido pelo juiz, com base no ordenamento constitucional e infraconstitucional, e, em especial, deverá consagrar o respeito à condição peculiar de pessoa em desenvolvimento do adolescente, protagonista da execução.

Abaixo, um breve resumo comparativo das garantias processuais penais previstas na Constituição Federal, no Código de Processo Penal, na Lei de Execução Penal, no Estatuto da Criança e do Adolescente e na Proposta de Lei de Execução de Medida Socioeducativa em estudo no CONANDA, além dos Corolários constitucionais do devido processo penal.

GARANTIAS PROCESSUAIS PENAIS NA CF E CPP	COROLÁRIOS CONSTITUCIONAIS DO DEVIDO PROCESSO PENAL	GARANTIAS PROCESSUAIS PENAIS NO ECA, ARTS. 110 E 111	GARANTIAS NO PROCESSO DE EXECUÇÃO DAS PENAS NA LEP (LEI 7.210/1985) E NA CF	GARANTIAS NO PROCESSO DE EXECUÇÃO DA MSE NO ECA (PROPOSTA PARA A LEI DE EXECUÇÃO DE MEDIDAS SOCIOEDUCATIVAS – CONANDA)
Tratamento paritário dos sujeitos parciais do processo penal e igualdade de todos: CF, art. 5º, I	Reserva legal (*nullum crimen nulla poena sine praevia lege*): CF, art. 5º, XXXIX	Devido processo legal. Nenhum adolescente será privado de sua liberdade sem o devido processo legal: ECA, art. 110	Legalidade da Execução Penal: CF art. 5º, XLV, XLVI, XLVII, XLVIII, XLIX, L e LXXV	Obediência à brevidade, excepcionalidade e respeito à condição peculiar de pessoa em desenvolvimento: CF, art. 227, § 3º, V, e art. 4º da Proposta de Lei
Acesso à Justiça: CF, art. 5º, LXXIV, LXXVII	Irretroatividade da Lei Penal: CF, art. 5º, XL	Pleno e formal conhecimento da atribuição de ato infracional, mediante citação ou meio equivalente: ECA, art. 111, I	Individualização da pena: LEP, art. 1º	Individualização da execução da medida socioeducativa: arts. 33, § 2º e 34
Juiz Natural: CF, art. 5º, XXXVII, XXXVIII e LIII	Intocabilidade da Coisa Julgada: CF, art. 5º, XXXVI	Igualdade na relação processual, podendo confrontar-se com vítimas e testemunhas e produzir todas as provas necessárias à sua defesa: ECA, art. 111, II	Jurisdicionalidade: LEP, art. 2º	Função Pedagógica da MSE: arts. 3º e 34

(cont.)

Garantias Processuais Penais na CF e CPP	Corolários Constitucionais do Devido Processo Penal	Garantias Processuais Penais no ECA, arts. 110 e 111	Garantias no Processo de Execução das Penas na LEP (Lei 7.210/1985) e na CF	Garantias no Processo de Execução da MSE no ECA (Proposta para a Lei de Execução de Medidas Socioeducativas – CONANDA)
Plenitude da Defesa: CF, art. 5º, LV e LVI	Preservação da vida e integridade física do indiciado, do acusado ou condenado: CF, art. 5º, *caput* e incisos III, LXIV, LXV	Defesa técnica por advogado: ECA, art. 111, III	Legalidade, liberdade, igualdade: LEP, art. 3º e parágrafo único	Jurisdicionalidade: art. 33, *caput*, §§ 4º e 5º
Publicidade dos Atos: CF, art. 5º, LX e art. 93, IX	Inviolabilidade do domicílio: CF, art. 5º, XI	Assistência judiciária gratuita e integral aos necessitados, na forma da lei: ECA, art. 111, IV	Individualização, personalidade, proporcionalidade: LEP, arts. 5º e 6º	Devido processo legal: art. 8º
Fixação de prazo razoável de duração do processo penal: CF, art. 5º, § 2º, e Convenção Americana sobre Direitos Humanos – São José da Costa Rica 22.11.1969, art. 8º, I	Asseguração do sigilo da correspondência e de outras formas de comunicação e de informação: CF, art. 5º, XII	Direito de ser ouvido pessoalmente pela autoridade competente: ECA, art. 111, V	Humanidade das penas: LEP, art. 40	Garantia do desenvolvimento e integração biopsico-social: art. 3º

(cont.)

(cont.)

GARANTIAS PROCESSUAIS PENAIS NA CF E CPP	COROLÁRIOS CONSTITUCIONAIS DO DEVIDO PROCESSO PENAL	GARANTIAS PROCESSUAIS PENAIS NO ECA, ARTS. 110 E 111	GARANTIAS NO PROCESSO DE EXECUÇÃO DAS PENAS NA LEP (LEI 7.210/1985) E NA CF	GARANTIAS NO PROCESSO DE EXECUÇÃO DA MSE NO ECA (PROPOSTA PARA A LEI DE EXECUÇÃO DE MEDIDAS SOCIOEDUCATIVAS – CONANDA)
Devido processo legal: CF, art. 5º, LIV	À não consideração prévia de culpabilidade: CF, art. 5º, LVII	Direito de solicitar a presença de seus pais ou responsável em qualquer fase do procedimento: ECA, art. 111, VI		Progressividade na execução das medidas socioeducativas: art. 39
	Insubmissão à identificação criminal: CF, art. 5º, LVIII	Somente ser preso em flagrante ou por ordem judicial: ECA, arts. 171 e 172		Atuação dos pais ou responsável, do defensor, do Ministério Público e da entidade encarregada, no processo de execução da MSE: art. 38, § 1º
	Inadmissibilidade de prisão, exceto nas situações previstas na lei: CF, art. 5º, LXI			
	Imediata comunicação de prisão: CF, art. 5º, LXII			
	Direito à não-incriminação e ao silêncio e assistência da família e de advogado: CF, art. 5º, LXIII			

Capítulo 6
A TUTELA JURISDICIONAL DIFERENCIADA NA EXECUÇÃO DA MEDIDA SOCIOEDUCATIVA

6.1 A condição peculiar de pessoa em desenvolvimento do adolescente autor de ato infracional na execução da medida socioeducativa. 6.2 O processo de execução de medida socioeducativa. 6.3 Operadores do sistema de execução das medidas socioeducativas e suas atribuições. 6.4 Plano individual de atendimento. 6.5 Incidentes da execução de medida socioeducativa.

6.1 A condição peculiar de pessoa em desenvolvimento do adolescente autor de ato infracional na execução da medida socioeducativa

A condição especial ou peculiar de pessoa em desenvolvimento, conferida à criança e ao adolescente pela norma estatutária,[1] com fulcro na orientação constitucional,[2] deve ser o *motu* sobre o qual se assenta a prestação jurisdicional e, em especial, a jurisdição executiva.

Este norte, consagrado na Declaração de Genebra, em 1924, firmou a "necessidade de proporcionar à criança uma proteção especial" e foi ratificado no Preâmbulo da Declaração dos Direitos da Criança, de 1959, que afirmou que a criança, "em razão de sua falta de maturidade física e intelectual, tem necessidade de proteção especial e cuidados especiais, notadamente de uma proteção jurídica apropriada antes e depois do nascimento".

1. ECA, arts. 3º e 6º.
2. CF, arts. 227 e 228.

166 PROCESSO PENAL JUVENIL

O mesmo aconteceu na Convenção Americana sobre os Direitos Humanos, conhecida como Pacto de São José da Costa Rica, em 1969, que prescreveu, no art. 19, que "toda criança tem direito às medidas de proteção, que, na sua condição de menor, requer, da parte da família, da sociedade e do Estado".

Com a ratificação da Convenção sobre os Direitos da Criança pelo Brasil, reconheceu-se que crianças e adolescentes são sujeitos de direitos em condição peculiar de pessoas em desenvolvimento, que adquirem, paulatinamente, responsabilidades de tipo jurídico e, por isso, a partir de uma determinada idade, respondem frente ao sistema penal – distinto do de adultos – com fundamento em legislação especial.

A condição peculiar de pessoa em desenvolvimento sugere que a criança e o adolescente não conhecem, inteiramente, os seus direitos, não têm condições de defendê-los e fazê-los valer de modo pleno, não sendo ainda capazes de suprir, por si mesmas, as suas necessidades.[3]

Todavia, lembra Antônio Carlos Gomes da Costa, que esta característica pessoal da criança e do adolescente não pode ser definida pelo aspecto negativo, a partir do que ela não sabe, não tem condição de fazer ou não é capaz. Cada fase do seu desenvolvimento deve ser reconhecida com singularidade e de completude relativa, ou seja, eles não são criaturas acabadas, mas estão a caminho da plenitude a ser consumada na idade adulta, portadoras de responsabilidades pessoais, cívicas e produtivas plenas. Cada etapa é, à sua maneira, um período de plenitude, que deve ser compreendida e acatada pelo mundo adulto, ou seja, pela família, pela sociedade e pelo Estado.[4]

Esta peculiar condição sugere, na visão de Martha de Toledo Machado, a constituição de um sistema especial de proteção dos direitos fundamentais de crianças e adolescentes, emanado do art. 227 do texto constitucional. Alerta a autora que, pelo fato de crianças e adolescentes acharem-se em situação especial e de maior vulnerabilidade, ensejaria a outorga de um regime especial de salvaguardas, que lhes permitam construir suas potencialidades humanas em sua pleni-

3. Cf. Wilson Donizeti Liberati, *Adolescente e ato infracional*: *medida sócioeducativa é pena?*, pp. 43 e ss.
4. *Estatuto da Criança e do Adolescente comentado*: *comentários jurídicos e sociais*, cit., p. 55.

TUTELA JURISDICIONAL DIFERENCIADA / MEDIDA SOCIOEDUCATIVA   167

tude; crianças e adolescentes são pessoas que ainda não desenvolveram completamente sua personalidade.[5] Não há divergência na doutrina em relação ao tema. Todos reconhecem que criança e adolescente, por serem "incompletos" física, moral e psiquicamente – em relação aos adultos – exigem tratamento diferenciado, sobretudo, para propiciar o tratamento igualitário constitucional, pretendido pelo caput do art. 5º.

Em decorrência disso, surge a necessidade de se garantir uma tutela jurisdicional diferenciada, que se materializa na atividade do juiz ao decidir conflitos de interesses e lides relacionadas aos direitos de crianças e adolescentes, no que diz respeito às relações de consumo, do meio ambiente ecologicamente equilibrado, nas atividades de proteção à saúde, educação, lazer etc. É a atividade jurisdicional atuando em microssistemas, conduzindo o juiz a se comportar não como um julgador comum, mas atento à especificidade e importância dos bens jurídicos tutelados.

Nas palavras de Paulo Afonso Garrido de Paula, a tutela jurisdicional diferenciada é "aquela que atende às peculiaridades do direito material, no seu conteúdo e extensão, impondo ato de validação concorde com os princípios determinantes de sua formulação. Tecnicamente se expressa através da estratégia legislativa dos procedimentos especiais ou mediante a criação de microssistemas, onde o reconhecimento jurídico de certos interesses diferenciados impôs, considerado o direito processual comum, forma diversa de condução dos processos ou na maneira de se distribuir justiça, inclusive com distinções às regras usuais de acesso à justiça e no que diz respeito à eficácia objetiva e subjetiva da coisa julgada".

Mais adiante adverte o autor: "Para a validação do direito da criança e do adolescente é mister uma tutela jurisdicional que atenda as suas particularidades, que respeite sua concepção, que realmente adote seus princípios fundamentais e que seja essencialmente inclusiva, servindo de instrumento de transposição da marginalidade para a cidadania".[6]

---

5. *A proteção constitucional de crianças e adolescentes e os direitos humanos.*
6. *Direito da criança e do adolescente e tutela jurisdicional diferenciada*, p. 76.

PROCESSO PENAL JUVENIL

Complementa o citado autor que o fundamento objetivo da tutela jurisdicional diferenciada devida à criança e ao adolescente reside na existência de um microssistema especial de distribuição de justiça, disciplinador de relações jurídicas especiais, introduzido, no Título VI do Livro II, da Lei n. 8.069/1990.

Sob este prisma, há consenso doutrinário de que a lei especial protagonizou um microssistema especial de prestação jurisdicional, com características próprias, relacionadas ao titular dos bens jurídicos tutelados – criança e adolescente – cuja materialização se faz por meio das garantias processuais do devido processo legal.[7]

Consignada preliminarmente a necessidade de fixar a condição peculiar de desenvolvimento do protagonista-beneficiário da jurisdição especial, cumpre-se, agora, o mister de analisá-la sob o enfoque da execução de medida socioeducativa.

O Estatuto da Criança e do Adolescente fixou no art. 171, com acentuado rigor formal – e, de certa forma, vanguardista –, o procedimento de apuração de ato infracional atribuído a adolescente. Antes, porém, delimitou a definição de ato infracional (arts. 103/105), fixou os direitos individuais em matéria penal (arts. 106/109) e fixou as garantias processuais penais (arts. 110 e 111).

Embora assentado num pressuposto de microssistema, a prestação jurisdicional diferenciada de crianças e adolescentes deverá atender às regras processuais da legislação pertinente, de forma subsidiária, em vista do disposto no art. 152 do Estatuto.

A lei especial não prescreveu processo e procedimentos próprios de execução de medidas socioeducativas. Isso representa – ao menos para este trabalho – a necessidade de se utilizar as regras processuais penais, fundadas na Constituição Federal e no Código de Processo Penal, além daquelas genéricas previstas na Lei de Execução Penal.

A ausência de parâmetros procedimentais, específicos para a execução de medida socioeducativa tem permitido a espontaneidade executória pelos juízes ou por entidades governamentais e não-governamentais, muitas vezes, colocando em risco a manutenção do devido processo legal.

---

7. Cf. neste trabalho, o item 3.3.3, sobre o direito penal especial, que assinala a especialidade da jurisdição infanto-juvenil, e, em especial, a jurisdição penal.

TUTELA JURISDICIONAL DIFERENCIADA / MEDIDA SOCIOEDUCATIVA   169

A resignificação subjetiva[8] nos procedimentos de apuração de ato infracional, mormente os de execução de medidas socioeducativas coloca em risco o conjunto de direitos e garantias individuais referentes ao processo.

A inexistência de processo de execução de medida socioeducativa provoca a execução espontânea e aleatória das referidas medidas. Na omissão do Estatuto, as regras de processo penal devem ser utilizadas para a garantia dos direitos individuais fundamentais atinentes ao processo.

Ao lado da legalidade, assegurada pelo respeito às regras processuais executórias, deve-se ficar atento às condições pessoais e especiais do infrator. Estas representam o diferencial no desenvolvimento do processo; elas irão determinar a oportunidade, o grau de comprometimento e utilização das regras processuais penais, inclusive quanto aos pressupostos, às exceções, aos incidentes.

6.2 O processo de execução de medida socioeducativa

Identificado e apurado o ato infracional praticado por adolescente – correspondente aos atos ilícitos previstos na lei penal –, depois de asseguradas todas as garantias do devido processo legal, o juiz, na sentença motivada, individualizará a medida e determinará a sua execução.[9]

Partindo desta concepção valorativa constitucional, o processo de execução de medida socioeducativa inicia-se no momento em que a autoridade judicial define a inflição e justifica sua escolha com os parâmetros legais sedimentados no título executivo.

Como acima assinalado, o Estatuto, que dispõe sobre a apuração de ato infracional atribuído a adolescente, não definiu, de maneira objetiva, um processo de execução de medidas socioeducativas, com procedimento próprio, principalmente para as privativas de liberdade. Preferiu utilizar-se dos mecanismos de atendimento já existentes,

---

8. Aqui entendida como o modo espontâneo, baseado no subjetivismo, de julgar ações socioeducativas e executar as medidas nelas indicadas.
9. É necessário assinalar que, neste trabalho, se deu preferência ao processo de execução de medida socioeducativa privativa de liberdade, em vista de sua complexidade e dificuldade operacional.

amparado pelos costumes judiciários, oriundos de práticas antigas, que, muitas vezes, afrontam o direito individual.

Entretanto, recorda-se que a execução, tanto da pena quanto da medida socioeducativa, deve consubstanciar-se num processo – vital para o desenvolvimento prático e concreto de providências jurisdicionais – que estabelece estreita relação com a regra da legalidade, consagrando a judicialização do princípio da *nulla poena sine processu* na execução de sanções de natureza penal.

O processo de execução deve assentar-se em, pelo menos, três pressupostos, como assinala Edgard Magalhães Noronha: "sentença definitiva, título executivo que ela constitua e capacidade da pessoa de submeter-se à execução".[10]

Aos pressupostos citados somam-se as características da autonomia[11] e independência do processo de conhecimento. Isso significa que o processo de execução terá vida própria, organizará seus atos em procedimento apartado daquele que apurou o ato infracional e gerou a sentença. E mais. Não se admite um processo de execução de medida socioeducativa que não enfrente os fatores externos condicionantes da ação ilícita. Isso significa integrar o grupo familiar e a comunidade do jovem, com a finalidade de o comprometer com a realidade social ao seu redor e inibir a reincidência.

Preenchidos os pressupostos e características, o processo de execução deverá cumprir sua vocação instrumental, tendo em vista que ele é o instrumento da jurisdição executória. Paulo Afonso Garrido de Paula lembra que "a tutela socioeducativa é precária. As medidas socioeducativas são sempre provisórias, o que decorre da instrumentalidade que também as caracteriza. Cumpridas suas finalidades, desaparece sua própria razão de ser, podendo ser revogadas a qualquer tempo".[12]

Ademais, um processo de execução de medida socioeducativa privativa de liberdade deve realizar o Estatuto da Criança e do Ado-

10. *Curso de direito processual penal*, p. 429.
11. Não se discute aqui a autonomia científica do direito da execução, mas, tãosomente, o desenvolvimento do processo de execução, com sua finalidade instrumental e de garantia dos direitos individuais do adolescente.
12. *Direito da criança e do adolescente e tutela jurisdicional diferenciada*, p. 115.

TUTELA JURISDICIONAL DIFERENCIADA / MEDIDA SOCIOEDUCATIVA   171

lescente, quando contempla, de maneira efetiva, as regras da brevidade e da excepcionalidade da privação de liberdade e do respeito à condição peculiar de pessoa em desenvolvimento do adolescente.

O processo que, ao final, condena o infrator, mediante uma sentença, acolhe a pretensão do autor e afirma a existência do direito, aplicando, conseqüentemente, uma sanção que corresponde à inobservância da regra regulamentadora do conflito de interesses. Para Afrânio Silva Jardim, o processo é "um conjunto orgânico e teleológico de atos jurídicos necessários ao julgamento ou atendimento prático da pretensão do autor ou mesmo de sua admissibilidade pelo juiz",[13] concordando com Francesco Carnelutti, que pontua ser o processo o "conjunto de todos os atos que se realizam para a solução de um litígio".[14]

A sentença condenatória, que impõe medida socioeducativa,[15] reclama sua execução. A sentença socioeducativa inflitiva de medida é o ponto de partida da jurisdição executiva.

Na execução de medida sancionatória de natureza penal, lembra Julio Fabbrini Mirabete, "há uma cadeia de atos jurisdicionais através dos quais, sem o concurso da vontade do condenado, se restringe o seu direito de liberdade para realizar-se o resultado prático desejado pelo direito penal objetivo, concretizado na sentença condenatória. Há, portanto, processo na execução".[16]

O processo de execução de todas as medidas socioeducativas deverá ter seu início em *audiência admonitória*, na qual será dada ciência ao adolescente do conteúdo da medida ou medidas a serem cumpridas. Nesta audiência, serão intimados, além do adolescente e seus pais ou responsável, seu defensor, o representante do Ministério Público e o da entidade encarregada da execução da medida. Ainda na audiência, o juiz deverá informar o adolescente e seus pais ou responsável dos critérios de avaliação a serem utilizados, bem como advertidos das implicações do descumprimento injustificado da medida.

Materializando a execução da medida socioeducativa, será expedida *guia de execução* pela autoridade administrativa competente, na

---

13. "Reflexão teórica sobre o processo penal", *Justitia* 127/99.
14. *Sistema de derecho procesal*, p. 53.
15. Entende-se, aqui, que a sentença que impõe medida socioeducativa tem natureza condenatória em face da infração penal praticado por infrator menor de 18 anos.
16. *Execução penal – Comentários à Lei n. 7.210, de 11.7.1984*, p. 47.

172 PROCESSO PENAL JUVENIL

qual constarão, obrigatoriamente, as seguintes informações: a) nome, qualificação e filiação do adolescente, juntando o respectivo documento de identidade, inclusive de eleitor, se houver; b) data do início do cumprimento da medida; c) cópia da sentença que aplicou a medida ou das principais peças do processo, entre as quais, o boletim de ocorrência ou cópia do auto de apreensão em flagrante, no caso de internação provisória; d) cópia da representação do Ministério Público; e) histórico escolar, se houver; f) cópia do estudo psicossocial realizado pela equipe interprofissional do Juizado da Infância e da Juventude; g) outros documentos que o juiz considerar úteis ou necessários à execução da medida socioeducativa.

Além dos documentos mencionados, na "carta de guia" serão anexadas as informações sobre a progressão, regressão e substituição da medida socioeducativa imposta.

Lembra Vincenzo Manzini que, para o regular desenvolvimento do processo de execução penal, devem existir dois pressupostos essenciais: a existência de um provimento do juiz que requeira execução [è l'esistenza di un provvedimento del giudice, che richieda esecuzione] e que esse provimento se constitua em um título executivo [è che detto provvedimento costituisca un titolo esecutivo].[17]

Se, de um lado, o processo penal de execução visa a realizar a sentença condenatória, fruto da atividade judiciária dos juízes e tribunais, o processo de execução de medida socioeducativa, da mesma forma, materializa a tutela jurisdicional específica, assegurando a prevalência estatal de impor as sanções previstas na lei. Neste caso, o processo penal tem como pressuposto o título executivo, consubstanciado na sentença impositiva de pena ou medida socioeducativa, ao acusado, e transitada formalmente em julgado (nulla executio sine titulo).[18]

Não se pode esquecer, todavia, de que a regulamentação da execução das sanções de natureza penal, e, em especial, das medidas socioeducativas, surge como conseqüência do reconhecimento dos direitos subjetivos do infrator.

Assim, tratando-se de infrator menor de 18 anos, a execução da sentença deverá, antes de tudo, respeitar a personalização da medida

17. Istituzioni di diritto processuale penale, p. 302.
18. Cf. Rogério LauriaTucci, Teoria do direito processual penal, p. 233.

TUTELA JURISDICIONAL DIFERENCIADA / MEDIDA SOCIOEDUCATIVA 173

escolhida pelo juiz, valorizando as conseqüências político-criminais estabelecidas pelos valores constitucionais.

Na ausência do processo de execução, o executor da medida comporta-se soberano, decidindo, a seu modo, qual o procedimento a seguir. Esse comportamento impede que o processo executório seja utilitarista, ou seja, que deva ser utilizado como instrumento de perseguição dos fins da ação, do processo e da finalidade da medida definida na sentença. Considerar o processo de outra forma é permitir o cumprimento de medidas como uma declaração de boas intenções.

Assim desenvolvido, o processo deverá ser instrumento para atingir a finalidade da execução, cujos atos, definidos em lei, são executados e fiscalizados por agente regularmente investido para impedir o arbítrio ou a espontaneidade procedimental.

Sem a exata conformação do fato à norma, inexistindo a justificativa legal desta relação, os direitos do autor do ato infracional correm o risco de serem violados, pois a Lei n. 8.069/1990 não firmou um procedimento-tipo de execução, nem especificou quem seriam os agentes de execução. Bastou-lhe a preocupação de "zelar pela integridade física e mental dos internos, cabendo-lhe adotar as medidas adequadas de contenção e segurança",[19] sugerindo as providências essenciais para a execução de medida socioeducativa de privação de liberdade.

Para a execução de medida socioeducativa de internação, cujo gravame merece maior atenção, o legislador estatutário estabeleceu no art. 123 – a exemplo do disposto no art. 5º, XLVIII, da Constituição Federal – que a "internação deverá ser cumprida em entidade exclusiva para adolescentes, em local distinto daquele destinado ao abrigo, obedecida rigorosa separação por critério de idade, compleição física e gravidade da infração", determinando, no parágrafo único, que "durante o período de internação, inclusive provisória, serão obrigatórias atividades pedagógicas".

Ao contrário de estabelecer regras processuais próprias para a execução da medida segregativa, o Estatuto preferiu utilizar, subsidiariamente, as regras processuais penais[20] e as normas previstas na

19. ECA, art. 125.
20. ECA, arts. 152 e 226.

174 PROCESSO PENAL JUVENIL

Parte Geral do Código Penal, que dizem respeito ao direito penal material.[21]

Enfim, a execução de medida socioeducativa deve ser firmada sob a égide do princípio e das regras constitucionais da execução penal, com o acréscimo das características próprias do agente infrator, cujo direito à execução legal verifica-se pela observância do *devido processo de execução penal.*

6.3 Operadores do sistema de execução das medidas socioeducativas e suas atribuições

A execução de medidas socioeducativas, pela sua complexidade, reclama a colaboração de vários operadores do direito. Um conjunto de órgãos de execução deverá ser constituído para o pretendido mister. São órgãos de execução de medida socioeducativa: a) o Juízo de Execução; b) o Ministério Público; c) a Defensoria Pública; d) as Entidades de Execução de Medida Socioeducativa em Meio Aberto; e e) as Entidades de Execução de Medida Socioeducativa Privativas de Liberdade.[22]

O Juízo de Execução será o centro de todo o processo de execução, cuja fiscalização competirá ao Ministério Público. As Entidades de Execução em Meio Aberto executarão as medidas socioeducativas em meio aberto, a saber, a Reparação de Danos, a Prestação de Serviços à Comunidade e Liberdade Assistida. As Entidades de Execução de Medidas Privativas de Liberdade executarão as medidas socioeducativas de Semiliberdade e Internação.

No caso de cumprimento de medida socioeducativa em comarca diversa daquela onde tramita a execução, o juiz poderá remeter os autos de execução ao juiz competente da comarca onde o adolescente cumprirá a medida.

A medida de Advertência, por esgotar-se na admoestação verbal, será executada pelo próprio juiz da sentença.

O Juízo de Execução será presidido pelo juiz de direito indicado pela Lei de Organização Judiciária ou, na omissão desta, do juiz do

21. ECA, art. 226.
22. Lei n. 7.210/1984, art. 61, II.

TUTELA JURISDICIONAL DIFERENCIADA / MEDIDA SOCIOEDUCATIVA 175

local onde deva ser cumprida a sentença ou acórdão.[23] O juiz da execução terá aquelas funções tradicionais outorgadas pela legislação vigente, consagrada na autoridade jurisdicional. Essas funções são, basicamente, de controle e vigilância.

Para cumprir seu desiderato, ao juiz da execução competirá: a) manter, substituir, progredir, regredir, restabelecer e extinguir a medida socioeducativa aplicada, bem como decidir todos os incidentes que ocorram durante a execução; b) substituir a medida de meio aberto por outra de meio aberto em razão do seu caráter benéfico em relação ao adolescente; c) processar e julgar ações de apuração de irregularidade em entidades de atendimento, aplicando as medidas cabíveis previstas nos arts. 191 e seguintes do Estatuto; d) comparecer mensalmente aos estabelecimentos destinados ao cumprimento de medidas socioeducativas privativas de liberdade, ouvindo pessoal, individual e reservadamente os adolescentes que assim o desejarem; e) determinar, de ofício ou a requerimento do interessado, o encaminhamento do adolescente portador de sofrimento psíquico, transtorno ou deficiência mental a tratamento, individual e especializado, a ser prestado em regime domiciliar ou ambulatorial, e, excepcionalmente, e provisoriamente, em instituição hospitalar; f) ouvir os familiares e/ou responsável do adolescente.[24]

O *Ministério Público*, instituição permanente e essencial à função jurisdicional do Estado,[25] oficiará em todos os processos e respec-

---

23. A mesma disposição está prevista no art. 135 e 136, da Ley de Justicia Penal Juvenil n. 7.576, de março de 1996, da Costa Rica. Cf. Lei n. 7.210/1984, art. 65.

24. O art. 18 do Anteprojeto de Execução de Sanções Penais Juvenis da Costa Rica, elaborado por Carlos Tiffer Sotomayor, define que o juiz de execução das sanções penais juvenis será o órgão jurisdicional competente para controlar, em primeira instância, a legalidade na execução das sanções. Suas funções são as seguintes: velar para que se respeitem os direitos e a segurança das pessoas menores de idade sancionadas; manter, substituir, modificar ou fazer cessar as sanções impostas, assim como as condições para seu cumprimento; ouvir as pessoas menores de idade sancionadas quando elas solicitarem, dar continuidade às queixas, quando permitir a situação, e resolver o que for necessário; controlar o desenvolvimento do Plano Individual de Execução das Sanções; conceder permissão às pessoas privadas de liberdade que, em casos de enfermidade, devam ser tratadas fora do Centro Penitenciário; visitar os Centros de execução para cumprimento das sanções penais juvenis, pelo menos uma vez ao mês; as demais atribuições que esta ou outra Lei indica.

25. CF, art. 127, e Lei n. 7.210/1984, art. 61, III.

tivos incidentes de execução de medida socioeducativa. São suas atribuições: a) requerer todas as medidas necessárias à formação e ao desenvolvimento do processo executório socioeducativo; b) requerer a manutenção, substituição, progressão, regressão, restabelecimento e extinção das medidas socioeducativas; c) requerer o encaminhamento de adolescentes portadores de sofrimento psíquico, transtorno ou deficiência mental, inclusive quando resultante de dependência química, a tratamento individual e especializado; d) interpor recursos das decisões proferidas pela autoridade judiciária nos processos de execução; e) promover as ações judiciais cabíveis para obrigar o Poder Público a criar e manter estruturas suficientes para o cumprimento das exigências legais com a execução de todas as medidas socioeducativas, bem como demandar dos responsáveis opções em caso de interdição de estabelecimento; f) comparecer mensalmente aos estabelecimentos destinados ao cumprimento de medidas socioeducativas privativas de liberdade, ouvindo pessoal, individual e reservadamente os adolescentes que assim o desejarem; g) responder petições verbais ou escritas encaminhadas por adolescentes em cumprimento de medida socioeducativa e seus familiares ou responsável; h) velar para que sejam respeitados os direitos e a segurança dos adolescentes; i) ajuizar procedimento de apuração de irregularidade em entidade de atendimento de medida socioeducativa, nos termos do art. 191 do Estatuto.

A *Defensoria Pública* exercerá a defesa dos adolescentes que necessitem, atuando em todo o processo de execução de medida socioeducativa. São suas atribuições: a) prestar assistência jurídica a todos os adolescentes que necessitem, em todos os graus de jurisdição e enquanto perdurar a execução; b) requerer as providências necessárias para o pleno e satisfatório cumprimento das medidas socioeducativas; c) manifestar-se em todos os incidentes da execução; d) interpor recursos das sentenças e decisões judiciais; e) impetrar *habeas corpus*, mandado de segurança ou outros procedimentos judiciais cabíveis em favor dos adolescentes; f) ouvir pessoal, individual e reservadamente o adolescente, bem como seus familiares e/ou responsável; g) comparecer mensalmente às entidades destinadas à execução de medidas socioeducativas privativas de liberdade; h) representar ao Ministério Público acerca de irregularidades verificadas no cumprimento de medidas socioeducativas; i) participar de todas as

TUTELA JURISDICIONAL DIFERENCIADA / MEDIDA SOCIOEDUCATIVA 177

audiências do Juizado da Infância e da Juventude em que não houver advogado constituído.

As *Entidades de Execução das Medidas em Meio Aberto* podem ser governamentais ou não-governamentais. Para desenvolver suas atribuições as entidades destinadas ao cumprimento de medidas de Liberdade Assistida e Prestação de Serviços à Comunidade deverão proceder à inscrição de seus programas junto ao Conselho Municipal dos Direitos da Criança e do Adolescente,[26] contendo proposta pedagógica detalhada, assim como regras para o atendimento individualizado ao adolescente.

Na execução das medidas socioeducativas citadas, incumbe-lhes: a) selecionar, preparar, credenciar, acompanhar e avaliar cada orientador no exercício de suas funções; b) indicar o orientador adequado ao perfil do adolescente, substituindo-o quando necessário; c) propor ao Juízo de Execução, fundamentando-se em avaliação periódica, a manutenção, substituição, progressão, restabelecimento, regressão ou extinção da medida; d) efetuar entrevistas com o adolescente e seus pais ou responsável, informando-lhes sobre as condições de execução da medida e quando do encerramento; e) integrar-se ao programa de acompanhamento de adolescentes egressos dos corpos de execução das medidas de privação de liberdade.

Para a execução das medidas em meio aberto, as entidades deverão ser supervisionadas por equipe interprofissional da própria entidade ou contratada para esta finalidade, além da fiscalização permanente realizada pelo Poder Judiciário, Ministério Público e Conselho Tutelar.[27]

A medida socioeducativa deverá ser cumprida, de preferência, na comarca ou no local de residência do adolescente, para evitar o rompimento dos laços familiares e possibilitar a proximidade física do infrator com seus pais ou responsável. Caso contrário – devendo a medida socioeducativa ser cumprida em outra comarca – o juiz da

---

26. ECA, arts. 90, parágrafo único, e 91. A menção específica ao Conselho Municipal dos Direitos da Criança e do Adolescente justifica-se pela grande aceitação dos operadores do direito e da sociedade em firmar compromissos com o município (ou organizações não-governamentais) para a execução de medidas socioeducativas restritivas de direitos (principalmente Prestação de Serviços à Comunidade e Liberdade Assistida).

27. ECA, art. 95.

sentença deve remeter os autos de execução ao juízo competente, que será o responsável pela execução.

As *Entidades de Execução de Medidas Privativas de Liberdade* regem-se pelo disposto no art. 94 do Estatuto devendo, igualmente, proceder à inscrição dos programas de semiliberdade e internação perante o Conselho Municipal dos Direitos da Criança e do Adolescente onde deva ser cumprida a medida,[28] contendo o Regime de Atendimento e a proposta pedagógica detalhada, bem como as regras para o atendimento individualizado do adolescente.

Essas entidades devem fixar parâmetros principiológicos e ideológicos, com base nas orientações do Estatuto, além daquelas previstas no art. 94, considerando, ainda, que: a) a entidade é um ambiente continente, que possibilita a ação socioeducativa a partir de relações institucionais fundamentadas em proposta emancipatória, com papéis de adultos e de adolescentes bem definidos, mediados por um conjunto de regras claras, construídas participativamente; b) a ação socioeducativa é um processo de construção coletiva, coordenada pelos adultos, que considera a experiência sócio-cultural dos adolescentes e articula as experiências proporcionadas pelo contexto institucional; c) o processo socioeducativo é comprometido com a inclusão social e com a transformação individual e coletiva dos seus protagonistas, da instituição e da sociedade; d) todos os funcionários da entidade, como agentes institucionais na execução da medida, têm papel fundamental na efetivação do programa e são co-responsáveis pelo planejamento, execução e avaliação; e) o atendimento é organizado através de atividades terapêuticas e pedagógicas que contemplam o adolescente em suas dimensões motoras, cognitivas, relacionais, afetivas, simbólicas, éticas, estéticas e culturais; f) a família é co-partícipe do atendimento e deve ser envolvida no processo socioeducativo para o resgate da função protetiva e de referência básica do adolescente, contribuindo para o efetivo cumprimento da medida; g) as relações institucionais visam à construção coletiva de direitos e deveres e norteiam-se nos valores da solidariedade, da justiça social, da honestida-

---

28. Para a execução das medidas privativas de liberdade, o § 2º do art. 94 do ECA determina que as entidades poderão utilizar os recursos da comunidade local. Em complemento, o art. 125 da mesma lei, designa o Estado como responsável pela integridade física e mental dos adolescentes internos, cabendo-lhe adotar as medidas adequadas de contenção e segurança.

TUTELA JURISDICIONAL DIFERENCIADA / MEDIDA SOCIOEDUCATIVA   179

de, da não-violência, da responsabilidade e do respeito à diversidade cultural, étnica, religiosa, de opção sexual e de gênero; h) a instituição compõe a rede de atendimento ao adolescente e, como tal, necessita buscar parcerias com instituições governamentais e não-governamentais, a fim de realizar plenamente sua ação socioeducativa; i) a formação permanente dos agentes institucionais é elemento fundamental para garantir a qualidade social do atendimento; j) a avaliação da prática socioeducativa é sistemática e participativa, envolvendo todos os agentes do processo (internos e externos), com vistas à melhoria permanente da qualidade social do atendimento.[29]

Os programas de atendimento ao adolescente privado de liberdade deverão conter obrigatoriamente: a) critérios objetivos de merecimento para análise de progressão da medida que considere o desenvolvimento do adolescente; b) definição da natureza e gravidade das faltas disciplinares relacionadas às sanções correspondentes; c) critérios objetivos que autorizem o afastamento temporário do adolescente das atividades coletivas, total ou parcialmente, mantendo-o em condições de dignidade compatíveis com a proposta de atendimento da unidade e assegurando-lhe, em qualquer caso, atendimento técnico individualizado; d) a existência de uma comissão interna de disciplina formada, no mínimo, por três integrantes da unidade executora, que deliberará, motivadamente, pela aplicação das sanções disciplinares previstas no programa.

O ambiente da entidade de execução de medida privativa de liberdade necessita: a) considerar aspectos de segurança, tendo em vista ser uma instituição continente; b) suprir as necessidades básicas e afetivas dos adolescentes; c) apresentar condições de habitabilidade e convívio que respeitem a dignidade; d) ter população de acordo com o número de vagas; e) possuir normas e regras construídas coletivamente e de amplo conhecimento; f) proporcionar a definição de limites.[30]

Para desenvolver seu mister, a entidade executória deverá implantar um modelo de gestão institucional caracterizado por: a) existência

---

29. Cf. *Programa de Execução de Medidas Socioeducativas de Internação e Semiliberdade do Rio Grande do Sul – PEMSEIS*.
30. Cf. *Programa de Execução de Medidas Socioeducativas de Internação e Semiliberdade do Rio Grande do Sul – PEMSEIS*.

180 PROCESSO PENAL JUVENIL

de instâncias deliberativas com competências claras; b) maior controle externo e oxigenação do trabalho, por meio de parcerias; c) estabilidade institucional baseada na clareza de orientações e de papéis; d) agilidade na solução de problemas; e) valorização permanente de funcionários; f) capacitação continuada de funcionários; g) produção de informações gerenciais para orientar a tomada de decisões.

Os adolescentes internados deverão laborar em rotinas de atividades como estratégia educativa e terapêutica do cumprimento da medida, tais como: freqüentar a escola, trabalho educativo, oficinas de expressão, prática desportiva, grupo operativo, atividades de espiritualidade, higiene pessoal e limpeza, tempo livre, grupo terapêutico, grupo de familiares, atendimento individual.

Destaca-se, nas Entidades de Execução de Medidas Privativas de Liberdade, o trabalho da *equipe interprofissional,* também conhecidos por *agentes institucionais,*[31] a quem competirá: a) recepcionar o adolescente, juntamente com a direção, quando de seu ingresso na unidade; b) elaborar, em conjunto com o adolescente, familiares ou responsável, o Plano Individual de Atendimento; c) proceder ao estudo bio-psico-social e pedagógico de cada caso, mantendo-o atualizado, imediatamente após o ingresso do adolescente na unidade; d) informar ao Juízo da Execução sobre as dificuldades para o cumprimento do plano, especialmente a falta de colaboração ou o descumprimento de deveres por parte do adolescente, assim como a falta de cooperação dos encarregados da execução, sejam eles funcionários da unidade ou de outras repartições, familiares ou responsável; e) prestar atendimento individual ao adolescente, com ele mantendo contato pessoal de forma freqüente e sistemática, de acordo com suas necessidades pedagógicas; f) prestar atendimento aos familiares ou responsável pelo adolescente de forma freqüente e sistemática; g) trabalhar no sentido do restabelecimento, fortalecimento e preservação dos vínculos familiares; h) velar pelo respeito aos direitos do adolescente, comunicando ao Juízo da Execução qualquer ameaça ou violação; i) elaborar relatório avaliativo fundamentado, no prazo máximo de seis me-

---

31. A expressão *agentes institucionais* é mais ampla, abrangendo não só os profissionais da área psicológica, médica, de assistência social, mas todos os funcionários da Unidade, imbuídos do papel de educadores e agentes terapêuticos, com funções, atribuições e responsabilidades diferenciadas.

TUTELA JURISDICIONAL DIFERENCIADA / MEDIDA SOCIOEDUCATIVA 181

ses, para ser encaminhado ao Juízo da Execução; j) informar o adolescente e seus familiares ou responsável, sobre a situação processual; l) acompanhar o adolescente, findado o cumprimento da medida socioeducativa, promovendo sua reinserção social e familiar, independentemente de haver recebido medidas socioeducativas em meio aberto ou medidas de proteção, apresentando relatório ao Juízo da Execução em 60 dias; m) participar das audiências de reavaliação das medidas socioeducativas; n) acompanhar o desempenho escolar e formação profissional do adolescente; o) promover a permanente qualificação e especialização do programa; p) acompanhar e oferecer subsídios técnicos à atividade dos monitores e educadores; q) participar da permanente avaliação dos resultados do programa com a proposição de alternativas para a superação das dificuldades; r) atestar as situações em que se mostre inviável ou impossível o reatamento dos vínculos familiares, propondo alternativas; s) desenvolver o trabalho na perspectiva da interdisciplinaridade; t) utilizar o planejamento e a avaliação para superar o espontaneísmo e o atavismo na consecução dos objetivos.[32]

Os responsáveis pela direção das citadas entidades de internação e semiliberdade deverão preencher alguns requisitos pessoais mínimos, tais como, ter diploma de nível superior, experiência na área da infância e da juventude, reconhecida idoneidade moral e aptidão para o desempenho da função.

Por serem mais complexas suas atividades e por abrigarem pessoas em cumprimento de medidas socioeducativas, essas entidades deverão ter a capacidade e arquitetura adequadas para atender às finalidades socioeducativas, principalmente a pedagógica e de segurança. Deverão, também, adequar-se à necessária privacidade do adolescente privado de liberdade, às suas necessidades de lazer, de esporte e de cultura, bem como aquelas próprias para pessoas portadoras de deficiência.

A definição da capacidade e concepção arquitetônica das unidades destinadas à execução de medidas privativas de liberdade será atribuída ao Conselho Estadual dos Direitos da Criança e do Adoles-

---

32. Cf. *Programa de Execução de Medidas Socioeducativas de Internação e Semiliberdade do Rio Grande do Sul – PEMSEIS*.

cente, respeitados os parâmetros deliberados pelo Conselho Nacional dos Direitos da Criança – CONANDA.

O conjunto de atores que se encarregará da execução das medidas socioeducativas deve unificar o uso dos conceitos básicos e das práticas do trabalho institucional, de modo que permita e ofereça ao adolescente uma compreensão clara e objetiva de todos os procedimentos executórios. Com isso, o Plano Individual de Atendimento poderá ser executado sem o perigo de incorrer em desrespeito aos direitos do adolescente.

6.4 Plano individual de atendimento

O regular desenvolvimento do processo de execução penal exige dois pressupostos essenciais: a) a existência de um provimento do juiz, que requeira execução; e b) que esse provimento se constitua em um título executivo (sentença). O processo de execução deve primar para que o citado título executivo seja, realmente, seguido e cumprido. Para isso, mister se faz a elaboração de um Plano Individual de Atendimento da execução da medida socioeducativa imposta ao infrator.

Em matéria penal juvenil, para a efetiva garantia constitucional da individualização da medida – identificada na sentença condenatória – o processo de execução de medida socioeducativa deve estabelecer regras definidoras para o desenvolvimento das ações socioeducativas.

Essas ações deverão constar do Plano Individual de Atendimento, que será elaborado pela equipe interprofissional da entidade de atendimento. Para tanto, esta equipe poderá entrevistar pessoas, requerer informações, realizar diligências, acionar o Conselho Tutelar para fins de aplicação das medidas previstas nos arts. 101 e 129.

Neste Plano, deverão constar os programas socioeducativos e terapêuticos, com suas propostas pedagógicas. Para sua eficácia, o Plano Individual de Atendimento deverá: a) sempre estar atualizado; b) ser discutido com o adolescente e com seus pais; c) conter descrição detalhada da proposta pedagógica, dos passos a seguir e dos objetivos pretendidos com a medida correspondente, de acordo com os princípios norteadores do Estatuto da Criança e do Adolescente; d)

TUTELA JURISDICIONAL DIFERENCIADA / MEDIDA SOCIOEDUCATIVA   183

em se tratando de medida a ser cumprida em meio aberto, o Plano deve estar concluído em sete dias e, em quinze dias, quando se tratar de medida privativa de liberdade.[33]

O Plano Individual de Atendimento a ser desenvolvido pelo adolescente, que cumpre medida em *meio aberto* deverá conter, no mínimo: a) objetivos sociopedagógicos a serem atingidos durante o cumprimento; b) diagnóstico de demandas de atendimento; e c) proposta de inserção comunitária. No caso de cumprimento de medida privativa de liberdade, o Plano Individual de Atendimento deverá ser construído com as seguintes orientações: a) designação do estabelecimento ou seção onde deva ser cumprida a medida; b) fixação de critérios para as possíveis saídas da unidade; c) definição das atividades educativas, terapêuticas, desportivas, ocupacionais, sociais, culturais e outras, individuais ou em grupo; d) medidas especiais de assistência e tratamento, sempre que necessário; e) propostas de integração da família ou dos referenciais parentais do adolescente no acompanhamento da medida.

O Plano Individual de Atendimento é o mais importante instrumento do Programa Pedagógico-Terapêutico.[34] Ele é constituído através do *estudo de caso* subsidiado pelas avaliações psicológica, social, pedagógica (técnicos em educação e em recreação), jurídica e de saúde (física e mental), visando a construir, com o adolescente e sua família, as atividades que o auxiliarão no seu desenvolvimento pessoal e social.

O Plano deve preencher os seguintes aspectos: a) *Educação formal* – grau de escolaridade, metas e expectativas do adolescente no processo de ensino formal; b) *Profissionalização* – experiências que o adolescente já possui no âmbito do trabalho, oficinas de produção, cursos disponíveis e que o adolescente deseja freqüentar, informações necessárias à sua orientação e formação profissional; c) *Cultura, lazer, esporte e espiritualidade* – experiências que o adolescente já possui, atividades esportivas e de lazer em que queira se inserir e/ou

---

33. Optou-se por esta posição em virtude da brevidade exigida para o início da execução. Na Costa Rica, o art. 134 da Ley de Justicia Penal Juvenil n. 7.576, de março de 1996, estabeleceu que o Plan de Ejecución deve estar pronto dentro de 30 dias após o ingresso do sentenciado ao centro de detenção.

34. Cf. *Programa de Execução de Medidas Socioeducativas de Internação e Semiliberdade do Rio Grande do Sul – PEMSEIS.*

184 PROCESSO PENAL JUVENIL

se aperfeiçoar, focos de interesse cultural que queria desenvolver, grupos de formação espiritual e religiosa que deseje conhecer ou participar, garantida a livre opção religiosa; d) *Saúde* – considerados todos os aspectos da saúde física e mental; e) *Relações familiares, afetivas e sociais* – serão analisadas as relações do adolescente com sua família, aqui compreendida como biológica ou ampliada, com a qual o adolescente possua vínculo afetivo, e grupos sociais, pontuando os aspectos em que há necessidade de intervenção; f) *Relações comunitárias e institucionais* – serão resgatadas e analisadas vivências institucionais do adolescente, bem como relações e vínculos comunitários, pontuando os aspectos necessários de intervenção, de busca de mais informações, entre outros; g) *Jurídico* – informações acerca da situação processual.

Para a composição do Plano, a entidade de execução de medida privativa de liberdade deverá priorizar a efetivação de *ações socioeducativas*, tais como: a) *Escolarização* – prioridade absoluta em relação às demais ações; b) *Profissionalização* – complementa a escolarização e deve ter por base a oportunidade de acesso à formação e à informação. O trabalho educativo contribui para a construção de um projeto de vida, aproximando o adolescente do mundo do trabalho; c) *Cultura* – as atividades envolvem as diversas formas de expressão humana: esportivas, culturais, espirituais e recreativas. A cultura integra-se à proposta pedagógica da escolarização e da profissionalização; d) *Atendimento em grupo* – As atividades grupais são consideradas imprescindíveis para o atendimento, tendo em vista que a vida social cotidiana e convivências interpessoais se apresentam como importantes conteúdos para o desenvolvimento de vínculos baseados na relação solidária. Essas atividades podem ser realizadas: 1) por meio de *grupo terapêutico* – objetiva a conscientização da dinâmica individual de cada adolescente e sua conseqüente conduta manifesta, buscando, através da troca grupal, um melhor relacionamento interpessoal, com abrandamento de seus impulsos auto e heterodestrutivos, diminuição da ansiedade frente a privação ou restrição da liberdade; 2) por *grupo operativo* – objetiva resolver problemas comuns dos participantes, contribuindo no desenvolvimento da iniciativa e na capacidade de tomar decisões, levando em conta os interesses individuais e coletivos; 3) por *grupo de familiares* – busca a participação efetiva da família na dinâmica institucional, integrando o mundo

TUTELA JURISDICIONAL DIFERENCIADA / MEDIDA SOCIOEDUCATIVA   185

familiar com o mundo pedagógico-terapêutico dos adolescentes e orientando os familiares no engajamento à etapa do processo socioeducativo; e) *Atendimento individual* – objetiva respeitar as peculiaridades de cada adolescente. Realizam-se por meio de: 1) entrevistas iniciais para a elaboração do Plano Individual de Atendimento; 2) por atendimentos da equipe operacional; 3) atendimentos individuais sistemáticos, realizados durante todo o período de institucionalização do adolescente; 4) atendimentos individuais assistemáticos, pontuais, que acontecem diante de uma necessidade específica; f) *Família* – o atendimento à família biológica ou ampliada é fundamental no processo socioeducativo do adolescente. Os familiares devem estar estimulados, orientados e envolvidos em todo o processo. Este atendimento pode ser feito de forma individual, para atender os casos específicos, em grupos de família e por meio de visitas domiciliares; g) *Comunidade* – A perspectiva de inclusão social dos jovens em conflito com a lei impõe à entidade executora a necessidade de aprofundar a articulação e integração com todas as redes sociais de proteção, no sentido de mobilizar a comunidade para acolher e manter este adolescente no convívio familiar e comunitário; h) *Desligamento* – Esta ação socioeducativa é construída no período de convívio do adolescente na Unidade. É necessário definir parceiros na comunidade para que o processo de desligamento aconteça de forma gradativa, através de acompanhamento pela rede ou por programa específica de inserção comunitária de acompanhamento de egressos.[35]

Este Plano não seria eficaz se não fosse possível sua atualização, modificação e reavaliação periódica. O Plano deverá ser reavaliado, conforme os resultados obtidos, num prazo razoável e de acordo com a evolução do comportamento do adolescente. No caso de reavaliação, os encarregados informarão ao Juízo da Execução os avanços ou dificuldades encontradas no cumprimento do Plano, com ênfase especial para o estabelecimento ou restabelecimento de vínculos familiares e comunitários.

A família do adolescente será uma forte aliada nesse processo. Sendo necessário, o juiz da execução poderá determinar sua inclusão obrigatória nos programas de apoio, auxílio e orientação, sob pena de sofrer as sanções previstas no art. 129, VII a X do Estatuto.

35. Cf. *Programa de Execução de Medidas Socioeducativas de Internação e Semiliberdade do Rio Grande do Sul – PEMSEIS.*

186   PROCESSO PENAL JUVENIL

A configuração dos parâmetros de um processo de execução, acima mencionados, pode não ser a ideal, mas representa, sobretudo, a garantia de observância das regras constitucionais processuais da execução de medidas socioeducativas, excluindo a discricionariedade e, particularmente, assegurando a efetivação dos direitos individuais dos infratores.

Enfim, o Plano será o guia do órgão executor, que poderá ajustá-lo (somente no aspecto administrativo) na medida em que o adolescente for progredindo ou regredindo no cumprimento da medida que lhe foi imposta.

6.5 Incidentes da execução de medida socioeducativa

No decorrer da execução ocorrem alterações no cumprimento da medida socioeducativa que reclamam a atuação jurisdicional. Essas modificações podem decorrer da execução natural da sentença, como, por exemplo, a *progressão* e a *regressão*. Outras vezes, a execução é alterada em virtude de incidentes oriundos de situações jurídicas em que a atuação jurisdicional decide sobre a (*redução*), *substituição* ou *extinção* da medida, não havendo alteração da sentença.

Julio Fabbrini Mirabete, como a maioria da doutrina, chama essas alterações de *incidentes de execução*, que são "obstáculos que se apresentam ao desenvolvimento 'regular' ou 'normal' da execução e que devem ser resolvidos como questões incidentais". Lembra, ainda, que "o incidente é um acontecimento jurídico que ocorre no curso da execução da pena, ocasionando, por atividade jurisdicional, a sua alteração, redução ou extinção".[36]

Explica Edgard Magalhães Noronha que a locução *incidere*, significa "que sobrevém, que cai logo após, acessório, superveniente etc.", que, aplicada à execução penal, significa um acontecimento que sobrevém no curso da execução, de forma anormal, constituindo uma questão acessória, porém diretamente ligada à fase executória, que deve sofrer uma decisão judicial.

Continuando, o citado autor lembra que "o incidente de execução no processo executório criminal pode ser traduzido como toda a

36. *Execução penal – Comentários à Lei n. 7.210, de 11.7.1984*, pp. 206 e 438.

TUTELA JURISDICIONAL DIFERENCIADA / MEDIDA SOCIOEDUCATIVA   187

questão surgida durante a dinâmica da execução, portanto, na fase executória, rompendo a caminhada normal do processo e requerendo uma solução de natureza judicial".[37]

A Lei de Execução Penal – LEP apresenta, nos capítulos I a III, do Título VII, os incidentes das conversões (arts. 180 a 184), do excesso ou desvio (arts. 185 e 186) e da anistia ou indulto (arts. 187 a 193). Para a LEP, a *conversão*[38] é a substituição de uma sanção por outra, pena ou medida de segurança, no curso da execução. Assim, pode ocorrer a conversão de pena privativa de liberdade em restritiva de direitos (art. 180), de pena restritiva de direitos em privativa de liberdade (art. 181 e CP art. 44, § 4º), da pena privativa de liberdade em medida de segurança (art. 183).[39] O *excesso* ou *desvio*[40] dar-se-á toda vez que algum ato for praticado além dos limites fixados na sentença, em normas legais ou regulamentares (art. 185). A *anistia* e o *indulto*,[41] previstos no art. 185 e seguintes da LEP, são considerados

37. *Curso de direito processual penal*, p. 468.
38. Cf. E. Magalhães Noronha, *Curso de direito processual penal*, p. 469, segundo o qual "a *conversão* importa na modificação da natureza da pena (...)".
39. Em relação à multa, dispõe o art. 51 do CP: "Transitada em julgada a sentença condenatória, a multa será considerada dívida de valor, aplicando-se-lhe as normas da legislação relativa à dívida ativa da Fazenda Pública, inclusive no que concerne às causas interruptivas e suspensivas da prescrição". A conversão da pena de multa em privativa de liberdade foi revogada pela Lei n. 9.268/1996. Cf. também a Lei n. 9.714/1998.
40. Cf. E. Magalhães Noronha, *Curso de direito processual penal*, p. 471, que lembra que "o incidente do *excesso* ou *desvio* tem por objetivo a proteção da pessoa do condenado, fazendo com que a sentença, as normas legais e as regulamentares sejam fielmente executadas, atuem como é de seu destino, constituindo uma autoproteção ao preso, sujeito quase sempre à arbitrariedade, principalmente diante de sua condição de encarcerado".
41. Cf. Julio Fabbrini Mirabete, *Execução Penal – Comentários à Lei n. 7.210, de 11.7.1984*, p. 453. "A *anistia* é medida de interesse coletivo, motivada em regra por considerações de ordem política e inspirada na necessidade de paz social a fim de se fazer esquecer comoções intestinais e pacificar espíritos tumultuados. Aplica-se, por isso, principalmente, aos crimes políticos, militares e eleitorais, mas nada impede que se refira a qualquer outra infração penal. A anistia extingue todos os efeitos penais decorrentes da prática do crime, referindo-se a fatos e não a pessoas, embora possa exigir condições subjetivas para ser aplicada (...) O *indulto* é um ato de clemência do Poder Público em favor de um réu condenado ou de natureza coletiva quando abrange vários condenados que preencherem os requisitos exigidos (...) O indulto pode ser concedido ao autor de qualquer espécie de crime, inclusive os que se apuram mediante ação penal privada (...)".

188 PROCESSO PENAL JUVENIL

indulgentia principis, de natureza constitucional, que demonstram atos de soberania e a manifestação do *ius eminens* do Estado, com a finalidade de atender a interesses sociais; e o penal, por atingirem o *jus puniendi* e repercutirem sobre os crimes e as penas, como matéria de política criminal.[42]

No âmbito do Direito da Criança e do Adolescente, e, em especial, na execução de medidas socioeducativas, impropriamente denomina-se *incidentes de execução*, o sistema de alteração de medidas pela progressão e regressão, vez que o sistema progressivo se condensa no âmbito dos direitos individuais, subjetivos, exigindo que, cumpridos certos pressupostos estabelecidos em lei e cumpridas, durante prazo determinado, as obrigações impostas, o condenado *faz jus* ao benefício,[43] a exemplo, analogicamente, do disposto nos arts. 77 e 83 do CP.[44]

Por isso, trata-se, neste estudo, de *incidentes* as alterações na execução de medidas socioeducativas, provocadas pela: a) *conversão ou substituição*[45] (no sentido de que o juiz pode converter uma medida socioeducativa privativa de liberdade em uma das restritivas de direitos ou substituir uma medida restritiva de direitos por outra da mesma natureza, independente da superveniência de outra medida imposta em processo distinto – ou, num sentido mais usual, *progressão* e *regressão*); b) pelo *excesso* ou *desvio* (no sentido de proteger os limites sancionatórios impostos na sentença); c) pela *superveniência de nova medida socioeducativa* (cumulação de medidas); e d) pela *extinção* das medidas (pelo efetivo cumprimento ou pelo decurso de tempo) a serem executadas.

42. Cf. Álvaro Mayrink da Costa, *Criminologia*, v. 2, p. 1.441.

43. "A reavaliação do adolescente após o prazo previsto de seis meses, preconizada na Lei de Regência, não é apenas uma faculdade, traduz direito do menor" (TJSP, HC 26.301-0, rel. Yussef Cahali).

44. Cf. E. Magalhães Noronha, *Curso de direito processual penal*, p. 468, segundo o qual "a suspensão condicional e o livramento condicional foram colocados em outro Título, na parte relativa à execução da pena privativa de liberdade. Para certos autores ambas são incidentes de execução, e como tal deveriam ser colocadas na parte final; para outros, não guardam relação com os incidentes executórios, pois formam uma normalidade, uma vez que adotados como individualização e personalização da pena, mormente a última que integra a progressividade".

45. Serão utilizados os termos "progressão" e "regressão" não no sentido específico proposto para a suspensão condicional e livramento condicional, nos termos dos arts. 77 e 83 do CP, mas, tão-somente, para designar a conversão ou substituição de medida mais severa por mais branda (progressão) e medida mais branda por mais severa (regressão ou internação-sanção).

TUTELA JURISDICIONAL DIFERENCIADA / MEDIDA SOCIOEDUCATIVA   189

a) *Conversão* ou *substituição* – A conversão de medida socioeducativa privativa de liberdade em outra, restritiva de direitos, realiza a disposição contida no art. 121 do Estatuto, que determina que a segregação da liberdade é medida sujeita aos princípios da brevidade, excepcionalidade e respeito à condição peculiar de pessoa em desenvolvimento. Além disso, dispõe o § 2º do referido artigo que "em nenhuma hipótese será aplicada a internação, havendo outra medida adequada".[46]

46. 1) "Agravo – Decisão que, em sede de execução de medida sócio-educativa, concedeu ao adolescente infrator a medida de liberdade assistida, em substituição à internação – Decisão judicial fundamentada em relatório social elaborado pela equipe técnica da unidade educacional – Admissibilidade da progressão – A gravidade do ato infracional, como fator isolado, não pode servir como óbice à progressão pretendida – Recurso improvido" (TJSP, AI 91.668-0/9-00, rel. Borlle Machado, j. 5.8.2002); 2) "Menor – Ato infracional – Medida sócio-educativa – Progressão para regime aberto independentemente da gravidade do fato que o conduziu à internação – Condições pessoais e respaldo familiar que são indicativas de progresso na ressocialização – Recurso não provido" (TJSP, AI 65.289-0, São Paulo, Câmara Especial, rel. Álvaro Lazzarini, j. 13.4.2000, v.u.); 3) "Agravo de instrumento – Progressão de internação para liberdade assistida – Equipe técnica da Febem sugere a desinternação do menor – A gravidade da conduta demonstrada no ato infracional, por si só, não obsta a progressão para liberdade assistida, a qual deve ser deferida na hipótese em que o menor, depois de certo período de internação, revela condições de retornar ao convívio social – Preliminar rejeitada – Recurso improvido" (TJSP, AI 47.529.0/8, rel. Djalma Lofrano). De idêntico teor: TJSP, ApCiv. 47.029-0/6, rel. Djalma Lofrano, AI 045.860-0/3-00; 4) "Menor – Agravo contra decisão que indeferiu progressão do regime de internação para liberdade assistida – Condições pessoais do infrator que autorizam o deferimento do pedido – Recurso provido. É verdade que o adolescente praticou infração grave (tentativa de roubo), mas a natureza do ato, por si só, não justifica o prolongamento da internação, já que a medida não tem caráter retributivo, mas de reeducação. Desta forma, o tempo necessário para que um adolescente infrator possa ser considerado apto a retornar ao convívio social, deve variar segundo a sua capacidade de evolução e não de acordo com a natureza e gravidade do ato cometido. O agravante é reconhecidamente primário, não registrando passagens anteriores pela FEBEM. A falta de vivência infracional se evidencia pela inexperiência demonstrada na prática do ato infracional, que não chegou a se consumar por intervenção da própria vítima, que não teve maiores dificuldades para subjugar seu agressor. Ademais, o menor desde logo assumiu seu erro, não procurando fugir à responsabilidade de seus atos, comportamento que demonstra a presença de senso crítico e a inexistência de um caráter voltado à marginalidade, conclusão confirmada por seu comportamento exemplar durante todo o período em que esteve institucionalizado. De outro lado há que se considerar que o adolescente já atingiu a maioridade penal, estando ciente dos riscos e das conseqüências que poderão lhe advir caso decida, em liberdade, continuar trilhando

190 PROCESSO PENAL JUVENIL

De certa forma, o Estatuto mitigou – e expressamente – excepcionou a medida privativa de liberdade, de modo que sua conversão em medida restritiva de direitos não só é possível, mas recomendável. Referida conversão não modificará a sentença condenatória, mas influirá na natureza da medida imposta, de modo a minorar a sorte do condenado.

Vê-se, pois, que a execução das medidas socioeducativas rege-se pelo princípio da progressividade, visando a garantir ao adolescente, na medida de seus méritos,[47] a progressão de uma medida socioeducativa mais gravosa para outra mais branda.

A progressão de regime, para Paulo Afonso Garrido de Paula, "importa transposição de medida mais grave para uma mais branda, estando condicionada à prévia oitiva do Ministério Público, porquanto como sujeito processual principal e na qualidade de verdadeira parte pública do processo deve aferir se a substituição em benefício aparente do adolescente atende aos desideratos da defesa social e da função educativa da medida".[48]

---

o caminho do crime. A medida de internação, na maior parte dos casos, exerce papel repressivo e intimidatório, mas seu prolongamento indevido pode excluir esse efeito pedagógico, servindo para, ao oposto do desejado, tornar o infrator insensível a esse recolhimento e ainda exacerbar seu inconformismo com as regras de convivência criadas pela sociedade" (TJSP, AI 053.438-0/1-00, rel. Yussef Cahali); 5) "Menor – Progressão – Infrator internado – Pareceres técnicos favoráveis – Decisão denegatória fundada apenas nos antecedentes do menor – Agravo provido para inserir o jovem em regime de liberdade assistida" (TJSP, AI 38.380.0/6-00, rel. Silva Leme).

47. "Juizado da Infância e da Juventude. Situação individual do adolescente. Internação. Substituição para Semiliberdade. Possibilidade. As condições pessoais do adolescente aconselham a modificação da medida socioeducativa de internação para a de semiliberdade quando somadas ao apoio dos seus familiares, à proposta segura de emprego e à prova oral favorável, obtendo o apoio do órgão ministerial. Recurso provido" (TJRJ, Apelação (ECA), Processo 2002.100.00126, data de registro: 12.12.2002, 2ª Câm. Crim., rel. Des. Maria Collares Felipe, j. 29.10.2002).

48. 1) "Se o adolescente conta com relatórios técnicos reveladores da sua boa evolução no drástico processo reeducativo, inclusive com recomendação para o abrandamento do regime, não se deve criar obstáculos para a imediata desinternação, sob pena de se desnaturar o processo que é lastreado no princípio constitucional da brevidade – Efeito ativo confirmado – Recurso provido" (TJSP, AI 096.583.0/7-00, Câmara Especial, rel. Moura Ribeiro, j. 8.9.2003); 2) "*Habeas corpus* – Medida socioeducativa de internação – Conversão em semiliberdade que se impõe, no caso

TUTELA JURISDICIONAL DIFERENCIADA / MEDIDA SOCIOEDUCATIVA   191

O citado autor continua referindo-se à possibilidade de regressão e progressão de regime, "expressões importadas do sistema de execução penal e aqui anotadas em razão da propriedade terminológica para a matéria tratada. Regredir no regime de medidas socioeducativas importa substituir medida branda ou menos grave por uma mais severa, observada a gradação ascendente do art. 112, incs. I a VI, do Estatuto da Criança e do Adolescente, consubstanciada no seguinte rol: advertência, obrigação de reparar o dano, prestação de serviços à comunidade, liberdade assistida, inserção em regime de semiliberdade e internação em estabelecimento educacional. A maior ou menor gravidade é representada pelo conteúdo aflitivo de cada uma delas, ou seja, pelo nível de constrangimento que lhes é ínsito ou pela importância do direito coartado pela sentença. A

concreto, diante dos diversos pareceres favoráveis ao adolescente, cujo comportamento prenuncia a adequação de medida mais branda, objetivando a efetividade de condições, dentre as quais a escolarização, o emprego e o convívio com os familiares, com vistas à ressocialização – Ordem concedida" (TJRJ, HC 2001.059.03564, data de registro: 22.2.2002, 4ª Câm. Crim., rel. Des. Telma Musse Diuana, j. 3.1.2002); 3) *"Habeas corpus.* Aplicação de medida sócio-educativa de internação ao menor. Progressão ao regime de liberdade assistida com base em avaliação realizada por técnicos da FEBEM. Regressão ao regime anterior. O acórdão atacado, ao determinar a regressão do paciente ao regime de internação, afastando as conclusões do parecer técnico da FEBEM, que, ao avaliar o menor após mais de seis meses de internação, concluiu haver ele adquirido condição de ser colocado em liberdade assistida, confronta com a proteção prevista no próprio Estatuto, a teor do § 2º do art. 122, o qual dispõe que 'em nenhuma hipótese será aplicada a internação, havendo outra medida adequada'. Concessão da ordem" (STF, HC 78.766-1, São Paulo, 1ª T., rel. Min. Ilmar Galvão); 4) "Adolescente submetido a medida socioeducativa de internação obtém progressão da medida após ser avaliado e ouvido pelo Juízo. Inexistência de precipitação no decidido frente ao tempo de internação e a avaliação favorável dos técnicos que se mostra suficiente. Recurso não provido" (TJSP, AI 065.081.0/4, rel. Álvaro Lazzarini); 6) "ECA. Progressão de medida socioeducativa. Não pode ser frustrada a expectativa do menor, de progressão de medida, se esta foi aventada pelo magistrado em audiência, inclusive com determinação de elaboração de plano para cumprimento de medida em meio aberto, e os pareceres são favoráveis. Proveram unânimes" (TJRS, AI 70001988112, 7ª Câm. Cível, rel. Luiz Felipe Brasil Santos, j. 21.2.2001); 7) "Se, aliados aos princípios da brevidade e da excepcionalidade, existem reiterados pareceres técnicos, recomendando a inserção do adolescente infrator no regime de semi-liberdade, não há porque perenizar decisão mantenedora de internação, notadamente se o seu precípuo fundamento diz respeito a um fato (rebelião) ocorrido quase um ano antes da sua edição" (STJ, HC 19789/PR).

192 PROCESSO PENAL JUVENIL

regressão, portanto, redunda em marcha retrógrada em direção à medida com grau de gravidade maior do que aquela inicialmente aplicada".[49]

Por outro lado, é defeso converter medida restritiva de direitos em medida privativa de liberdade.[50] Há somente uma exceção, que vem expressa no inciso III do art. 122 do Estatuto, que dispõe que a medida de internação só poderá ser aplicada "por descumprimento reiterado e injustificável da medida anteriormente imposta". Neste caso, "o prazo de internação na hipótese do inciso III deste artigo não poderá ser superior a três meses".

Esta exceção é conhecida como *internação-sanção*, pelo fato de que a medida restritiva de liberdade é imposta, aqui, como uma punição pelo descumprimento de medida anteriormente imposta.[51] Por ter esse caráter, é obrigatória a oitiva do infrator, que não cumpriu as exigências permissivas da progressão da medida.[52] Pode-se

---

49. *Direito da criança e do adolescente e tutela jurisdicional diferenciada*, pp. 116-117.

50. *"Habeas corpus*. ECA. Ato infracional. Regressão de medida. Oitiva do adolescente. Princípio da ampla defesa. Na audiência de revisão de medida socioeducativa deve ser ouvido o menor, sob pena de ferir-se o princípio da ampla defesa. Súmula 265 do STJ. Concederam a ordem (segredo de justiça) (8 fls)" (TJRS, HC 70004350104, 8ª Câm. Cível, rel. Rui Portanova, j. 20.6.2002).

51. "A aplicação da medida socioeducativa de internação-sanção está sujeita às garantias constitucionais da ampla defesa e do contraditório, caracterizando-se constrangimento ilegal a sua decretação sem a audiência prévia do adolescente" (STJ, RHC-SP 10900). No mesmo sentido, também do STJ: HC-SP 12839.

52. *A favor* (majoritária): 1) Súmula 265 do STJ: "É necessária a oitiva do infrator antes de decretar-se a regressão da medida socioeducativa"; 2) "O descumprimento injustificado e reiterado de medida socioeducativa autoriza, não há dúvida, a internação do adolescente recalcitrante. Mas há que se assegurar a ele, previamente, o direito de ser ouvido, pela autoridade judiciária, acerca dos motivos do não cumprimento das obrigações que lhe cabem. Para que assim se possa afirmar, com segurança, que a contumácia foi injustificada" (TJSP, AI 24.088-0/6, rel. Dirceu de Mello); 3) "Adolescente que não retornando à unidade educacional, tem contra si pedido de internação – Indeferimento – Relevância de, antes da decisão, ensejar-se-lhe a audiência. A aplicação da internação, calcada no inciso III do art. 122 do ECA, pressupõe descumprimento reiterado e injustificável da medida anteriormente imposta. O não retorno do infrator à unidade educacional deixa de caracterizar reiteração no descumprimento dessa medida. Demais, ainda que essa conduta, isolada, configurasse tal pressuposto, a oitiva do jovem sobre o descum-

TUTELA JURISDICIONAL DIFERENCIADA / MEDIDA SOCIOEDUCATIVA 193

dizer que a internação-sanção é uma exceção (imposição de medida privativa de liberdade) dentro de outra exceção (somente nos casos de reiterado e injustificado descumprimento de medida já imposta). Neste caso, há uma verdadeira "regressão" no cumprimento da medida, no sentido de conversão de uma medida branda por outra

primento da medida seria imprescindível para a aferição do outro requisito da internação, a saber, a injustificabilidade dessa violação. É mister assegurar-lhe a garantia da defesa e do contraditório" (TJSP, ApCiv 24.005.0/9, rel. Ney Almada); 4) "*Habeas corpus* – Menor infrator – Regressão à medida de internação – Necessidade de oitiva do adolescente – Para que se alcancem os objetivos pretendidos pelas medidas socioeducativas, é necessário que, na imposição das sanções, seja observado, com extremo rigor, o princípio da ampla defesa. Portanto, a prévia audiência do menor infrator, quando possível, faz-se indispensável para a aplicação de medida socioeducativa mais gravosa. – Ordem concedida no sentido de que o menor infrator seja reconduzido à semiliberdade para, regularmente intimada, prestar justificativa sobre o descumprimento da medida socioeducativa" (STJ, RHC 9270/SP; RO em HC 1999/0104257-7, 5ª T., j. 16.3.2000, rel. Min. Jorge Scartezzini, *DJ* 15.5.2000, p. 00171); 5) "RHC – ECA – Fuga. Regressão e Medida de Semiliberdade – Internação – Impossibilidade. Direito de Defesa. 1. A reversão da medida de semiliberdade para a de internação não pode prescindir do devido processo legal, com a oitiva do adolescente (art. 110 ECA). 2. Recurso provido. Decisão: Vistos, relatados e discutidos estes autos, acordam os Ministros da Sexta Turma do Superior Tribunal de Justiça, na conformidade dos votos e das notas taquigráficas a seguir, por unanimidade, dar provimento ao recurso para conceder o *Habeas corpus*. Votaram com o Ministro Relator os Ministros Hamilton Carvalhido, Fontes de Alencar e Vicente Leal. Ausente, por motivo de licença, o Ministro William Patterson" (STJ, RHC 8871/SP, RO em HC 1999/0066064-1, 6ª T., j. 23.11.1999, rel. Min. Fernando Gonçalves, *DJ* 17.12.1999, p. 00400).

Contra: 1) "Agravo de instrumento – Adolescente infrator inicialmente inserido no regime de semiliberdade, pela prática de ato assemelhado a furto e porte para uso de substância entorpecente – Não cumprimento reiterado da medida socioeducativa – A aplicação da reversão da medida, transmudada em internação-sanção, que prescinde da prévia ouvida pessoal do menor, mas que ocorrerá após a sua apreensão – Recurso não provido" (TJSP, AI 70.922-0/5, Comarca de São Paulo, rel. Des. Mohamed Amaro, j. 2.2.2001; 2) "Agravo de instrumento – Adolescente infrator inicialmente inscrito no regime de internação e que fez jus à progressão (semiliberdade) – Não cumprimento reiterado da nova medida sócio-educativa – Aplicação da reversão da medida, transmudada em internação – Sanção, prescinde da prévia ouvida pessoal do menor – Recurso não provido" (TJSP, AI 68.477-0/3, Comarca de São Paulo, rel. Des. Fonseca Tavares, j. 5.10.2000).

194 PROCESSO PENAL JUVENIL

mais severa.[53] Porém, sua aplicação e execução exigem a garantia do devido processo legal[54] e será aplicada por no máximo três meses.[55]

Pergunta-se se é possível restabelecer a medida restritiva de liberdade – mais severa – convertida em restritiva de direitos. Seria uma espécie de revogação da progressão com a retomada da medida progredida na situação que originalmente se encontrava. O adolescente não cumpriu a medida progredida (menos severa), em substituição à mais severa (no caso, privativa de liberdade).

Neste caso, entende-se que seria justificada a aplicação da regressão, na modalidade citada de internação-sanção, em face do descumprimento da medida progredida, com as mesmas orientações dispostas no art. 122, III, §§1º e 2º do Estatuto. Haveria, no caso, um

53. "Tendo em vista tratar-se de privação de liberdade, devem ser aplicados aos jovens os mesmos princípios da detração que favorecem os imputáveis submetidos à prisão. A lei não exclui o tempo de segregação provisória da contagem do tempo máximo de reavaliação. A Turma, por unanimidade, concedeu a ordem para assegurar ao paciente o direito de ser reavaliado no máximo em seis meses, a partir da sua internação provisória" (STJ, HC-SP 12.596)

54. 1) "Estatuto da Criança e do Adolescente – Medida socioeducativa de internação – Necessidade de representação do Ministério Público e da observância do princípio do contraditório – Recurso desprovido. Não é possível impor ao menor/infrator medida sócio-educativa mais grave (internação), no curso de outra mais branda (prestação de serviços comunitários), sem a devida apuração do fato que justificaria essa alteração e sem a obediência integral dos princípios constitucionais do contraditório e da ampla defesa" (TJMG, Processo 1.0000.00.135740-9/000 (1), rel. Luiz Carlos Biasutti, j. 2.3.1999, publicado em 5.3.1999); 2) "Habeas corpus. Estatuto da Criança e do Adolescente. Decisão que substituiu a medida de semiliberdade aplicada à menor pela de internação. Ausência de contraditório e ampla defesa. Excesso de prazo. Ordem parcialmente concedida. Não tendo sido oportunizado o contraditório e a ampla defesa ao paciente e havendo excesso de prazo, nos termos do art. 122, parágrafo primeiro, do ECA, a ordem deve ser concedida, para o fim precípuo de reinserir o paciente no regime de semiliberdade originalmente aplicado" (TJPR, HC 94.596-4, Curitiba, rel. Des. Moacir Guimarães, Ac 12527, 1ª Câm. Crim., j. 24.8.2000).

55. "Habeas corpus – Aplicação da internação sanção pelo período de três meses, por descumprimento de medida sócio-educativa de semiliberdade – Medida corretamente aplicada, no entanto, fixada por prazo determinado – Ordem concedida, em parte, apenas par certificar-se que a internação será no máximo de três meses, ficando a critério do juízo competente a redução do prazo, após a oitiva do adolescente" (TJSP, HC 66.777.0/8-00, j. 16.12.1999, rel. Yussef Cahali).

TUTELA JURISDICIONAL DIFERENCIADA / MEDIDA SOCIOEDUCATIVA 195

descumprimento dos compromissos assumidos[56] e estabelecidos como condição para a substituição.[57]

Todavia, quando ocorrer a hipótese de regressão de medida mais branda para uma mais severa, o juiz da execução deverá obrigatoriamente realizar audiência para ensejar ao adolescente a sua justificação,[58]

56. "ECA – Regressão à medida de internação originalmente imposta, por descumprimento de semiliberdade – Possibilidade a qualquer tempo – Inteligência dos artigos 99, 100 e 113 do ECA, observado o pressuposto contido na primeira parte do artigo 114 do mesmo estatuto – Menor que abandonou unidade no dia seguinte em que foi inserido no regime mais brando e não mais retornou – Conduta que demonstra inadequação do menor ao regime a que submetido, autorizando a substituição, por medida socioeducativa de internação, por prazo indeterminado – A substituição por medida mais rigorosa, observada a premissa constante no artigo 114 do ECA, ainda que não imposta na sentença originária, leva em conta as necessidades pedagógicas e protetivas ao próprio desenvolvimento do menor como membro de unidade familiar e de sua comunidade, não lhe sendo de nenhuma ajuda a ignorância pelo Estado de circunstância grave, como o envolvimento com drogas e armas de fogo, com situação familiar incapaz de modificá-lo, a pretexto de manter uma aparente liberdade, que coloca em risco o próprio menor e a sociedade onde inserido – Recurso de agravo a que se nega provimento" (TJSP, AI 63.831-0/3, Comarca de São Paulo, j. 16.3.2000, rel. Des. Álvaro Lazzarini).

57. "Menor infrator – Descumprimento reiterado de medida de prestação de serviços à comunidade que lhe foi anteriormente aplicada em razão do cometimento de ato infracional equivalente ao furto qualificado – Advertências em juízo – Adolescente que afirma não cumprir a medida porque 'não gosta' – Aplicação de internação-sanção – Recurso pretendendo substituí-la por liberdade assistida – Vontade deliberada de descumprimento que justifica a sanção – Eventual maioridade que não dispensa do cumprimento, porque o ato foi cometido ainda quando inimputável – Recurso improvido" (TJSP, ApCiv 63.521-0/9, Comarca de Piratininga, j. 16.10.2000, rel. Des. Fábio Quadros).

58. 1) "É necessária a oitiva do menor infrator antes de decretar-se a regressão da medida sócio-educativa" (Súmula 265 do STJ, em 22.5.2002); 2) "Criminal – HC – ECA – Substituição de medida socioeducativa de liberdade assistida por internação – Ausência de oitiva do menor – Constrangimento ilegal – Configurado – Ordem concedida" (STJ, HC 14.930, São Paulo, j. 15.2.2001, rel. Min. Gilson Dipp); 3) "Criminal – HC – ECA – Regressão de medida sem a oitiva do menor infrator – Necessidade de sua intimação – Ordem concedida" (STJ, HC 13.150, São Paulo, j. 22.8.2000, rel. Min. Gilson Dipp); 4) "HC. Estatuto da Criança e do Adolescente. Medida socioeducativa de semiliberdade. Regressão para internação, por mero despacho, não ouvido o adolescente. Constrangimento. Adolescente que cumpria medida de semiliberdade, evadindo-se do CRIAM – Evasão relâmpago: saiu e retornou no espaço de uma hora. Inadmissível a regressão da medida para internação, por mero despacho, sequer ouvindo-se o adolescente, que deve permanecer na medida imposta pela sentença – semiliberdade – até nova decisão de reavaliação, devidamente fundamentada. Ordem concedida" (TJRJ, *Habeas corpus*, Processo 2002.059.02168, data de registro:

196 PROCESSO PENAL JUVENIL

produzindo a prova que for requerida, para, ao final, decidir, ouvidos o seu defensor e o Ministério Público.[59]

Em casos de regressão, entende-se obrigatória a presença do defensor, em face da preservação das regras constitucionais da legalidade e do devido processo legal.[60]

18.11.2002, 5ª Câm. Crim., rel. Des. Sergio de Souza Verani, j. 27.6.2002); 5) "Até no processo de execução penal a regressão de um regime prisional para outro mais rigoroso deve ser precedida de audiência do condenado, audiência esta de caráter pessoal, entre o juiz e o preso. Tal providência com mais razão deve ser adotada nos processos que versam a política de reeducação de menores infratores, desprovida de caráter punitivo, na qual os nossos olhos devem sempre elevar-se para a magnitude da transformação do jovem em adulto honesto e participante da obra de construção de um mundo melhor" (STJ, HC-SP 9236. No mesmo sentido, também do STJ: HC-SP 8887, HC-SP 11.325, HC-SP 9806, RHC-SP 9068, RHC-SP 8869); 6) "Se mesmo na execução penal não se admite a regressão de regime de cumprimento de pena sem a ouvida pessoal do sentenciado, com muito maior razão quando se trata de menor infrator, quando a medida de internação somente deve ser determinada em casos excepcionais e por períodos curtos, visto que a criança ou o adolescente não devem ser privados do convívio da família." (STJ, HC-SP 8836. No mesmo sentido, também do STJ: HC-SP 11325).

59. "Estatuto da Criança e do Adolescente. Regressão de regime. Medida de internação por descumprimento de medida sócio-educativa anteriormente aplicada. Decisão impositiva e sumária, sem dar oportunidade para serem ouvidos o adolescente, seu defensor e o Ministério Público. Súmula n. 265 do STJ. Ausência do devido processo legal. Nulidade do *decisum*. Agravo provido" (TJPR, AI 129.017-9, Curitiba, Ac. 15019, 1ª Câm. Crim., j. 19.12.2002, rel. Des. Darcy Nasser de Melo. No mesmo sentido Ac 15020, 1ª Câm. Crim.).

60. 1) "ECA. Regressão. Art 122, III. Para se fazer regredir medida socioeducativa com base no art 122, III do ECA é indispensável a reiteração. Ademais, para cumprir o devido processo legal ao adolescente deve ser oportunizada a justificação. Tudo com acompanhamento de defensor. Deram provimento. (fls. 07). Segredo de justiça" (TJRS, AI 70003374915, 8ª Câm. Crim., rel. Rui Portanova, j. 6.12.2001); 2) "Menor – Medida socioeducativa – Internação – Provisória – Decretação nos termos do artigo 108 do Estatuto da Criança e do Adolescente – Carência de fundamentação da decisão – Afronta ao artigo 93, IX da Constituição da República – Decisão nula – Internação indevida – Ordem concedida em parte para impedir a internação decorrente desse *decisum*" (HC 22.396-0, Bauru, rel. Ney Almada, j. 30.6.94); 3) "*Habeas corpus*. Internação provisória de adolescente. Decisão não fundamentada. Ordem concedida. A internação provisória, medida excepcional de cerceamento à liberdade de locomoção, deve ser determinada em decisão fundamentada, como todo provimento de natureza judicial (art. 93, IX, da CF). Não satisfaz ao preceito constitucional a adoção de parecer do Ministério Público, como razões de decidir, se nele não há fundamentação alguma que justifique a medida adotada" (TJDF, HC 19980020002707HBC-DF, Ac 103699, 2ª T. Crim., j. 26.3.1998, rel. Getulio Pinheiro).

TUTELA JURISDICIONAL DIFERENCIADA / MEDIDA SOCIOEDUCATIVA 197

É possível, também, ocorrer a *substituição* de medida restritiva de direitos por outra da mesma natureza. Assim, o juiz da execução poderá substituir as medidas restritivas de direitos enumeradas no art. 112, incisos II a IV, a saber, Obrigação de Reparar o Dano, Prestação de Serviços à Comunidade e Liberdade Assistida. Pode-se dizer que, neste caso, opera-se uma alteração de medida pura e simples, ou seja, as medidas socioeducativas em meio aberto podem ser substituídas umas pelas outras a qualquer tempo, na forma do disposto nos arts. 99 e 113 da Lei n. 8.069/90.

De fato, a substituição de uma medida por outra da mesma natureza implica realizar a ordem legal, extraída do § 1º do art. 112 do Estatuto, segundo a qual "a medida aplicada ao adolescente levará em conta a sua capacidade de cumpri-la, as circunstâncias e a gravidade da infração".

Na hipótese específica da medida de Obrigação de Reparar o Dano, o Estatuto trouxe consignada a possibilidade de sua substituição, como se vê no parágrafo único do art. 116, que dispõe "havendo manifesta impossibilidade, a medida poderá ser substituída por outra adequada".

Paulo Afonso Garrido de Paula advoga a possibilidade da substituição das medidas, em vista da instrumentalidade apontada, "pois toda vez que se verificar a possibilidade de medida mais adequada do que a inicialmente aplicada, a troca afigura-se necessária. E, medida adequada, reitero, é aquela que cumpre com sua finalidade de defesa social, ao mesmo tempo em que permite, no dizer do Estatuto da Criança e do Adolescente, o *fortalecimento dos vínculos familiares e comunitários*".[61]

b) *Excesso* ou *desvio* – O excesso ou desvio é, também, considerado incidente de execução. A execução deve primar pelo cumprimento das regras inseridas na lei, consubstanciando a base da legalidade.

Na execução de medida socioeducativa não pode haver transposição dos limites da pretensão executória, de modo que a sentença condenatória transitada em julgado deverá ser respeitada.

---

61. *Direito da criança e do adolescente e tutela jurisdicional diferenciada*, p. 116 (grifo do autor).

198 PROCESSO PENAL JUVENIL

Como a execução de sanção penal tem por objetivo realizar a vontade da sentença condenatória, assegura-se ao condenado todos os direitos não atingidos pela sentença ou pela lei.

Qualquer ato fora dos limites fixados pela sentença, por leis ou regulamentos constitui excesso ou desvio de execução. Extravasados esses limites, atinge-se o *status* jurídico do sentenciado, com a violação de seus direitos, ou se compromete a normalidade da execução, que é um imperativo da defesa social.[62]

Esta posição é reforçada por Edgard Magalhães Noronha que afirma: "o incidente de excesso ou desvio tem por escopo, por objetivo, a proteção da pessoa do condenado, fazendo com que a sentença, as normas legais e regulamentares sejam fielmente executadas, atuem como é de seu destino, constituindo uma autoproteção ao preso, sujeito, quase sempre à arbitrariedade, principalmente diante de sua condição de encarcerado. O incidente de excesso ou desvio, aplicado quando a execução for além ou diferente da forma prevista, tem por objetivo repor a situação em seus exatos termos, obedecendo-se à sentença condenatória, às normas legais ou regulamentares".[63]

A Lei de Execução Penal não distinguiu excesso de desvio. Entretanto, Renan Severo Teixeira da Cunha faz a seguinte afirmativa: "o excesso está carregado de conteúdo quantitativo e o desvio está carregado de conteúdo qualitativo".[64]

Julio Fabbrini Mirabete explica que "ocorre o primeiro quando, por exemplo, a autoridade administrativa ultrapassa, em quantidade, a punição, fazendo com que o condenado cumpra uma sanção administrativa além do limite fixado na lei, enquanto existirá o desvio quando ela se afasta dos parâmetros legais estabelecidos citando o autor, como exemplo, manter o condenado em um regime quando já faz jus a outro".[65]

Tanto o excesso quanto o desvio de execução afetam e redirecionam a execução de medida socioeducativa, interferindo, ou até mesmo, negando eficácia à sentença condenatória. Para evitar o excesso

---

62. Cf. Julio Fabbrini Mirabete, *Execução Penal – Comentários à Lei n. 7.210/84*, p. 451.

63. *Curso de direito processual penal*, p. 471.

64. *O Ministério Público na execução penal. Curso sobre a reforma penal*, p. 181.

65. *Execução penal – Comentários à Lei n. 7.210, de 11.7.1984*, p. 451.

TUTELA JURISDICIONAL DIFERENCIADA / MEDIDA SOCIOEDUCATIVA   199

ou desvio, busca-se, na atividade jurisdicional, o controle sobre os abusos da administração, pela hipertrofia e abuso de poder que levam à desproporcionalidade entre o crime e a sua punição.

c) *Superveniência de nova medida socioeducativa* – Tratando-se de superveniência de nova medida socioeducativa, a primeira indagação a ser feita será se a medida superveniente é restritiva de direitos ou privativa de liberdade.

Se, durante a execução de medida socioeducativa restritiva de direitos, sobrevier outra da mesma espécie, por conta da prática de novo ato infracional, esta poderá ser aplicada concomitantemente, exceto quando se tratar de liberdade assistida.

Entretanto, se a medida superveniente é de Liberdade Assistida, a primeira (restritiva de direitos) será extinta e o prazo dessa nova medida passará a fluir da data do início do seu cumprimento, e sua duração obedecerá ao preceituado no § 2º do art. 118, da Lei n. 8.069/90.

A medida de Liberdade Assistida requer cumprimento diferenciado das demais pela estratégia de seu desenvolvimento, que exige a presença de orientador habilitado, nomeado pelo juiz, para o cumprimento de distintas e individualizadas obrigações. Por isso, sugere-se a impossibilidade de cumulação de duas medidas de Liberdade Assistida.

A cumulação de medidas socioeducativas é, pois, possível.[66] Por *cumulatividade de medida*, explica Flávio Américo Frasseto, entende-se a "possibilidade de cumprimento simultâneo de duas ou mais medidas socioeducativas diversas aplicadas por uma mesma sentença ou por sentenças diversas".[67]

E acrescenta: "A) *Cabimento da cumulatividade* – somente são cumuláveis as medidas que detenham o mesmo grau de abrangência pedagógica. *Abrangência pedagógica* consiste na amplitude da intervenção da estratégia pedagógica, ou em outras palavras, na intensida-

---

66. "*Habeas corpus* – Regressão imposta em virtude de nova prática infracional já apurada em novo procedimento legal a qual gerou aplicação de outra medida diferente da internação – Impossibilidade – Cumulação de medidas socioeducativas pela prática do mesmo fato – Constrangimento ilegal – Concessão da ordem" (TJSP, HC 63.129.0/0-00, rel. Cunha Bueno).

67. Flávio Américo Frasseto, *Pela necessidade de uma doutrina do processo de execução de medidas socioeducativas*. Disponível em: www.abmp.org.br/publicacoes/Portal_ABMP_Publicacao_187_doc. Acesso em: 15.6.2004.

200 PROCESSO PENAL JUVENIL

de dos meios pedagógicos utilizados na inibição da reincidência. A amplitude pedagógica, de forma prática, pode ser tida como maior ou menor segundo o grau de *severidade* da medida. A amplitude pedagógica das medidas em meio fechado é maior do que o das medidas de meio semi-aberto que por sua vez é maior do que a amplitude pedagógica das medidas em meio aberto. As medidas em meio aberto, Liberdade Assistida, Prestação de serviços à Comunidade e Obrigação de Reparar o Dano,[68] todas detém a mesma amplitude. B) *Substrato pedagógico de compreensão do instituto* – a utilização dos recursos de maior intensidade (do meio fechado e semi-aberto) torna desnecessária (portanto, inócua, prejudicada) a utilização dos recursos pedagógicos de menor intensidade, tendo em vista o conteúdo estratégico da medida e seu objetivo".

Em adição, o citado autor alerta que "a regra geral da cumulatividade é que somente podem se cumular medidas *diferentes* classificadas no *mesmo* grau de amplitude pedagógica. Como conseqüência, *somente se mostram cumuláveis entre si as em medidas em meio aberto* (dotadas da mesma amplitude). Outra regra, embutida nesta mais geral, é a de que as medidas socioeducativas de desempenho não são cumuláveis entre si. As medidas de tarefa podem ser acumuladas entre si e com outra de igual amplitude (Liberdade Assistida)".

Nada impedirá, porém, que haja a cumulação entre as medidas de Obrigação de Reparar o Dano e Liberdade Assistida, Prestação de Serviços à Comunidade e Reparação o Dano ou Liberdade Assistida, Prestação de Serviços à Comunidade e Obrigação de Reparar o Dano. Todas as medidas poderão ser cumuladas com a de Advertência, em face da forma singela de sua execução e com as medidas protetivas, previstas no art. 101, conforme autoriza o art. 112, VII do Estatuto.

---

68. A medida de obrigação de reparar o dano consiste na restituição da coisa, no ressarcimento do prejuízo causado pela prática do ato infracional, ou, por qualquer outra forma, compense o prejuízo da vítima, segundo o art. 116 do ECA. Pelas características apresentadas, esta medida pode ser cumprida em um ato só, de modo que, com o pagamento, a restituição ou por qualquer forma, o prejuízo da vítima seja compensado. Por isso, admite-se a cumulação desta medida com outra, cujo conteúdo exija a participação do adolescente em outros aspectos, tais como, o acompanhamento escolar, a necessidade de certa restrição de freqüência a determinados lugares, de assumir ocupação lícita ou de submeter-se a tratamento psicológico etc.

TUTELA JURISDICIONAL DIFERENCIADA / MEDIDA SOCIOEDUCATIVA   201

Se a medida superveniente é privativa de liberdade, pela prática de ato infracional anterior ao início de cumprimento da medida socioeducativa de internação em execução, o juiz da execução procederá a sua *subsunção* àquela. Neste caso, a providência não implica o agravamento do prazo máximo de provação de liberdade estabelecido no art. 121, § 3º da Lei n. 8.069/1990, assim como não se aplica à hipótese do art. 122, inciso III do mesmo Diploma Legal.[69]

O Estatuto da Criança e do Adolescente não define a hipótese da *subsunção*. Para Flávio Américo Frasseto, o conceito de *subsunção* é a "incorporação lógica de uma medida socioeducativa por outra de igual ou maior abrangência pedagógica aplicada em razão de outro ato infracional".[70]

De modo a permitir a exata punição do jovem sem exceder os limites dos direitos e garantias individuais, deferidos a autores de atos infracionais, Flávio Américo Frasseto elabora postulados, classificação e regras para a compreensão do instituto da subsunção:

"Postulados de compreensão do instituto:

- No processo de execução da medida socioeducativa objetiva-se, sempre, o ideal pedagógico que, alcançado, implica a perda do objeto socioeducativo.
- Objeto de uma medida singular é idêntico ao objetivo de várias medidas aplicadas ao mesmo jovem.

69. A hipótese aventada é aquela descrita em situações concretas, que revelam que o jovem incorreu na prática de ato infracional várias vezes e recebe várias sentenças aplicando medidas de privação de liberdade. Cf., também: 1) "Infração – Medida socioeducativa – Aplicação. O adolescente já sentenciado em outro auto de apuração de ato infracional, ao cumprimento de medida de internação, desnecessário se faz nova determinação no mesmo sentido" (TJDF, Ap 19196-DF, Ac 90417, 1ª T. Crim., j. 26.9.1996, rel. Ribeiro de Sousa); 2) "ECA. Ato Infracional. Adolescente que responde a vários procedimentos. Medida mais severa já aplicada em outro procedimento. Unificação das medidas. Recurso prejudicado. Tendo a medida socioeducativa mais severa sido aplicada ao adolescente no curso do processo por ato infracional idêntico, deve ser julgado prejudicado o recurso com a mesma finalidade" (TJGO, ApCrim 22009-6/213, Processo 200101536172, j. 10.3.2003, rel. Des. Gercino Carlos Alves da Costa).
70. Flávio Américo Frasseto, *Pela necessidade de uma doutrina do processo de execução de medidas socioeducativas.* Disponível em: www.abmp.org.br/publicacoes/Portal_ABMP_Publicacao_187_doc. Acesso em: 15.6.2004.

202 PROCESSO PENAL JUVENIL

- A melhor medida a seguir outra mais severa deve ser definida a partir da intervenção pedagógica e não dos atos infracionais que precederam esta intervenção.

- A medida mais severa implica abrangência pedagógica maior, dentro da qual inclui-se a abrangência pedagógica das medidas mais brandas.

- Medidas idênticas têm o mesmo objetivo, a mesma abrangência, que não se altera em razão da pluralidade.

Outra forma de apresentar os postulados:

- A intervenção se dá sobre a pessoa do infrator nas condições subsistentes à época do ato infracional.

- Estas condições podem ensejar a prática de uma ou mais infrações.

- As medidas socioeducativas aplicadas em face de cada infração convergem em um mesmo objetivo.

- O objetivo da medida é inibir a reincidência e não responsabilizar o jovem por cada uma das infrações por ele cometidas.

- Através do conteúdo estratégico pedagógico espera-se do jovem um aprendizado, que, alcançado, faz com que perca sentido outras medidas que, invariavelmente, terão o mesmo objetivo. Se já alcançado o objetivo de uma medida pelo sucesso atingido por outra medida anteriormente cumprida, há perda do objeto desta nova medida.

- Completado o ciclo de intervenção sobre a pessoa perdem eficácia as medidas subseqüentes aplicadas em face de infração anterior ao início do ciclo.

Nomenclatura:

Medida subsunçora – a que incorpora

Medida subsumida – a que é incorporada

Classificação:

a) Quanto à espécie de medidas envolvidas:

- *Homogênea* – Subsunção de medidas idênticas.

- *Heterogênea* – Subsunção de medida mais branda por outra mais severa.

TUTELA JURISDICIONAL DIFERENCIADA / MEDIDA SOCIOEDUCATIVA 203

b) Quanto ao momento de ocorrência da infração ensejadora das medidas sob subsunção:

- *Lógica* – Quando as medidas a serem subsumidas decorrem de infrações anteriores ao início de cumprimento de uma das medidas.
- *Modificadora* – Quando uma das medidas a serem subsumidas decorre de infração praticada no curso de vigência da outra medida.

c) Quanto ao momento em que se opera a subsunção:

- *Anterior* – Incorporada no processo de execução. Prevendo a subsunção atual, o juiz deixa de aplicar medida ou aplica remissão (remissão quando o jovem está internado).
- *Atual* – Promovida no curso do processo de execução.
- *Posterior* – Quando a medida subsunçora já foi modificada.[71]

Regras da subsunção:

Operada a subsunção:

- Não há alterações em quaisquer dos prazos da medida subsunçora, exceto na hipótese de subsunção modificadora.
- Pode haver revisão do Plano Individual de Atendimento.
- A medida subsumida perde inteira vigência.
- Prevalecem as cláusulas mais severas."

Se, todavia, o adolescente estiver cumprindo medida de Internação e sobrevier a aplicação de nova medida, diversa desta, o juiz da execução: a) declarará extinta a sanção, quando se tratar de medida de Semiliberdade pela prática de ato infracional posterior à condenação; b) aplicará a Advertência ou a Reparação do Dano concomitantemente à medida em execução; c) suspenderá a aplicação das medidas de Prestação de Serviços à Comunidade e de Liberdade Assistida

---

71. É o caso de o jovem, por exemplo, ter cumprido internação e progredido para medida mais branda e ser surpreendido com sentença aplicando nova medida de internação por fato anterior ao início do cumprimento da medida de internação anterior.

204 PROCESSO PENAL JUVENIL

até que se dê o cumprimento da medida de Internação, oportunidade em que poderá ser declarada extinta, após apreciação de parecer produzido pela equipe interprofissional da entidade de atendimento.

Por outro lado, se, durante a execução da medida socioeducativa privativa de liberdade, sobrevier sentença aplicando medida da mesma natureza e gravidade, por fato praticado após o início do cumprimento daquela, o limite temporal, a que alude o art. 121, § 3º, da Lei n. 8.069/1990, passará a fluir da data do início do cumprimento dessa nova medida.

d) *Extinção pelo seu cumprimento ou pelo decurso de tempo (prescrição)* – A extinção da medida socioeducativa põe termo ao processo de execução. As medidas de Obrigação de Reparar o Dano e Prestação de Serviços à Comunidade exigem o cumprimento de tarefas estipuladas pelo juiz. Sua observância integral realiza a medida e impõe o encerramento da execução.

A medida de Liberdade Assistida extingue-se, por igual modo, pelo menos após seis meses[72] de cumprimento e será declarada extinta na oportunidade em que o orientador do programa de atendimento requerer ao juiz. O Estatuto da Criança e do Adolescente não fixou prazo máximo para cumprimento desta medida. Na omissão, busca-se, na analogia, o prazo máximo a ser obedecido. O Estatuto fixou prazo máximo de três anos somente para a medida de semiliberdade e internação, como se vê no art. 121, § 3º, que é um prazo excessivo para a medida de Liberdade Assistida. Neste caso, em face da lacuna legislativa, outra alternativa não há senão recorrer à regra da proporcionalidade para encontrar o equilíbrio desejado.

Na verdade, é muito difícil encontrar um adolescente cumprindo medida de Liberdade Assistida por esse período. Entretanto, o orientador deve, a cada três meses, comunicar ao juiz da execução as providências do cumprimento das exigências estipuladas. As avaliações feitas em curto prazo de tempo oferecem melhores condições para a redução de tempo previsto para o cumprimento da medida.

As medidas privativas de liberdade (Semiliberdade e Internação) extinguem-se, pelo seu cumprimento, num prazo máximo de três

72. ECA, art. 118, § 2º.

TUTELA JURISDICIONAL DIFERENCIADA / MEDIDA SOCIOEDUCATIVA   205

anos. Com efeito, o § 4º, do art. 121 do Estatuto propõe uma dilação deste prazo quando permite que, "atingido o limite estabelecido no parágrafo anterior (três anos), o adolescente deverá ser liberado, colocado em regime de Semiliberdade ou de Liberdade Assistida". Nota-se que, após três anos de cumprimento de medida de Semiliberdade ou de Internação, o adolescente poderá, ainda, cumprir medida de Liberdade Assistida.

O assunto está longe de ser definitivo. Flávio Américo Frasseto faz as seguintes observações sobre o tema: [73]

"Espécie da extinção:

1) *Quanto à vinculação do juiz:*

a) *compulsória* – Decretada diante de circunstância objetiva que torna inviável ou absolutamente inócua a vigência da medida socioeducativa.

Hipóteses de ocorrência:

• Decorrente de condenação criminal do jovem a pena privativa de liberdade

• Decorrente do óbito do socioeducando

• Decorrente do alcance da maioridade plena

• Decorrente do cumprimento das tarefas nas medidas de Prestação de Serviços à Comunidade e Obrigação de Reparar o Dano

b) *facultativa* – Cuja decretação depende de avaliação técnica do aproveitamento da medida, em caso de medidas por desempenho.

2) *Quanto a definitividade da intervenção estatal*

a) *pura* – Põe termo à medida, sem quaisquer ressalvas.

b) *monitorada* – Põe termo à medida com ressalvas sem caráter socioeducativo.

---

73. Flávio Américo Frasseto, *Pela necessidade de uma doutrina do processo de execução de medidas socioeducativas*. Disponível em: www.abmp.org.br/publicacoes/Portal_ABMP_Publicacao_187_doc. Acesso em; 15.6.2004.

PROCESSO PENAL JUVENIL

Duas hipóteses:

- *com medida protetiva* – A decisão encerra a medida socioeducativa e aplica medida de proteção – A Questão permanece: acompanhamento judicial só da medida protetiva?

- *com acompanhamento de egresso* – Põe termo à medida de internação ou semiliberdade, seguindo ativo o processo de execução por haver relevância em se monitorar – não o jovem – mas a efetividade do programa de acompanhamento de egressos."

A medida socioeducativa pode ser extinta pela superveniência de medida de privação de liberdade de maior gravidade. A medida segregativa terá prioridade na execução por ser mais severa e englobar as demais, restritivas de direitos. Sendo ela executada de imediato, a medida não privativa de liberdade em execução será extinta.

A extinção da medida socioeducativa opera-se, também, pelo decurso de tempo ou *prescrição*. A prescrição, como se denota no art. 107, IV, do CP, é instituto de direito material, que opera a extinção da punibilidade, que pode ocorrer antes ou depois de transitar em julgado a sentença; incide sobre as penas restritivas de direitos, privativas de liberdade e de multa.[74]

A prescrição no sentido penal para Damásio Evangelista de Jesus "é a extinção do direito de punir do Estado pelo decurso do tempo (...) A prescrição faz desaparecer o direito de o Estado exercer o *jus persequendi in juditio* ou o *jus punitionis* (...)" [75]

No Direito da Criança e do Adolescente, o tema da prescrição da medida socioeducativa tem gerado manifestações diversas. Deve-se pontuar, primeiramente, com Carmen Silvia de Moraes Barros, que "a individualização da pena na execução penal está adstrita ao sistema garantista, destinado à preservação dos direitos fundamentais – é,

---

74. "Estatuto da Criança e do Adolescente. Ato infracional praticado por menor de 18 (dezoito) anos. Medidas socioeducativas, de advertência e prestação de serviços à comunidade aplicadas pelo prazo de 01 (um) ano. Aplicação das normas da parte geral do Código Penal. Inteligência do artigo 226 do referido Estatuto. Prescrição. Ocorrência entre a data do recebimento da representação e a da publicação do *decisum* condenatório. Decretação, de ofício, prejudicado o exame do mérito" (TJSC, ApCrim 30.496, São Miguel do Oeste, rel. Des. Alberto Costa).

75. *Direito penal – Parte geral*, v. 1, p. 619.

TUTELA JURISDICIONAL DIFERENCIADA / MEDIDA SOCIOEDUCATIVA 207

portanto, princípio constitucional irrenunciável; que na execução penal prevalece a pessoa individual sobre o interesse social".[76]

Se a medida socioeducativa de natureza sancionatória, imposta pelo Estado-juiz independentemente da vontade do infrator, é considerada um castigo para quem infraciona e se satisfaz com a privação da liberdade do adolescente, da mesma maneira que incide sobre o adulto, deve ela conter mecanismos de arrefecimento.[77]

É por isso que Marina de Aguiar Michelman, analisando as várias teorias lastreadoras do castigo à inércia estatal, lembra que a "teoria do esquecimento leciona que uma punição intempestiva a certa conduta, cujo dano já foi esquecido pela sociedade, contraria a finalidade preventiva geral da retribuição estatal; a teoria que apregoa o

76. *A individualização da pena na execução penal*, p. 19.
77. 1) "A medida socioeducativa, pois, também é punitiva. Mesmo a pena por crime, é sabido e proclamado na Lei de Execução Penal, tem seu lado sócio-educativo: pune-se e tenta-se com a punição reeducar (...). Importante salientar as conseqüências jurídicas do caso sob análise, se a infração fosse aplicada por adulto imputável, aplicando-se as normas do Código Penal. Se o recorrido fosse imputável menor de vinte e um anos (...) já estaria de longe prescrita a pretensão punitiva do Estado. Destarte, não aplicar o Instituto da prescrição aos atos infracionais, injustos fundamentadores da atuação do Estado, significa criar situações bem mais severas e duradouras aos adolescentes do que em idênticas situações seriam impostas aos imputáveis, o que é de todo irrazoável" (STJ, REsp 241.477); 2) "Adolescente – Ato infracional – Furto qualificado – Tentativa – Medida socioeducativa – Internação – Prescrição – Aplicabilidade das regras do Código Penal – Extinção da pretensão socioeducativa declarada. Submetendo-se os menores infratores às normas penais comuns para a caracterização do que seja ato infracional para sujeitá-los às medidas socioeducativas, não se pode recusar-lhes os benefícios e causas que extinguem a punibilidade dos imputáveis, dentre elas a prescrição, sob pena de violação dos princípios garantistas inseridos no ECA" (TJSC, ApCrim 99.021836-8, Chapecó, j. 21.12.1999, rel. Des. Nilton Macedo Machado); 3) "As medidas socioeducativas, induvidosamente protetivas, são também de natureza retributivo-repressiva, como na boa doutrina, não havendo razão para excluí-las do campo da prescrição, até porque, em sede de reeducação, a imersão do fato infracional no tempo reduz a um nada a tardia resposta estatal. O instituto da prescrição responde aos anseios de segurança, sendo induvidosamente cabível relativamente a medidas impostas coercitivamente pelo Estado, enquanto importam em restrições à liberdade. Tendo caráter também protetivo-educativo, não há porque aviventar resposta do Estado que ficou defasada no tempo. Tem-se, pois, que o instituto da prescrição penal é perfeitamente aplicável aos atos infracionais praticados por menores" (STJ, REsp 226370/SC. No mesmo sentido, também do STJ: REsp 171080/MS).

208   PROCESSO PENAL JUVENIL

desaparecimento de provas do ato e da autoria pela ação do tempo, a tornar temerária eventual condenação; a teoria da utilidade social, conforme a qual a lei deverá impedir uma resposta estatal de cunho punitivo, mas também pedagógico, quando protagonista do desvalor comprovou, com sua conduta, a readaptação ao convívio social".

Mais adiante, a citada autora continua: "Quando se questiona sobre o transcurso do tempo como fator extintivo do poder estatal de aplicar ou executar certa medida socioeducativa está se cogitando da existência de poder estatal para responder a dado ato infracional ou para executar a medida aplicada ao adolescente enquanto tal".[78]

A produção jurisprudencial tem oscilado para os extremos, ora considerando a possibilidade de utilização da prescrição, em face do disposto no art. 226 do Estatuto, que permite a aplicação das normas da Parte Geral do Código Penal,[79] ora pendendo para a impossibilidade absoluta do instituto, em vista da diversidade de finalidade entre medidas socioeducativas e penas criminais.[80]

78. "Da impossibilidade de se aplicar medida socioeducativa em virtude da ação do tempo", *Revista Brasileira de Ciências Criminais* 7/211-212.
79. 1) "Estatuto da Criança e do Adolescente. Ato infracional praticado por menor de 18 (dezoito) anos. Medidas socioeducativas, de advertência e prestação de serviço a comunidade, aplicadas pelo prazo de 1 (um) ano. Aplicação das normas da parte geral do Código Penal. Inteligência do art. 226 do referido Estatuto. Prescrição. Ocorrência entre a data do recebimento da representação e da publicação do *decisum* condenatório. Decretação, de ofício, prejudicado o exame de mérito" (ApCrim 30.496, São Miguel do Oeste-SC, rel. Des. Alberto Costa); 2) "Processo especial. Ação delituosa praticada por menor de 18 (dezoito) anos – Decorrência de mais de 2 anos entre a data do conhecimento judicial do fato à da decisão – Pena inferior a 1 (um) ano – Extinção da punibilidade pela prescrição – Aplicação do art. 226, do Estatuto da Criança e do Adolescente – Decretação de ofício" (ApCrim 30.422, Tubarão-SC, rel. Des. Márcio Batista); 3) Recentemente, a Revista *Consulex*, no ano IV, volume II, n. 37, de 31 de janeiro de 2000, publicou um acórdão do TJSC reconhecendo a prescrição superveniente em favor de um adolescente condenado a cumprir medida socioeducativa: "EMENTA: Adolescente – Medida socioeducativa – Prestação de serviço à comunidade – Prazo de seis meses – Prescrição superveniente – Inteligência do art. 226 do ECA – Recurso prejudicado. DECISÃO: Por unanimidade, decretar, de ofício, extinta a punibilidade, pela ocorrência da prescrição da pretensão socioeducativa, na forma superveniente, prejudicando o exame do mérito recursal. Custas *ex leg*" (TJSC, 2ª Câm. Crim., Ac 9813369-6, rel. Des. César Abreu, *DJSC* 5.11.1999, p. 17).
80. 1) "Recurso de apelação. Ilícito. Representação. Medida socioeducativa. Imposição. Prescrição. Prazo. Decisão. Mantenimento. Recurso. Apelo negado – A

TUTELA JURISDICIONAL DIFERENCIADA / MEDIDA SOCIOEDUCATIVA

Não há divergência, porém, quando o infrator já completou 21 anos, devendo ser, compulsoriamente liberado, conforme dispõe o § 5º do art. 121 do Estatuto.[81]

Há um limite, pretendido pela lei, para a imposição de sanções de natureza penal. Este marco funda-se na desobrigação do infrator de suportar a reprimenda em face da desídia estatal em punir. A sanção penal visa à não-dessocialização do condenado e tem função ini-

aplicação dos prazos prescricionais previstos no Código Penal ao procedimento de apuração de ato infracional atribuído a adolescente e regulado pela Lei 8.068/90 esbarra na diversidade da natureza e finalidade das medidas socioeducativas e das penas previstas na legislação criminal. Por incompatíveis, não há possibilidade de aplicar-se a prescrição penal ao ato infracional. A lei não fixa prazo máximo para o cumprimento da medida socioeducativa de liberdade assistida (art. 118, § 2º), referindo-se tão-somente ao mínimo de 6 (seis) meses, a qual poderá a qualquer momento ser prorrogada, revogada ou substituída. Decisão monocrática ratificada por seus próprios fundamentos. Recurso. Improvimento" (TJPR, Conselho da Magistratura, Ap 95000929-6-PR, rel. Des. Altair Patitucci, j. 21.8.1995, v.u.); 2) "Menor – Preliminar de prescrição em concreto da medida aplicada na sentença. Inaplicabilidade dos critérios relativos à prescrição contidos no Código Penal. Inexistência de sanção. Negativa de autoria. Quando o partícipe confessa a autoria, merece crédito sua afirmação de que terceiro concorreu para a prática de ato infracional. Apelos desprovidos. Decisão unânime" (TJRS, AC 595092223, 7ª Câm. Cível, rel. Des. Luiz Felipe Azevedo Gomes, j. 23.9.1995, v.u); 3) É esta a posição ilustrada pelo que produziu a seguinte ementa: "Tratando-se de menores inimputáveis, as medidas socioeducativas previstas no art. 112 do ECA não se revestem da mesma natureza jurídica das penas restritivas de direito, em razão do que não se lhes aplicam às disposições previstas na lei processual penal a prescrição da pretensão punitiva" (STJ, RHC 7698/MG, 98/0039145-2, 6ª T., j. 18.8.1998, rel. Min. Vicente Leal) 4) "ECA. Ato infracional. Aplicabilidade do instituto da prescrição da pretensão punitiva. Não se aplica o instituto da prescrição da pretensão punitiva como forma de exclusão da punibilidade nos procedimentos relativos ao Estatuto da Criança e do Adolescente. Apelo provido" (TJRS, Ap Civ 70003379427, 7ª Câm. Cível, rel. Des. José Carlos Teixeira Giorgis, j. 28.11.2001).

81. 1) "Agravo de instrumento – Medida que busca aplicação do artigo 122, inciso III, da Lei n. 8.069/90, haja vista descumprimento de medida de liberdade assistida por parte do adolescente – Recurso prejudicado em virtude de haver o jovem completado 21 anos de idade – Ocorrência da prescrição da ação sócio-educativa pública" (AI 28.510-0, Santos-SP, Câmara Especial, j. 18.4.1996, v.u., rel. Prado de Toledo); 2) "Menor – Medida socioeducativa. Aplicação à pessoa com idade entre 18 e 21 anos – Admissibilidade – Ato infracional praticado quando ainda menor de idade – Prescrição da pretensão educativa e executória da medida que somente se opera com os 21 anos completos – Recurso provido" (ApCiv 24.045–0, São Caetano do Sul-SP, Câmara Especial, j. 8.6.1995, v.u., rel. Lair Loureiro).

PROCESSO PENAL JUVENIL

bitória e de contenção da violência social e da violência estatal, como ensinou Luigi Ferrajoli.[82]

Todavia, a sanção não deve persistir temporalmente de modo que se iniba, indeterminadamente, a atuação do indivíduo na sociedade. O Estado deve punir, mas no tempo fixado pela lei. Quando isso não ocorre, a prescrição vem em socorro do infrator.

Se o Estado não conseguiu, por qualquer motivo, executar a medida socioeducativa, seja porque não iniciou a ação socioeducativa pública[83] – e, conseqüentemente, não há sentença judicial condenatória –, seja porque, proferida a sentença, não operou com eficiência para executá-la.[84] Em outras palavras, o infrator não pode ser prejudicado ou punido pela inércia do Estado.

Assim, o instituto da prescrição produz seus efeitos no âmbito do Direito da Criança, nas situações de verificação de prática de ato infracional atribuído a adolescente.

A prescrição é garantia individual de extinção da punibilidade, incluída no rol das garantias constitucionais, inserta no devido processo legal e penal, outorgada universalmente a todos os indivíduos que infringem a lei penal.

Considera-se, pois, que o instituto da prescrição – regra geral de extinção da punibilidade – pode ser operado em favor do infrator menor de 18 anos, pelas seguintes razões: a) A medida socioeducativa, como resposta estatal, é de natureza sancionatória, punitiva, impositiva e retributiva, aplicada com finalidade pedagógica e de prevenção especial, que inibe a reincidência; b) O Estatuto autoriza a aplicação subsidiária da legislação processual aos procedimentos do Estatuto, por força do art. 152, tendo o art. 61 do Código de Processo Penal previsto a prescrição como causa de extinção da punibilidade. Neste caso, o juiz da infância e da juventude poderia constatar a ocorrência de prescrição socioeducativa para extinguir o procedimento ou deixar de aplicar a medida; c) Que os dispositivos penais sobre a prescrição são de caráter geral e, na lacuna do Estatuto, aplicam-se as regras genéricas constantes do Código Penal, nos termos do art.

---

82. *Derecho y razón: teoría del garantismo penal.*
83. Prescrição da pretensão punitiva do Estado.
84. Prescrição superveniente à sentença condenatória e prescrição da pretensão executória do Estado.

226 do Estatuto; d) Que a prescrição, como causa de extinção da punibilidade, regra de caráter geral do Código Penal, é garantia individual do infrator; e e) Que prepondera, também, a orientação de que a Constituição Federal, o Estatuto e os documentos internacionais laboram para resguardar a dignidade, e o respeito à condição peculiar de desenvolvimento do adolescente.

Embora não tenha o Estatuto da Criança e do Adolescente disciplinado o processo de execução de medida socioeducativa e seus incidentes – considerando peculiar este sistema executório – busca-se sua efetividade por analogia do art. 66, III, letra "f", da Lei n. 7.210/1984, que determina ser o juiz da execução a autoridade competente para decidir sobre os incidentes que, porventura, surgirem na execução de medida socioeducativa. Além disso, cada mudança na execução da medida obriga a equipe interprofissional a fazer novo Plano Individual de Atendimento.

Capítulo 7
CONSIDERAÇÕES FINAIS

O Direito da Criança e do Adolescente tem por escopo a proteção integral. Esta doutrina, também conhecida por *completude de direitos*, é a expressão máxima de um sistema, que tem crianças e adolescentes como sujeitos de direitos, perante a família, a sociedade e o Estado.

Essa nova concepção jurídica obriga o intérprete a promover a necessária distância ideológica de que crianças e adolescentes sejam simples objetos de intervenção do mundo adulto; ao contrário, posiciona-os como titulares de direitos comuns a toda e qualquer pessoa, acrescidos dos direitos especiais decorrentes da condição peculiar de pessoas em desenvolvimento.

A integralidade dos direitos somente será assegurada se seu atendimento for realizado com absoluta prioridade. Essa nova maneira de exigibilidade de direitos firma-se como regra constitucional, que busca dinamizar ações de apoio e proteção à infância e juventude, privilegiando o atendimento nas diversas esferas de responsabilidade, como demonstrado no art. 4º do Estatuto. Esses titulares reclamam a urgência de atendimento por sua natural fragilidade ou por estarem numa fase em que se completa sua formação com riscos maiores.

A absoluta prioridade no atendimento não é obrigação exclusiva do Estado. Pela primeira vez, o texto constitucional convoca a família e a sociedade como coadjuvantes da sublime e difícil tarefa, para que, em suas respectivas atribuições, imprimam preferencial respeito aos direitos de crianças e adolescentes.

Ao longo da história, crianças e adolescentes sempre foram tratados como um "nada jurídico". Sua condição social era desprezada, e sua participação na sociedade, desconsiderada.

Aquela situação, vivida por crianças e adolescentes, refletia um comportamento que os segregava em nome de uma proteção que, na verdade, mais refletia uma patologia social, uma vez que deveriam ser protegidos do mal produzido pela sociedade.

A primeira legislação especializada no Direito da Criança, de 1927, formalizou sua situação jurídica, com base em considerações tutelares, próprias de pessoas que necessitavam de cuidados e tratamento, como se fossem doentes sociais. Essa concepção perdurou por décadas, até o advento da Constituição Federal de 1988, que incorporou a doutrina da proteção integral dos direitos.

Pela nova ordem legal, crianças e adolescentes deixam de ser vítimas de políticas públicas supletivas e compensatórias de atendimento, que os consideravam *capitis diminutae,* para se tornarem *protagonistas* dos direitos sociais.

Como conseqüência da amplitude de direitos assegurados ao adolescente, sobrevém-lhe a responsabilidade pela prática de atos ilícitos, previstos na lei penal. A partir de então, o Estatuto consagra o início da responsabilidade penal juvenil aos 12 anos de idade, mantendo, constitucionalmente, a inimputabilidade penal aos 18. Isso significa que o adolescente autor de ato infracional responderá pela prática de infrações penais, sob a condução de um processo penal especial, ditado pelas regras constitucionais do devido processo legal, culminando com a imposição de medida socioeducativa, inclusive, com a de privação de sua liberdade.

A difícil interpretação – ou distinção – entre os conceitos de *inimputabilidade* e *impunidade* dificulta a operacionalização das regras de responsabilização. Firma-se que inimputabilidade não significa impunidade. Essa tarefa tem gerado manifestações de caráter populista e demagógica, pleiteando o rebaixamento da idade para fins de imputabilidade penal. Postula-se, por isso, neste trabalho, a confirmação da manutenção da inimputabilidade penal aos 18 anos em face da sua natureza pétrea firmada no art. 60, § 4º, inciso IV, da Constituição Federal.

CONSIDERAÇÕES FINAIS 215

Firma-se, também, no presente estudo, a obrigatoriedade de fazer a intercalação ou interação das regras processuais penais com as disposições do Estatuto da Criança e do Adolescente, não só porque os arts. 152 e 226 a recomendam, mas, sobretudo, pela rígida proteção constitucional que aquelas normas oferecem.

O adolescente é, portanto, destinatário do rol de garantias processuais penais que, somadas àquelas ditadas pelo Estatuto, conduzirão a um processo de execução de medidas socioeducativas, desenvolvido sob os limites constitucionais da legalidade e do controle judicial.

O adolescente, a quem se atribui a autoria de ato infracional, terá atendimento jurídico com os mesmos direitos de um adulto, respeitadas a finalidade das medidas socioeducativas e as peculiaridades de seu desenvolvimento pessoal. Propõe-se, portanto, desmitificar a completa irresponsabilidade penal do jovem, mostrando à sociedade que é possível a mitigação da criminalidade juvenil e a inibição da reincidência.

Procurou-se, neste trabalho, em razão da distância apresentada entre a prática judiciária e a normativa, laborar em sintonia com a pretensão constitucional do respeito à dignidade e do respeito à pessoa, e, em especial, do adolescente autor de ato infracional.

Não se pode esquecer de que no Estado de Direito – que difunde a ideologia da igualdade de direitos – se possa permitir discrepância e/ou limitação no uso de regras processuais penais não abrangidas pelas diversidades próprias do agente.

Por isso, busca-se construir um modelo de processo de execução de medida socioeducativa, que autoriza a intervenção do Estado por seus agentes competentes, com base em regras processuais penais de execução garantidoras da legalidade, de modo que reflita a exata vontade da sentença condenatória.

A proposta de concretização dos atos procedimentais da execução foi fundamentada e desencadeada dentro do *iter* processual, já firmado no Código de Processo Penal e Estatuto da Criança e do Adolescente, com sugestões oriundas da Proposta de Lei de Execução de Medidas Socioeducativas, sempre considerando a peculiaridade do infrator. Essa miscelânea legislativa dificulta a operacionalização da execução, impondo-se a necessidade de uniformizar o processo de execução para evitar a espontaneidade judicial.

Por fim, conclui-se que o conjunto operacional de atos executórios é imprescindível para a garantia do respeito da dimensão humana dos adolescentes condenados. A execução da medida socioeducativa deve ser instrumento de crescimento pessoal do adolescente, que poderá manifestar-se sobre a evolução das atividades, de modo que possa interagir para sua completa adequação às normas sociais de convivência.

REFERÊNCIAS BIBLIOGRÁFICAS

ABBAGNANO, Nicola. *Dicionário de Filosofia*. São Paulo, Mestre Jou, 1970.

ALMEIDA, Joaquim Canuto Mendes de. "A liberdade jurídica no direito e no processo". In *Estudos jurídicos em homenagem a Vicente Ráo*. São Paulo, Resenha Universitária, 1976.

_____. *Princípios fundamentais do processo penal*. São Paulo, Ed. RT, 1973.

_____. *Processo penal, ação e jurisdição*. São Paulo, Ed. RT, 1975.

AMARAL E SILVA, Antônio Fernando do. "O Estatuto, o novo direito da criança e do adolescente e a justiça da infância e da juventude". In SIMONETTI, Cecília; BLECHER, Margaret; MENDEZ, Emilio García. *Do avesso ao direito*. São Paulo, Malheiros Editores, 1994.

_____. "O mito da inimputabilidade penal e o Estatuto da Criança e do Adolescente". In *Revista da Escola Superior da Magistratura do Estado de Santa Catarina*, Florianópolis, nov. 1998.

_____. In CURY, Munir (coord.). *Estatuto da Criança e do Adolescente comentado: comentários jurídicos e sociais*. 7ª ed., São Paulo, Malheiros Editores, 2005.

AMARAL, Luiz Otávio de Oliveira. "A atual problemática do menor". In *Revista Informação Legislativa*, Brasília – 16, n. 61, jan./mar. 1979.

AMARANTE, Napoleão Xavier do. In CURY, Munir (coord.). *Estatuto da Criança e do Adolescente comentado: comentários jurídicos e sociais*. 7ª ed., São Paulo, Malheiros Editores, 2005.

ANTOLISEI, Francisco. *Manual de derecho penal*. Buenos Aires, Editorial Hispano-Americano, 1960.

ARAÚJO, Emanuel. *O teatro dos vícios*. Rio de Janeiro, José Olympio, 1993.

ASÚA, Luiz Jimenez de. *El criminalista*. Buenos Aires, Victor P. de Zavallía Editor, 1966.

BARBOZA, Heloísa Helena. "O Estatuto da Criança e do Adolescente e a disciplina da filiação no Código Civil". In PEREIRA, Tânia da Silva (coord.). *O melhor interesse da criança: um debate interdisciplinar*. Rio de Janeiro, Renovar, 1999.

BARROS, Carmen Silvia de Moraes. *A individualização da pena na execução penal*. São Paulo, Ed. RT, 2001.

BASTOS, Celso. *Comentários à Constituição do Brasil*. v. II, São Paulo, Saraiva, 1989.

218 PROCESSO PENAL JUVENIL

BELOFF, Mary; MÉNDEZ, Emilio García. *Infancia, ley e democracia.* Buenos Aires, Depalma, 1998.

BENTIVOGLIO, Antonio Tomás. "Imputabilidade". In *Infância & Cidadania n. 2.* CURY, Munir (org.). São Paulo, InorAdopt, 1998.

BERTOLINO, Pedro J. *El debido proceso penal.* La Plata, Platense, 1986.

BIANCHINI, Alice. "Aspectos subjetivos da sentença penal". In *Revista Brasileira de Ciências Criminais,* São Paulo, Ed. RT, n. 22, ano 6, pp. 37-49, abr./jun. 1998.

BLECHER, Margaret; SIMONETTI, Cecília; MENDEZ, Emilio García. *Do avesso ao direito.* São Paulo, Malheiros Editores, 1994.

BRANCHER, Leoberto Narciso. "Semântica da exclusão". In *Revista da Escola Superior da Magistratura do Estado de Santa Catarina,* Florianópolis, AMC, 1998.

BRUM, Nilo Bairros de. *Requisitos retóricos da sentença penal.* São Paulo, Ed. RT, 1980.

BRUNO, Aníbal. *Direito penal – Parte geral.* t. II. Rio de Janeiro, Forense, 1976.

CANOTILHO, J. J. Gomes. *Direito constitucional e teoria da Constituição.* 4ª ed., Coimbra, Almedina, 2000.

CAPEZ, Fernando. *Curso de processo penal.* 3ª ed., São Paulo, Saraiva, 1999.

CAPITANT, Henry. *Introduction à l'Étude du Droit Civil.* Paris, Pedone, 1904.

CAPPELLETTI, Mauro; GARTH, Bryant. *Acesso à justiça.* Trad. Ellen Gracie Northfleet. Porto Alegre, Fabris, 1988.

CARNELUTTI, Francesco. *Sistema de derecho procesal.* Madri, s/ed., 1979.

CARRANZA, Elias. *Criminalidad – ¿Prevención o promoción?* San José da Costa Rica, ILANUD/EUED, 1994.

CASTILHO, Ela Wiecko V. de. *Controle da legalidade na execução penal.* Porto Alegre, Fabris, 1988.

CATENA, Victor Moreno; SENDRA, Vicente Gimeno; DOMINGUES, Valentin Cortés. *Derecho procesal penal.* 3ª ed., Madri, Colex, 1999.

CAVALLIERI, Alyrio. *Direito do menor.* Rio de Janeiro, Freitas Bastos, 1976.

CINTRA, Antonio Carlos de Araújo; GRINOVER, Ada Pellegrini; DINAMARCO, Cândido Rangel. *Teoria geral do processo.* 21ª ed., São Paulo, Malheiros Editores, 2005.

CONDE, Francisco Muñoz. *Teoria geral do delito.* Porto Alegre, Fabris, 1988.

CONSO, Giovanni; GREVI, Vittorio. *Compendio di procedura penale.* Pádua, CEDAM, 2000.

COSTA, Álvaro Mayrink da. *Criminologia.* v. 2, 3ª ed., Rio de Janeiro, Forense, 1982.

COSTA, Antonio Carlos Gomes da. *A presença da pedagogia – Teoria e prática da ação socioeducativa.* São Paulo, Global, 1999.

_____. In CURY, Munir (coord.). *Estatuto da Criança e do Adolescente comentado: comentários jurídicos e sociais.* 7ª ed., São Paulo, Malheiros Editores, 2005.

COSTA, Paula Bajer Fernandes Martins da. "Igualdade no Direito Processual Penal Brasileiro". In *Coleção de Estudos de Processo Penal em homenagem ao Prof. Joaquim Canuto Mendes de Almeida.* São Paulo, Ed. RT, 2001, v. 6.

REFERÊNCIAS BIBLIOGRÁFICAS 219

CRETELLA JÚNIOR, José. *Comentários à Constituição de 1988.* v. 1. Rio de Janeiro, Forense Universitária, 1990.

CUNHA, Renan Severo Teixeira da. *O Ministério Público na execução penal. Curso sobre a reforma penal.* São Paulo, Saraiva, 1985.

CUNHA, Rosa Maria Cardoso da. *O caráter retórico do princípio da legalidade.* Porto Alegre, Síntese, 1979.

CURY, Munir (coord.). *Estatuto da Criança e do Adolescente comentado: comentários jurídicos e sociais.* 7ª ed., São Paulo, Malheiros Editores, 2005.

CURY, Munir; GARRIDO DE PAULA, Paulo Afonso; MARÇURA, Jurandir Norberto. *Estatuto da Criança e do Adolescente anotado.* 2ª ed., São Paulo, Ed. RT, 2000.

D'ANTONIO, Daniel Hugo. *El menor ante el delito.* Buenos Aires, Astrea, 1992.

DALLA, Andrea Antonio; FERRAIOLI, Marzia. *Manuale di diritto processuale penale.* 4ª ed., Pádua, CEDAM, 2001.

DE PLÁCIDO E SILVA. *Vocabulário jurídico.* Rio de Janeiro, Forense, 1982.

DENARI, Cecília Guarnieri (coord.). *Normas e padrões para apresentação de trabalhos científicos da Unoeste.* 2ª ed., Presidente Prudente, UNOESTE, 2003.

DIAS, Jorge de Figueiredo. *Direito processual penal.* v. 1. Coimbra, Coimbra Ed., 1984.

DINAMARCO, Cândido Rangel; CINTRA, Antonio Carlos de Araújo; GRINOVER, Ada Pellegrini. *Teoria geral do processo.* 21ª ed., São Paulo, Malheiros Editores, 2005.

DOMINGUES, Valentin Cortés; CATENA, Victor Moreno; SENDRA, Vicente Gimeno. *Derecho procesal penal.* 3ª ed., Madri, Colex, 1999.

DOTTI, René Ariel. *Problemas atuais da execução penal.* São Paulo, Ed. RT, v. 71, n. 563, pp. 279-288, set. 1982.

DWORKIN, Ronald. *A matter of principle.* Cambridge, Harvard University Press, 1985.

ELIAS, Roberto João. *Comentários ao Estatuto da Criança e do Adolescente.* São Paulo, Saraiva, 1994.

FERNANDES, Antonio Scarance. *Processo penal constitucional.* São Paulo, Ed. RT, 1999.

_____. "Reflexos relevantes de um processo de execução penal jurisdicionalizado". In *Revista Brasileira de Ciências Criminais.* São Paulo, Ed. RT, n. 3, ano 1, pp. 83-99, jun./set. 1993.

FERNANDES, Paulo Sérgio Leite. *Nulidades no processo penal.* 3ª ed., São Paulo, Ed. RT, 1987.

FERRAIOLI, Marzia; DALLA, Andrea Antonio. *Manuale di diritto processuale penale.* 4ª ed., Pádua, CEDAM, 2001.

220 PROCESSO PENAL JUVENIL

FERRAJOLI, Luigi. "Derechos fundamentales". In *Derechos y garantías: la ley del más débil*. Trad. Perfecto Andrés Ibañez e Andréa Greppi. Madri, Trotta, 1999.

_____. *Derecho y razón: teoría del garantismo penal*. 3ª ed., Trad. Perfecto Andrés Ibánez *et alii*. Madri, Trotta, 1998.

FERREIRA FILHO, Manoel Gonçalves. *Direitos humanos fundamentais*. 3ª ed., São Paulo, Saraiva, 1999.

FRAGOSO, Heleno Cláudio. *Lições de direito penal: a nova parte geral*. 7ª ed., Rio de Janeiro, Forense, 1985.

GARCEZ, Sérgio Matheus. *O novo direito da criança e do adolescente*. Campinas, E. V. Editora, 1994.

GARCÍA, Basileu. *Instituições de direito penal*. 6ª ed., São Paulo, Max Limonad, 1982.

GARRIDO DE PAULA, Paulo Afonso; CURY, Munir; MARÇURA, Jurandir Norberto. *Estatuto da Criança e do Adolescente anotado*. 2ª ed., São Paulo, Ed. RT, 2000.

GARTH, Bryant; CAPPELLETTI, Mauro. *Acesso à justiça*. Trad. Ellen Gracie Northfleet. Porto Alegre, Fabris, 1988.

GOMES FILHO, Antonio Magalhães. *A motivação das decisões penais*. São Paulo, Ed. RT, 2001.

GONZALES DEL SOLAR, José H. *Delincuencia y derecho de menores*. Buenos Aires, Depalma, 1995.

GRINOVER, Ada Pellegrini. "Defesa, contraditório, igualdade e *par conditio* na ótica do processo de estrutura cooperatória". In *Novas tendências do direito processual*. Rio de Janeiro, Forense Universitária, 1990.

_____. CINTRA, Antonio Carlos de Araújo; DINAMARCO, Cândido Rangel. *Teoria geral do processo*. 21ª ed., São Paulo, Malheiros Editores, 2005.

GRÜNSPUN, Haim. *Os direitos dos menores*. São Paulo, Almed, 1985.

GUTIERREZ, José Manuel Arroyo. "Ejecución de las sanciones en justicia penal juvenil". In OVIEDO, Mauricio González; SOTOMAYOR, Carlos Tiffer (coords.). *De la arbitrariedad a la justicia: adolescentes y responsabilidad penal en Costa Rica*. San José, Costa Rica, UNICEF, 2000.

HASSEMER, Winfried. *Fundamentos del derecho penal*. Trad. Francisco Muñoz Conde e Luis Arroyo Zapatero. Barcelona, Bosch, 1984.

HUNGRIA, Nelson. *Comentários ao Código Penal*. v. 1, 3ª ed., Rio de Janeiro, Forense, 1955.

JARDIM, Afrânio Silva. "Reflexão teórica sobre o processo penal". In *Justitia* 127/91-125.

JASMIM, Marcelo Gantus. "Para uma história de legislação sobre o menor". In *Revista de Psicologia,* v. 4, n. 2, jul./dez. 1986.

REFERÊNCIAS BIBLIOGRÁFICAS

JESCHECK, Hans-Heinrich. *Tratado de derecho penal: parte general.* 4ª ed., Trad. José Luis Manzanares Samaniego. Granada, Comares, 1993.

JESUS, Damásio Evangelista de. *Direito penal – Parte geral.* v. 1, 10ª ed., São Paulo, Saraiva, 1985.

KUHN, Thomas S. *A estrutura das revoluções científicas.* São Paulo, Editora Perspectiva, 2000.

LIBERATI, Wilson Donizeti. *Adolescente e ato infracional – Medida sócio-educativa é pena?* São Paulo, Juarez de Oliveira, 2003.

_____. *Comentários ao Estatuto da Criança e do Adolescente.* 8ª ed., São Paulo, Malheiros Editores, 2004.

LIEBMAN, Enrico Tullio. *Manuale di diritto processuale civile.* v. I, 2ª ed., Milão, Giuffrè, 1957.

MACHADO, Martha de Toledo. *A proteção constitucional de crianças e adolescentes e os direitos humanos.* São Paulo, Manole, 2003.

MAIOR NETO, Olympio de Sá Sotto. In CURY, Munir (coord.). *Estatuto da Criança e do Adolescente comentado: comentários jurídicos e sociais.* 7ª ed., São Paulo, Malheiros Editores, 2005.

MANZINI, Vincenzo. *Istituzioni di diritto processuale penale.* Milão, Fratelli Bocca Editori, 1917.

MARCHESAN, Ana Maria Moreira. "O princípio da prioridade absoluta aos direitos da criança e do adolescente e a discricionariedade administrativa". In *Revista Igualdade.* Curitiba, v. 6, n. 21, 1998.

MARÇURA, Jurandir Norberto; CURY, Munir; GARRIDO DE PAULA, Paulo Afonso. *Estatuto da Criança e do Adolescente anotado.* 2ª ed., São Paulo, Ed. RT, 2000.

MARQUES, José Frederico. *Curso de direito penal.* São Paulo, Saraiva, 1956.

_____. *Instituições de direito processual civil.* v. I, 3ª ed., Rio de Janeiro, Forense, 1969.

_____. *Tratado de direito processual penal.* v. 1. São Paulo, Saraiva, 1980.

MÉNDEZ, Emilio García. *Adolescentes e responsabilidade penal: um debate latino-americano.* Porto Alegre, AJURIS, ESMP/RS, FESDEP/RS, 2000.

_____. *Infância e cidadania na América Latina.* São Paulo, Hucitec, 1998.

_____. "Legislação de 'menores' na América Latina: uma doutrina em situação irregular". In *Cadernos de Direito da Criança e do Adolescente n. 2.* Florianópolis, ABMP, 1997.

_____. BELOFF, Mary. *Infancia, ley y democracia.* Buenos Aires, Depalma, 1998.

_____; CURY, Munir (coord.). *Estatuto da Criança e do Adolescente comentado: comentários jurídicos e sociais.* 7ª ed., São Paulo, Malheiros Editores, 2005.

_____; SIMONETTI, Cecília; BLECHER, Margaret. *Do avesso ao direito.* São Paulo, Malheiros Editores, 1994.

222 PROCESSO PENAL JUVENIL

MICHELMAN, Marina de Aguiar. "Da impossibilidade de se aplicar medida socioeducativa em virtude da ação do tempo". In *Revista Brasileira de Ciências Criminais*. São Paulo, Ed. RT, n. 7, v. 7, jul./set. 1999.

MINAHIM, Maria Auxiliadora. *Direito Penal da emoção*. São Paulo, Ed. RT, 1992.

MIRABETE, Julio Fabbrini. *Execução penal – Comentários à Lei n. 7.210, de 11.7.1984*. São Paulo, Atlas, 1987.

MORAES, Alexandre de. *Direitos humanos fundamentais – Teoria geral*. 5ª ed., São Paulo, Atlas, 2003.

MOREIRA, José Carlos Barbosa. "A motivação das decisões judiciais como garantia inerente ao Estado de Direito". In *Temas de direito processual*. 2ª série, São Paulo, Saraiva, 1980.

NORONHA, Edgard Magalhães. *Curso de direito processual penal*. 17ª ed., São Paulo, Saraiva, 1986.

_____. *Direito penal*. v. 2, 15ª ed., São Paulo, Saraiva, 1978.

OLIVEIRA, Eduardo Borges. *A defesa dos direitos da humanidade infanto-juvenil pela ótica da radicalidade constitucional*. São Luís, mimeo, 1999.

OLIVEIRA, Guilherme Percival. *Estados afetivos e inimputabilidade penal*. São Paulo, Ed. RT, 1958.

OVIEDO, Mauricio González; SOTOMAYOR, Carlos Tiffer (coords.). *De la arbitrariedad a la justicia: adolescentes y responsabilidad penal en Costa Rica*. San José, Costa Rica, UNICEF, 2000.

PACHI, Carlos Eduardo. "A prática de infrações penais por menores de dezoito anos". In MELO JÚNIOR, Samuel Alves de (org.). *Infância & Cidadania n.1*. São Paulo, Scrinium, 1998.

PANCHERI, Ivanira. *Execução das penas restritivas de direitos*. Dissertação de Mestrado defendida na Faculdade de Direito da Universidade de São Paulo, 2000.

PAULA, Paulo Afonso Garrido de. "Contraditório, ampla defesa e o processo de apuração do ato infracional atribuído ao adolescente". In *Brasil criança urgente*. São Paulo, Columbus, 1989.

_____. *Direito da criança e do adolescente e tutela jurisdicional diferenciada*. São Paulo, Ed. RT, 2002.

_____. In CURY, Munir (coord.). *Estatuto da Criança e do Adolescente comentado: comentários jurídicos e sociais*. 7ª ed., São Paulo, Malheiros Editores, 2005.

PEREIRA, Tânia da Silva (coord.). *O melhor interesse da criança: um debate interdisciplinar*. Rio de Janeiro, Renovar, 1999.

PIERANGELLI, José Henrique. *Códigos Penais do Brasil – Evolução histórica*. Bauru, Jalovi, 1980.

PISAPIA, Gian Domenico. *Compendio di procedura penale*. 4ª ed., Pádua, CEDAM, 1985.

REFERÊNCIAS BIBLIOGRÁFICAS

PLATT, Anthony. *Los salvadores del niño, o la invención de la delincuencia.* México, Siglo XXI, 1982.

PONTE, Antonio Carlos da. *Inimputabilidade e processo penal.* São Paulo, Atlas, 2002.

PONTES DE MIRANDA. *Comentários ao Código de Processo Civil.* Rio de Janeiro, Forense, 1974.

PONTES JUNIOR, Felício de Araújo. *Conselhos de Direitos da Criança e do Adolescente: uma modalidade de exercício do direito de participação política – Fatores determinantes e modo de atuação.* Dissertação apresentada ao Departamento de Ciências Jurídicas da PUC-RJ, para a obtenção do título de Mestre em Teoria do Estado e Direito Constitucional, 1992.

PRADE, Péricles. In CURY (coord.). *Estatuto da Criança e do Adolescente comentado: comentários jurídicos e sociais.* 7ª ed., São Paulo, Malheiros Editores, 2005.

RIZZINI, Irene. *A assistência à infância no Brasil: uma análise de sua construção.* Rio de Janeiro, Santa Úrsula, 1993.

_____. *A criança e a lei no Brasil – Revisitando a história (1822-2000).* 2ª ed., Rio de Janeiro, UNICEF/CESPI/USU, 2002.

RODRIGUES, Anabela Miranda. *A determinação da medida da pena privativa de liberdade.* Coimbra, Coimbra Ed., 1995.

ROMAGNOSI, Giandomenico. *Génesis del derecho penal.* Bogotá, Temis, 1954.

SAJÓN, Rafael. *Derecho de menores.* Buenos Aires, Abeledo Perrot, 1995.

SÁNCHEZ, Alberto Suárez. *El debido proceso penal.* Santafé de Bogotá, Universidad Externado de Colombia, 1998.

SANTAMARÍA, Javier Balanguer. "Derechos humanos y privación de libertad: en particular, dignidad, derecho a la vida y prohibición de torturas". In *Cárcel y derechos humanos: un enfoque relativo a la defensa de los derechos fundamentales de los reclusos.* Iñaki Riviera Beiras (coord.). Barcelona, Bosch, 1992.

SANTORO, Arturo. *L'Esecusione penale.* Seconda edizione rinnovata. Turim, Unione Tipografico – Editrice Torinese, 1953.

SARAIVA, João Batista Costa. "A idade e as razões: não ao rebaixamento da imputabilidade penal". In *Revista Brasileira de Ciências Criminais.* São Paulo, Ed. RT, v. 5, n. 18, abr./jun. 1997.

SARAIVA, João Batista Costa. *Adolescente e ato infracional: garantias processuais e medidas socioeducativas.* Porto Alegre, Livraria do Advogado, 1999.

_____. *Desconstruindo o mito da impunidade – Um ensaio de direito (penal) juvenil.* Santo Ângelo, CEDEDICA, 2002.

_____; VOLPI, Mário. *Os adolescentes e a lei – Para entender o direito dos adolescentes, a prática de atos infracionais e sua responsabilidade.* Brasília, ILANUD, 1998.

224 PROCESSO PENAL JUVENIL

SCHMIDT, Eberhard. *Los fundamentos teóricos y constitucionales del derecho procesal penal*. Trad. para o espanhol de José Manuel Nuñez. Buenos Aires, Editorial Bibliográfica Argentina, 1957.

SENDRA, Vicente Gimeno; CATENA, Victor Moreno; DOMINGUES, Valentin Cortés. *Derecho procesal penal*. 3ª ed., Madri, Colex, 1999.

SILVA, Adhemar Raymundo da. "Execução Penal". In *Estudos de Direito processual penal*. Salvador, Livraria Progresso Editora, 1957.

SILVA, José Afonso da. *Curso de direito constitucional positivo*. 25ª ed., São Paulo, Malheiros Editores, 2005.

SIMONETTI, Cecília; BLECHER, Margaret; MENDEZ, Emilio García. *Do avesso ao direito*. São Paulo, Malheiros Editores, 1994.

SIQUEIRA, Liborni. *Sociologia do direito do menor*. Rio de Janeiro, Âmbito Cultural, 1979.

SOTOMAYOR, Carlos Tiffer. *Ley de justicia penal juvenil – Comentada e concordada*. San José, Costa Rica, Editorial Juritexto, s.d.

_____; OVIEDO, Mauricio González (coords.). *De la arbitrariedad a la justicia: adolescentes y responsabilidad penal en Costa Rica*. San José, Costa Rica, UNICEF, 2000.

TEPEDINO, Gustavo. "A disciplina civil-constitucional das relações familiares". In *Temas de Direito Civil*. Rio de Janeiro, Renovar, 1999.

TERRA, Eugênio Couto. *A idade penal mínima como cláusula pétrea e a proteção do Estado Democrático de Direito contra o retrocesso social*. Dissertação de mestrado defendida perante a Universidade do Vale do Rio dos Sinos/RS, São Leopoldo, 2001.

TOLEDO, Francisco de Assis. *Princípios básicos de direito penal*. 5ª ed., São Paulo, Saraiva, 1994.

TOURINHO FILHO, Fernando da Costa. *Processo penal*. v. 3, 5ª ed., Bauru, Jalovi, 1979.

TUCCI, Rogério Lauria. "Princípio e regras da execução de sentença penal". In *Revista do Centro de Estudos Judiciários do Conselho da Justiça Federal*, ano III, abr. 1999.

_____. *Princípio e regras orientadoras do novo processo penal brasileiro*. Rio de Janeiro, Forense, 1986.

_____. *Teoria do direito processual penal – Jurisdição, ação e processo penal (Estudo sistemático)*. São Paulo, Ed. RT, 2003.

VERONESE, Josiane Rose Petry. *Os direitos da criança e do adolescente*. São Paulo, LTr, 1999.

VITA, Luís Washington. *Introdução à Filosofia*. São Paulo, Melhoramentos, 1964.

VOLPI, Mário. *O adolescente e o ato infracional* (org.). São Paulo, Cortez, 1997.

_____. *Sem liberdade, sem direitos – A privação de liberdade na percepção do adolescente*. São Paulo, Cortez, 2001.

REFERÊNCIAS BIBLIOGRÁFICAS

_____; SARAIVA, João Batista Costa. *Os adolescentes e a lei – Para entender o direito dos adolescentes, a prática de atos infracionais e sua responsabilidade.* Brasília, ILANUD, 1998.

WEINBERG, Inés M. *Convención sobre los derechos del niño.* Buenos Aires, Rubinzal-Culzoni Editores, 2002.

Revistas, Apostilas, Cartilhas e Folders

PROGRAMA DE EXECUÇÃO de Medidas Socioeducativas de Internação e Semiliberdade do Rio Grande do Sul – PEMSEIS. Coordenação de Vládia Regina Athayde Paz. Porto Alegre, Fundação de Atendimento Socioeducativo do Rio Grande do Sul, 2002.

Referência Bibliográfica na internet

FRASSETO, Flávio Américo. *Pela necessidade de uma doutrina do processo de execução de medidas socioeducativas.* Disponível em: www.abmp.org.br/publicacoes/Portal_ABMP_Publicacao_187_doc. Acesso em: 15.6.2004.

REALE JÚNIOR, Miguel. *Discurso na audiência pública, perante a Comissão de Constituição e Justiça e de Redação, quando da apreciação da PEC 171/93.* Disponível em: http://www.camara.gov.br/sileg/Prop_Detalhe.asp?id=136870.

* * *

GRÁFICA PAYM
Tel. (011) 4392-3344
paym@terra.com.br

0555